国家文化公园理论与实践丛书

国家文化公园
核心价值诠释

李洪波 等…著

中国出版集团
研究出版社

图书在版编目(CIP)数据

国家文化公园核心价值诠释/李洪波等著. -- 北京：研究出版社，2024.3
ISBN 978-7-5199-1626-8

Ⅰ.①国… Ⅱ.①李… Ⅲ.①文化-国家公园-建设-研究-中国 Ⅳ.①G122

中国国家版本馆CIP数据核字(2024)第022170号

出 品 人：陈建军
出版统筹：丁　波
责任编辑：寇颖丹
助理编辑：何雨格

国家文化公园核心价值诠释

GUOJIA WENHUA GONGYUAN HEXIN JIAZHI QUANSHI

李洪波 等 著

研究出版社 出版发行

（100006　北京市东城区灯市口大街100号华腾商务楼）
北京中科印刷有限公司印刷　新华书店经销
2024年3月第1版　2024年3月第1次印刷
开本：710毫米×1000毫米　1/16　印张：15.25
字数：241千字
ISBN 978-7-5199-1626-8　定价：69.00元
电话（010）64217619　64217652（发行部）

版权所有·侵权必究
凡购买本社图书，如有印制质量问题，我社负责调换。

《国家文化公园理论与实践丛书》
编委会

主　任：计金标

成　员：（按姓氏笔画排序）

　　　　王福州　冯　凌　吕　宁　庄文城　刘　敏

　　　　刘志明　祁述裕　李小牧　李朋波　李洪波

　　　　李嘉珊　杨海峥　邹统钎　张　辉　董耀会

　　　　程惠哲　傅才武

PREFACE 前言

2019年12月5日，中共中央办公厅、国务院办公厅印发《长城、大运河、长征国家文化公园建设方案》，这一方案初步界定了国家文化公园的概念，"国家文化公园是国家推进实施的重大文化工程，旨在通过整合具有突出意义、重要影响、重大主题的文物和文化资源，实施公园化管理运营，实现保护传承利用、文化教育、公共服务、旅游观光、休闲娱乐、科学研究功能，形成具有特定开放空间的公共文化载体，集中打造中华文化重要标志，以进一步坚定文化自信，充分彰显中华优秀传统文化持久影响力、社会主义先进文化强大生命力"。在国家文化公园的描述性定义中，可以从三方面来诠释与认识国家文化公园：一是国家高度，国家文化公园是由国家规划的文化战略，是国家推进实施的重大文化工程，是文化强国的重要举措；二是文化内核，文化是国家文化公园的根基、底蕴与本色，这些文化直接关系到有突出意义、重要影响、重大主题的文物和文化资源，这些文物和文化资源是中华民族确立民族身份的文化根基，是文化自信的源泉；三是公园定位，实施公园化管理运营，构建公共文化载体，打造中华文化标识，实现自然遗产、物质文化遗产与非物质文化遗产的保护、传承、利用和发展等多重功能。

国家文化公园建设是习近平总书记关于"五位一体"总体布局中的重大文化战略，直接关系到"文化建设"和"生态文明建设"，极具中国特色和中国智慧。国家文化公园建设方案是真正的中国方案。在党的二十大报告中，文化现代化构成了中国式现代化的重要组成部分。中国式现代化是物质文明和精神文明相协调的现代化。物质富足、精神富有是社会主义现代化的根本要求。物质贫困不是社会主义，精神贫乏也不是社会主义。我们不断厚植现代化的物质基础，不断夯实人民幸福生活的物质条件，同时大力发展社会主义先进文化，加强理想信念教育，传承中华文明，促进物的全面丰富和人的全面发展。中国式现代化进程中，国家文化公园涵摄物质文明与精神文明的部分，在丰富人民的精神生活、传承中华文明、促进人的全面发展方面，发挥着不可替代的作用。

国家文化公园有明确的建设对象，确定了具体涉及的行政区域。长城国家文化公园包括战国、秦、汉、北魏、明等朝代具备长城特征的防御体系，以及金界壕等，涉及北京等15个省区市；大运河国家文化公园包括京杭大运河、隋唐大运河、浙东运河3个部分，通惠河等10个河段，涉及北京等8个省市；长征国家文化公园，以中国工农红军一方面军（中央红军）长征线路为主，兼顾红二、四方面军和红二十五军长征线路，涉及福建等15个省区市。黄河国家文化公园涉及河南等9个省区，长江国家文化公园涉及四川等13个省区市。

从文化空间上看，黄河国家文化公园、长江国家文化公园与长城国家文化公园从西到东，各文化带呈经线状；长征国家文化公园由东到西，由南到北，文化带呈"L"状；大运河国家文化公园由北到南，文化带呈纬线状。从线性文化带的格局来看，国家文化公园呈现经纬交织的空间格局，即四横两竖的文化格局。从历史上看，大运河文化几千年来一直联结着黄河文化与长江文化，实现传统文化的深度融合。长征文化在20世纪以来关联着长江文化、黄河文化和长城文化，深层链接和沟通传统文化与革命文化，实现了中华优秀传统文化的转化和创造。

本书聚焦国家文化公园核心价值，侧重诠释国家文化公园的历史、文化、精神与当代价值，探讨国家文化公园的历史文脉，探寻国家文化公园的文化根脉与文化意蕴，揭示国家文化公园的精神谱系，挖掘国家文化公园的时代价值。首先，总论国家文化公园核心价值；其次，分论各国家文化公园核心价值；最后，国家文化公园核心价值统摄在文化认同、精神认同、民族认同与国家认同之中。

CONTENTS 目录

第一章
国家文化公园的核心价值总论 / 001

第一节　国家文化公园的历史文化意蕴 …………………… 002
　　一、国家文化公园的历史意蕴 ……………………………… 003
　　二、国家文化公园的文化意蕴 ……………………………… 008

第二节　国家文化公园体现的民族精神 …………………… 017
　　一、中华民族的起源 ………………………………………… 017
　　二、中华民族的文化创造 …………………………………… 019
　　三、中华民族共同体意识 …………………………………… 020

第三节　国家文化公园彰显的精神谱系 …………………… 022
　　一、黄河文化精神谱系 ……………………………………… 022
　　二、长江文化精神谱系 ……………………………………… 025
　　三、长城文化精神内核 ……………………………………… 028
　　四、大运河文化精神要义 …………………………………… 029
　　五、长征文化精神源流 ……………………………………… 029

第四节　国家文化公园的象征精神 ………………………… 032
　　一、国家文化公园的景观象征 ……………………………… 032

二、国家文化公园的符号象征 ………………………………………… 034

第五节　国家文化公园的当代价值 …………………………………… 036
　　一、国家文化公园的历史价值 ………………………………………… 037
　　二、国家文化公园的文化价值 ………………………………………… 038
　　三、国家文化公园的审美价值 ………………………………………… 039
　　四、国家文化公园的社会价值 ………………………………………… 041
　　五、国家文化公园的生态价值 ………………………………………… 042

第二章
长城国家文化公园的核心价值 / 047

第一节　长城是中华民族的精神象征 ………………………………… 049
　　一、众说纷纭话长城 …………………………………………………… 050
　　二、长城成为中华民族的精神象征 …………………………………… 055
　　三、长城形象的世界认同 ……………………………………………… 059

第二节　众志成城、坚韧不屈的爱国情怀 …………………………… 064
　　一、匈奴未灭，何以家为？ …………………………………………… 065
　　二、万里长城家，一生唯报国 ………………………………………… 066
　　三、定庙谟以图安攘 …………………………………………………… 068
　　四、用血肉筑成新的长城 ……………………………………………… 069

第三节　自强不息、不断创新的奋斗精神 …………………………… 072
　　一、中华民族吃苦耐劳精神和自强不息意志的体现 ………………… 072
　　二、古人非凡军事智慧的体现 ………………………………………… 076
　　三、古人卓越创造性与创新性的体现 ………………………………… 078

第四节　崇尚和平、开放包容的文化内蕴 …………………………… 081
　　一、长城体现古代中国守土固边、崇尚和平的国家安全观念 …… 081

二、长城是农耕文明与游牧文明交流融合的印证 ·················· 084
三、长城是中外文化交流融合的保障 ························· 090
第五节　长城国家文化公园的当代文化价值 ······················ 092

第三章
大运河国家文化公园的核心价值 / 099

第一节　千年历史的文化积淀 ······························ 100
一、大运河贯通前的人工运河 ····························· 100
二、隋唐大运河的贯通 ································· 101
三、唐宋时期大运河的保护和利用 ························· 103
四、大运河在元代的第二次大贯通 ························· 103
五、明清之际对大运河的利用 ····························· 104
六、新中国对大运河的整治与利用 ························· 105

第二节　沟通南北的大一统文化观念 ·························· 106
一、漕运对大一统国家形成的意义 ························· 106
二、漕运对大一统国家形成的价值 ························· 108

第三节　协同共生的民族智慧 ······························ 112
一、依水而生：大运河对城市的滋养 ························ 113
二、促水成长：城市对运河的反哺 ························· 115

第四节　勤劳勇敢的民族精神 ······························ 117
一、勇于开拓、锐意进取的探索精神 ························ 118
二、沟通南北、泽被后世的人文精神 ························ 119
三、忧国忘家、造福百姓的民生精神 ························ 120
四、精益求精、严谨务实的科学精神 ························ 121

第五节　泽被后世的民生价值 ······························ 123

一、运河岸边的产业发展 ……………………………………… 123
　　二、运河沿岸的水上交通新形式 …………………………… 125
　　三、运河滋养下的南北文化发展 …………………………… 127
　　四、作为中外交流大动脉的大运河 ………………………… 138
　第六节　大运河国家文化公园的当代文化价值 ……………… 140
　　一、开发大运河的历史文化价值，凸显中国文化的自觉与自信 … 141
　　二、开拓大运河的旅游价值，促进区域创新融合协调发展 …… 143
　　三、深化国内外文化交流与合作，讲好中国故事 …………… 148

第四章
长征国家文化公园的核心价值 / 151

　第一节　中国革命史诗的文化记忆 …………………………… 152
　　一、中国革命史上的长征 …………………………………… 152
　　二、史料与文艺作品中的长征 ……………………………… 153
　　三、新世纪新的长征 ………………………………………… 154
　第二节　不怕牺牲、永不言败的价值信仰 …………………… 156
　　一、不怕牺牲、永不言败的价值信仰源于崇高的革命理想 …… 156
　　二、不怕牺牲、永不言败的价值信仰源于对党和人民的忠诚 … 157
　　三、不怕牺牲、永不言败的价值信仰源于铁的纪律 ………… 158
　第三节　国家文化公园与新时代红色文化的传承 …………… 159
　　一、建设长征国家文化公园，留住中华民族伟大复兴的根脉 … 160
　　二、建设长征国家文化公园，推动文旅融合和地区经济发展 … 161
　　三、进一步利用好长征国家文化公园，弘扬长征精神 ……… 162

第五章
黄河国家文化公园的核心价值 / 165

第一节　黄河文化是中华文化的根与魂 …………………………… 166
　　一、考古中的中华文明之源与黄河文化 …………………………… 167
　　二、古籍中的中华文明之源与黄河文化 …………………………… 169

第二节　华夏历史与文明演变的不朽书写 …………………………… 171
　　一、上古历史与文明中的黄河文化 ………………………………… 172
　　二、中古历史与文明中的黄河文化 ………………………………… 173
　　三、元明清历史与文明中的黄河文化 ……………………………… 175

第三节　向心凝聚与丰富流变的文化传统 …………………………… 176
　　一、礼乐精神与黄河流域文化传统 ………………………………… 176
　　二、道德精神与黄河流域文化传统 ………………………………… 180

第四节　治黄利民、人定胜天的奋斗精神 …………………………… 185
　　一、勇于担当的奉献精神 …………………………………………… 185
　　二、人定胜天的奋斗精神 …………………………………………… 186
　　三、务实进取的实干精神 …………………………………………… 187
　　四、自强不息的开拓精神 …………………………………………… 188
　　五、团结求实的拼搏精神 …………………………………………… 189

第五节　黄河国家文化公园的当代文化价值 ………………………… 191
　　一、精神家园与文化认同 …………………………………………… 191
　　二、文脉传承与文化感召力 ………………………………………… 192
　　三、家国情怀与民族向心力 ………………………………………… 193
　　四、彰显文化底蕴与促进文明互鉴 ………………………………… 194

第六章
长江国家文化公园的核心价值 / 197

- 第一节　绚丽多姿、和而不同的长江文化 ············· 198
  - 一、长江上游：巴蜀文化 ························· 199
  - 二、长江中游：荆楚文化 ························· 201
  - 三、长江下游：吴越文化 ························· 204
- 第二节　汇纳百川、兼收并蓄的融摄精神 ············· 207
  - 一、爱国主义精神 ······························· 207
  - 二、开拓创新精神 ······························· 209
  - 三、兼容并蓄的融摄精神 ························· 211
- 第三节　多元跨域、交流融合的文化典范 ············· 213
  - 一、民族往来 ··································· 213
  - 二、南北融合 ··································· 215
  - 三、中外交流 ··································· 217
- 第四节　天人合一、生生不息的生态文明 ············· 219
  - 一、生态特征 ··································· 219
  - 二、生态工程 ··································· 221
  - 三、生态思想 ··································· 222
- 第五节　长江国家文化公园的当代文化价值 ··········· 224

后记 ·· 229

第一章
CHAPTER 1

国家文化公园的
核心价值总论

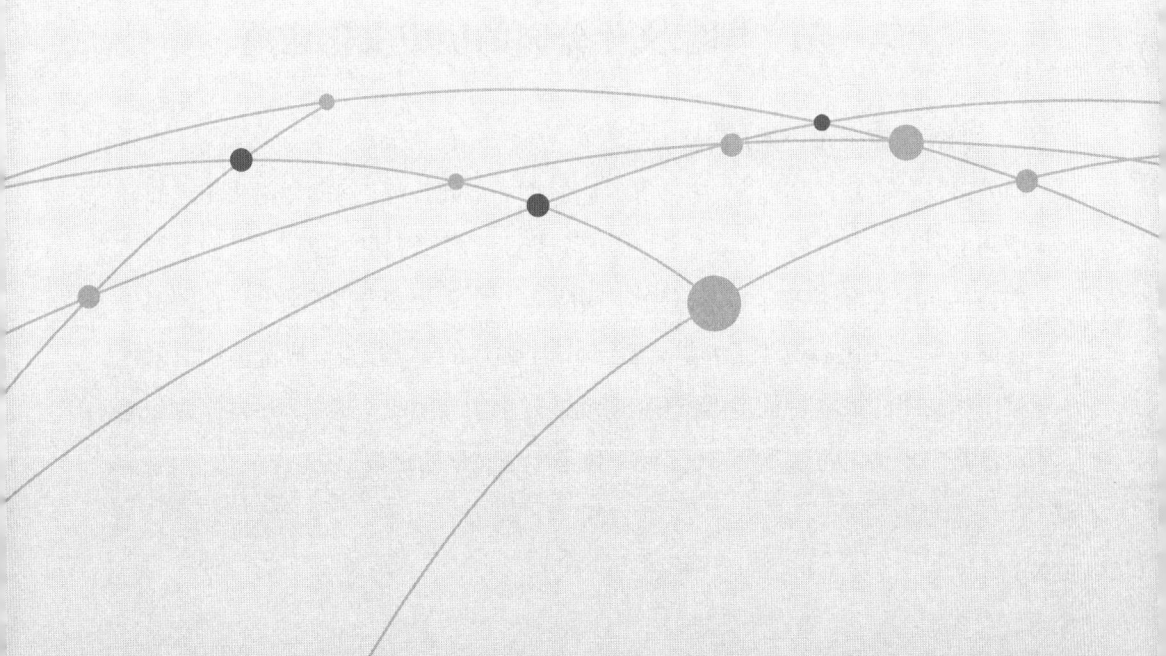

黄河、长江、长城、大运河与长征，既是中华民族的重要文化符号，又是中华优秀传统文化、革命文化与社会主义先进文化的优质载体。黄河与长江是中华民族的母亲河，建设黄河与长江国家文化公园，具有激活黄河与长江的历史文化资源、阐发多元一体的中华文明、构筑中华民族共同的精神家园、延续历史文脉、坚定文化自信的重要意义。长城与大运河是中华民族勤劳勇敢的精神象征，建设长城与大运河国家文化公园，具有深植爱国主义精神、继承南北互济的民族精神与文化融合的精神、激发中华民族实现民族伟大复兴的精神动力的重要意义。长征是中国革命的史诗，建设长征国家文化公园，具有传承红色基因、赓续红色血脉、弘扬长征精神的重要意义。加强国家文化公园建设，要求我们深入挖掘国家文化公园的时代价值，实现中华优秀传统文化、革命文化和社会主义先进文化的创造性转化与创新性发展，积淀红色文化精神，筑牢中华民族共同体意识，做强中华文化重要标志，推动文化旅游高质量发展，增强中华文化对外传播的影响力。

第一节　国家文化公园的历史文化意蕴

俯视国家文化公园，其范围辐射黄河流域、长江流域、大运河流域、长城内外以及长征经过的地方，具有覆盖地域广的空间特征。国家文化公园承载和记录了中国古老悠久的历史，这些历史不是抽象的、概括的、静止的，而是具体的、生动的，它们扎根于古老传说、考古发现、典籍记载与革命业绩。在黄河文化圈和长江文化圈诞生了中华文明，创造了灿烂的中华文化。典范性和原创性是中华文明的根本特征，根源性和连续性是中华文明的基本特征，多样性和地域性是中华文化的基本形态，多元一体是中华文化的最终形态。

一、国家文化公园的历史意蕴

中华文化植根于历史之中,围绕黄河文化带、长江文化带、长城文化带、大运河文化带以及长征文化带,中国的历史叙事在不断上演、述说与定型,中国历史精神在不断涌现、凝聚与积淀。苏秉琦概括了中国历史的基本国情:"超百万年的文化根系,上万年的文明起步,五千年的古国,两千年的中华一统实体。"[①] 聚焦国家文化公园,我们得以重新认识古代与现代的中国。

(一)国家文化公园的中国历史叙事

1. 传说中的中国

司马迁在《史记·五帝本纪》中讲述了传说时代的中国历史,这段历史没有文献记载,主要发生在黄河流域,处在黄河文化圈之中。对于传说时代的研究,学者大多认同司马迁的叙述。虽然这种口传历史的可靠性和可信度不及文献记载的历史,但这无疑将中国历史又回溯了几千年,这种传说是中国古人对于自己民族的最早追忆。在三皇五帝的传说和研究中,尽管学者有不同的观点,然而,这并不妨碍中华民族对共同祖先的认同和对民族历史的肯定。

中国古史传说中,战国时期形成几种"五帝"说。战国末始有"三皇"一词,到汉代才形成几种在五帝前的"三皇"说。五帝一般指的是黄帝、颛顼、帝喾、尧、舜五人,《吕氏春秋》及《史记·五帝本纪》承用了此说。"更需要注意的是先有五帝的观念,以后才去找五位帝的名字来充实它,同先有九州的观念以后才找九个州名以充实它相仿,并不是先有五位帝而后有五帝的名词。在这个时候齐、鲁的学者选择五帝,一定要到四国的祀典里面去找,可无问题。因为他们是要选择三代以前的五帝,所以禹、契、冥、汤、稷、文王、武王全不能入选。鲧虽在三代以前,可是他与尧、舜同时,并且治水无成功,也没有被选的资格。此外黄帝、颛顼、喾、尧、舜恰好五人。尧与舜早有儒家、墨家的崇拜景仰,不成问题。就是黄帝、颛顼、喾也一定有三国歌功颂德的传说,尊他们为帝,实属至

[①] 苏秉琦:《中国文明起源新探》,生活·读书·新知三联书店1999年版,第176页。

当。"①黄帝时期揭开了中国古代文明的序幕,播种"百谷草木",驯化"鸟兽虫蛾",同时"逐鹿中原"。如今,陕西的黄帝陵,既是中华民族根源的精神象征,又是世界各地中华儿女认祖归宗的神圣之地。

2. 考古中的中国

19世纪至20世纪中国重大的考古发现大多出现在黄河文化圈、长江文化圈、长城文化圈与大运河文化圈之中,这些考古发现成为重要的文物资源、文化遗址和文化遗产。陈梦家认识到考古学材料对于理解中华民族的重要性。"十九世纪的后半纪(尤其是末叶),就中国考古学材料的出现而言,是一个重要而光辉的时代。许多前此不经见或不曾出现过的古物,在不同的地域内,次第地重现于人间;它们对于了解我们祖国古代的历史社会,对于发扬我们伟大祖国灿烂的文化遗产,都有着第一重要的意义。"②新的考古学材料有助于重新认识和理解古代中国的历史社会。依照王国维文史研究的两重证据法,这些考古学材料是重新解读和书写中国历史的关键材料,这些材料揭开了文献研究难以发现和证明的历史,重现了湮没在时间长河中的历史。国家文化公园中的众多考古遗址构成古代中国的文化地图,这些文化遗址建构起古代中国的文化景观。

结合出现在黄河流域和长江流域的神话传说,神话考古带来诸多文化突破,形成新的文化诠释。仰韶文化与伏羲诞生神话联结起来,半坡文化与远古图腾联系起来,羊角柱图案与伏羲氏"仰观俯察"关联起来。"古者包牺氏之王天下也,仰则观象于天,俯则观法于地,观鸟兽之文与地之宜,近取诸身,远取诸物,于是始作八卦,以通神明之德,以类万物之情。"③红山文化与女娲神话关联起来,女娲的描写较早出现在《山海经·大荒西经》:"有神十人,名曰女娲之肠,化为神,处栗广之野,横道而处。"④夏商周时代往往以"青铜时代"来称谓,学者以研究考古发掘的青铜器来"还原"那个时代的社会、历史与生活。

---

① 徐旭生:《中国古史的传说时代》,广西师范大学出版社2003年版,第239页。
② 陈梦家:《殷墟卜辞综述》,中华书局1988年版,第1页。
③ 高亨:《周易大传今注》,齐鲁书社1979年版,第558—559页。
④ 袁珂校注:《山海经校注》,上海古籍出版社1980年版,第389页。

郭沫若、张光直等人撰写了以"青铜时代"或"青铜"命名的考古学与历史学著作。青铜器铭文的考证、疏解与诠释，自清代发掘商周青铜器以来，持续不断，这些研究是我们重新认识古代中国的新契机。

3. 典籍中的中国

黄河、长江、长城、大运河在史书中反复出现，在不同时代的诗词中不断地被书写。中国古代文明的起源、中华文化的创造、中国历史人物生活的地方，共同构成了文化中国的景观，这些历史构筑了一个过去的中国，见证了整个中华民族融合的历史进程。流传于世的经史子集，重构了中国文化的想象与记忆，建构了中华优秀传统文化的精神谱系，确立了中华民族的历史文化根基。

4. 革命中的中国

长征国家文化公园孕育着深厚的革命文化，见证了一段革命历史，包孕了一个革命中的中国。长征路上留下了许多革命遗址。战争遗址见证了革命战争的艰苦卓绝，会议遗址目睹了革命历史的转折，英雄纪念碑标识了革命先烈的英雄业绩，长征故事述说了红军的伟大和光荣，"二万五千里长征"积淀了长征精神的丰富内涵。

5. 世界中的中国

"开放、交流是世界历史、文化发展的总趋势，也是中国历史发展的总趋势。从旧石器时代起直到今天，中国文化从来不是封闭的、孤立的。沟通中外的名人、功臣虽不绝史书，但他们的业绩只不过是综合构成、开拓疏通了世界文化交流网络中的一些环节和文化交流史上的一些辉煌的瞬间。"[1]黄河、长江、大运河、长城与长征，在中外民族与文化交流史中不断地出现，作为重要的中华文化标志，在域外文化传播中不断重构中国形象。

（二）国家文化公园的历史性

发掘和利用国家文化公园中的文物和文化资源，保护国家文化公园中的物质文化遗产与非物质文化遗产，旨在保护文化遗产的原真性与历史性，保护历

---

[1] 苏秉琦：《满天星斗：苏秉琦论远古中国》，中信出版社2016年版，第94页。

史中的物质文明和精神文明，保护中华文化的历史原貌。

长城与大运河是世界文化遗产，建设长城与开凿大运河经历了不同的朝代。"秦长城和汉长城所经过的地区，包括黄土高原、沙漠地带和无数高山峻岭与河流溪谷，因而筑城工程采用了因地制宜、就材筑造的方法。在黄土高原一般用土版筑或土墼，现存临洮秦长城就是用版筑建成。"①古人因地制宜，在不同时代采用不同工艺，在不同地域运用不同材料修筑长城。因此，需要采用不同的方式保护不同时期的长城。"文化遗产保护方面的真实性可以定义为：作品的创作过程与其物质实现的内在统一达到真实无误的程度及其历经沧桑的剥蚀程度。"②保护长城文化遗产，首先要保护长城文化景观的场所：保护场所的环境，保护最初的地理形态，才能保护长城的建筑形制；保护场所的文化，保护场所的独特性与独一无二性。其次要保护长城文化景观的完整性：保护自然形成的地形与地貌，保护自然景观的自然性与长城景观的历史性。最后要保护自然景观与长城景观的关联性：保护自然景观与长城景观之间的内在肌理，从而保护长城文化的完整性。

保护大运河物质文化遗产，需要保护历史上的漕运起点和终点、重要码头遗址等，呈现漕运文化在不同朝代的真实性，还要疏浚大运河，联通运河的各个河段，重现运河"南北互济"的历史景象。"研究景观保护与管理，或者研究文化遗产时，文化遗产真实性是某种我们不能摆脱考察的东西。我们既不能避免研究真实性，当这关系到与真实性相关的景观体验与重要情感，譬如，身份、责任与归属感。"③保护大运河非物质文化遗产，这种保护关系到生活在特定区域人们的文化身份、审美趣味与道德情感。从某种意义上说，保护非物质文化遗产是在保护"活着"的历史。

许多考古遗址、文化遗址和革命遗址散布在国家文化公园里，这些遗址需

---

① 刘敦桢主编：《中国古代建筑史》（第二版），中国建筑工业出版社1984年版，第62页。
② ［芬］尤·约奇勒托：《文物建筑保护的真实性之争》，刘临安译，《建筑师》1997年第10期。
③ Roland Gustavsson & Anna Peterson, "Authenticity in landscape conservation and management the importance of the local context", *Cultural Heritage in Changing Landscapes*, edited by Hannes Palang and Gary Fry, Kluwer Academic Publishers, 2003, p.319, p.328.

要实行就地保护,不加任何的修缮与改动。保护遗址原样,这意味着保护遗址的历史脉络、文化内涵与革命印记。这些遗址的保护不仅是一种地点与空间的保护,而且是一种历史"真实性"的保护。遗址保护遵循"真实性"原则,"真实性(authenticity)来源于古希腊术语authentikos,意思是'真正的,事实表象中准确的、可靠的、没有争议的来源或作者'"[1]。保护各种遗址的真实性非常关键,"实际上,'真实性'的定义应与遗产资源的历史真实性相关,只有如此,它才真正具备了在现代保护中的意义"[2]。遗址的"真实性"关系到具体时代的历史与文化,不仅要保护国家文化公园中的各种遗址,还要保护历史环境的完整性,"完整性概念的内在问题,是对'材料整体'的考虑,它可能会强调重新整合、风格式修复或重建的趋势"[3]。国家文化公园中各种遗址的完整性保护不仅关系到保护遗址环境的完整性,而且关系到保护遗址历史文脉的完整性。

国家文化公园中有许多古城、古镇与古村落,需要保护它们的原真性。以古城保护为例,如何在古城保护与城市规划之间形成一种内在的关系,在相互结合中找到和谐共生的途径,这是摆在国家文化公园建设中的一个重要课题。古城保护,不只是一种形制的保护,更重要的是对古城"精华"的保护。"精华"既关乎古城形制,更关乎古城的历史文化精神,这两方面是表里关系,不可分离。

在当代,古城保护更多涉及古建筑的修复,古建筑修复要严格遵守法律规定。修复与保护文物古迹,尽量不做任何添加,不做任何重建。世界各国对古建筑的干预措施都遵循了1964年《威尼斯宪章》所确定的理论框架。这些努力表现在以下几个方面:

(1)仅在绝对必要的位置施加干预;
(2)尊重建筑构件的原初材料、结构特性和原初的结构功能;

---

[1] Roland Gustavsson & Anna Peterson, "Authenticity in landscape conservation and management the importance of the local context", *Cultural Heritage in Changing Landscapes*, edited by Hannes Palang and Gary Fry, Kluwer Academic Publishers, 2003, p.328.
[2] [芬]尤嘎·尤基莱托:《建筑保护史》,郭旃译,中华书局2011年版,第411页。
[3] [芬]尤嘎·尤基莱托:《建筑保护史》,郭旃译,中华书局2011年版,第411页。

(3) 使用与古迹原初材料相容的新材料;

(4) 系统记录所有的干预措施。①

《威尼斯宪章》强调历史文物保护"一点不走样",传承"全部信息",确立了原真性的理念。历史文物的修复尊重历史文脉,保证修复材料与建筑的真实性,确保建筑携带自身的历史信息,不相互混淆。古城保护重在古建筑的保护,要保护建筑细部最初的状态,最大限度保护古建筑的历史性。修缮古建筑,必须最大限度保存其历史价值,必须保存以下四个方面的内容:保存原来的建筑形制;保持原来的建筑结构;保存原来的建筑材料;保存原先的工艺技术。②古镇、古村落中的建筑保护也是如此,既要保护古镇与古村落建筑的原真性,又要保护古镇与古村落的文化生活形态。

二、国家文化公园的文化意蕴

在黄河文化圈、长江文化圈、长城文化圈以及大运河文化圈,有许多重大的考古发现。这些考古材料可分为有文字与没有文字的,没有文字的考古材料有遗址、墓葬、建筑、服饰、器物等。这些考古材料是探寻与解读中华文明与文化的关键材料。总体而论,黄河文化与长江文化是中华文化的总根系,是中华文化的根脉与灵魂;长城文化是民族融合的文化;大运河文化是多元一体的文化;长征文化是一种革命文化。

(一)中华文明的根源性

雅斯贝斯论道:"三个最早的文明几乎同时地在地球上三个区域产生了:首先是从公元前4000年开始的苏美尔—巴比伦、埃及和爱琴海世界;其次是公元前3000年以前雅利安印度河文化,它与苏美尔人有些联系,它的首批发掘物即将重见天日;再者是公元前2000年(甚至可能更早)的古代中国,我们只能从其后代的追忆和寥寥无几的有形的遗迹中捕捉这古老世界的微光。"③虽然雅斯

---

① [希]瓦西利基·艾莱夫特里乌、迪奥尼西娅·马夫罗马蒂:《雅典卫城修复工程——兼论几何信息实录的先进技术》,陈曦译,《建筑遗产》2016年第2期。
② 罗哲文主编:《中国古代建筑》,上海古籍出版社1990年版,第48—50页。
③ [德]卡尔·雅斯贝斯:《历史的起源与目标》,魏楚雄、俞新天译,华夏出版社1989年版,第55页。

第一章 国家文化公园的核心价值总论

贝斯并没有很准确地说出中华文明诞生的时期,但是,他明确地指出中华文明是世界上最古老的文明之一。雅斯贝斯标举一个轴心时代,这个时代是人类文明的重大突破时期,这个时代生活着世界文明中的伟大人物,如孔子、老子、苏格拉底、柏拉图等,他们思想的共同特征在于思想的原创性与典范性,这些伟大的思想塑造了不同的文化传统。肇端于黄河流域的华夏民族,最初以农业为生,由黄土地与黄河水养育。

夏鼐结合晚期新石器文化判断:"偃师二里头文化就其文化内容和所在点而言,显然是从晚期河南龙山文化发展过来的。但可能又吸收了其他地区一些文化中某些元素,例如山东晚期龙山文化(陶器某些类型、铜器),晚期大汶口文化(陶器上刻划符号,可能还有铜器),江浙地区的良渚文化(玉璧、玉琮等玉器),西北地区的'甘肃仰韶文化'(陶器上符号,铜器)等。我以为中国文明的产生,主要是由于本身的发展,但这并不排斥在发展过程中有时可能加上一些外来的影响。这些外来的影响不限于今天的中国境内各地区,还可能有来自国外的。但是根据上面所讲的,我们根据考古学上的证据,中国虽然并不是完全同外界隔离,但是中国文明还是在中国土地上土生土长的。中国文明有它的个性,它的特殊风格和特征。中国新石器时代主要文化中已具有一些带中国特色的文化因素。中国文明的形成过程是在这些因素的基础上发展的。但是文明的诞生是一种质变,一种飞跃。所以有人称它为在'新石器革命'之后的'都市革命'(Urban Revolution)。"[①]夏鼐的考古学论断揭示出中华文明的诸多特征:一是早期中国古文化的多样性,即便是黄河流域,在不同地方也流布着不同的文化;二是中国早期古文化之间的关联性,这些古文化相互联系、相互影响与相互融合,早期古文化存在一脉相承的关系;三是中华文明的自主性,中华文明是独自发生与发展的,"土生土长"是中华文明的基本特征;四是中华文明的持续性,中华文明不断地创造与演进,实现了文明的自我革命。

李学勤认为,考古新发现在不断改变"中原文明中心论"。"然而,问题并

---

① 夏鼐:《中国文明的起源》,文物出版社1985年版,第100页。

没有终结,在中原地区之外,考古工作者在长江下游发现了良渚文化;在长江中游发现了大溪文化、屈家岭文化;在长江上游发现了四川广汉三星堆文化;在东北辽河流域发现了红山文化;在西北地区发现了大地湾文化,等等。这些考古发现,使人们认识到,过去所谓的'中原文明中心论'是需要彻底改变了。中国古文明原是多源并起、相互促进的。"①这些考古新发现并没有否定"中原文明",相反,充实与丰富了中华文明的形态。无论是中华文明的一元论还是中华文明的多元论,唯一不变的是中华文明的悠久历史,这也足以证明中华文明的丰富、伟大与灿烂,从某种意义上印证了苏秉琦所说的"满天星斗"的中国古代文化格局。

中国古代文明在不断地裂变、撞击与融合,这些文明奠定了中国文化的根基。黄河文化是中华民族的根与魂,这种论断既有考古材料的证据,也有历史文献的支撑。习近平总书记指出:"黄河文化是中华文明的重要组成部分,是中华民族的根和魂。要推进黄河文化遗产的系统保护,守好老祖宗留给我们的宝贵遗产。"②早期的黄河文化和长江文化是中华民族的文化之根与精神之魂,共同形成了中华文明的最初形态,共同确立了中华民族的文化身份,成为中华民族文化自信的不竭源泉。

(二)中华文明的连续性

张光直指出,在全世界的古代文明中,只有中华文明有悠久的历史与记录。在中国广袤地域上,在悠远历史史料中,蕴藏着有证实价值的宝贵资料。"中国古代的这种世界观——有人称为'联系性的宇宙观'——显然不是中国独有的;基本上它代表在原始社会中广泛出现的人类世界观的基层。这种宇宙观在中国古代存在的特殊重要性是一个不折不扣的文明在它的基础之上与在它的界限之内建立起来这件事实。中国古代文明是一个连续性的文明。"③张光直从考古学和历史学上分析了中华文明的连续性,从哲学上阐发了中国的宇宙观

---

① 李学勤、裘锡圭:《新学问大都由于新发现——考古发现与先秦、秦汉典籍文化》,《文学遗产》2000年第3期。
② 《习近平谈治国理政》第三卷,外文出版社2020年版,第379页。
③ 张光直:《美术、神话与祭祀》,郭净、陈星译,辽宁教育出版社1988年版,第118—119页。

和世界观。借助历史文献和考古材料,张光直阐明了连续性是中华文明与中华文化的显著特征,连续性特征将中华文明与其他文明区别开来。

李学勤总结道:"不知道有多少中外学者谈论过中国文明的特点,看法虽纷纭不一,但在一点上可说是相当一致的,就是中国文明有独特的持续性。与中国古代文明并时兴起的古埃及等文明,都未能像中国文明这样绵延久远,迄今不衰。"[1]考古学家和历史学家的研究与诠释进一步说明中华文明连续性的特征。

中华民族创造了灿烂的古代文明,中华文明与中华文化一直绵延不绝,从未中断,影响范围从东到西,从北到南,从黄河流域到长江流域。就黄河流域的新石器时代文化而论,有黄河上游的马家窑文化和齐家文化,黄河中游的仰韶文化和龙山文化,以及黄河下游的大汶口文化。这些多种多样的文明与文化,出现在不同时期,散布在黄河流域、长江流域与长城内外。这些古代文明与文化前后相连,相互影响,彼此融合,构成坚实可信的文化序列。中华文明经历了5000多年的历史变迁与悠久历史,中华文明一脉相承,是在中国大地上土生土长的文明。

(三)中国文字的创造性

河南安阳殷墟考古发现大量的龟甲,铭刻着中国最古老的文字之一甲骨文;考古发掘的夏商周时期的青铜器,镂刻着铭文;荆州出土的郭店竹简与长沙马王堆出土的帛书,有书于竹帛的文字;还有流传于世的各个朝代的碑刻文字。中国文字在不同时期以不同形态呈现在世人面前。

中国古人将文字发明的版权颁给了仓颉,汉字的发明与创造保证了中华民族的地位,汉字保证了中华文化的延续和传承,有利于多民族文化的统一。中华文化主要是汉字的文化,书于竹帛和镂于金石是早期中国文化的历史事实。"中国文字记录的丰富、延续和普遍性是世界文化史上所独具的特色,没有其他民族或国家的文献可以相比。中国古代典籍在质和量方面的发展,更显

---

[1] 李学勤:《中国古代文明研究》,华东师范大学出版社2004年版,第389页。

示出古代中国在文化传播和学术研究上的辉煌成就。这些成果乃是中国文化的基石。因此要了解中国文化的起源、发展和承传的过程,主要便得从这些古代文字记录的遗产中去探索。"① 中国文字记载与流传的经史子集是中华文化的宝库。

汉字既是统一中华民族文化的关键,也是实现多民族统一的利器。"文字对中华民族来说具有统一的功能,古文字学家和语言学家认为文字是个统一体,它可以化简归结成六个范畴,也就是:象形——实物的形象或图像;指事——即将抽象概念翻译成图像;会意——由两个或更多的图所组成;形声——由表声和表形两部分组成;转注——即意义相似;假借——发音相同但形式不同。这种传统的概念也适用于甲骨文。我们还拥有许多陶器上的铭文。这些陶器是公元前五千年至公元前一千年的作品,其铭文曾被解释为器皿主人的标记、数字符号、装饰,最后被考释为与甲骨文、青铜铭文极为相似的文字。"② 最早的甲骨文是解读中国古老文明的一把钥匙。

对于古代文明,文字的发明与创造意义重大。正如路德维希所论:"因此,不难理解:为什么一个解决了最大的发明——文字问题(那甚至是一切发明中的最大者)的民族,能够不依靠战争,只依靠科学而保持它的地位,依然可以从文字和科学赢得时间和空间之外的未知。虽然它没有动人的诗歌、没有史诗、没有真正的宗教,但一旦这些境界和逻辑上的必要性被承认,我们就只能钦佩埃及在国家生活曙光时期的成就。"③ 正因为汉字的创造和发明,中华文明与中华文化得以传承下来,我们当然可以自豪地钦佩中华民族取得的成就。钱存训认为,汉字的优越性和融合性不能忽视,"中国文字记录的一个重大特点,便是它独有的持久性和延续性。这一特点使得世界上一个有创造性的远古文化,得以继继绳绳,绵延至今。中国文字除了一般文字通有的音、义以外,还有其特

---

① 钱存训:《书于竹帛》,上海书店出版社2004年版,第2页。
② [意]安东尼奥·马萨里:《中国古代文明——从商周甲骨刻辞看中国上古史》,刘儒庭、王天清、齐明译,社会科学文献出版社1997年版,第3页。
③ [德]埃米尔·路德维希:《尼罗河传:一条河的传奇》,赵台安、赵振尧译,辽宁教育出版社1997年版,第336页。

殊的形体,这种具有特殊形体的文字,超越了时间上的变化和空间上的限制,团结了中华民族,更造成了世界上一个最伟大的文化整体"[1]。在黄河流域与长江流域,无论是出土文献还是传世文献,在甲骨、青铜、陶器、玉石、简牍、缣帛和纸卷中,汉字作为一种书写符号虽然形体有变化,但是保持了文字的基本构造,是日常生活、文化传播与文化交流的重要媒介。汉字文化是中华文化的重要组成部分,其中书法艺术是中华文化的重要标志。书法演变的历史涵盖甲骨文、大篆、石鼓文、隶书、行书、楷书等。不可否认,"城市""文字""青铜器"在中华文明发展中具有重要地位。苏秉琦指出:"当然,也不能贬低甚至否认'坛、庙、冢'或者'稻、丝、玉'在中国文明发展史上的地位。它们最终成了具有中国特色的古代文化、文明的重要因素。"[2]结合黄河文化、长江文化以及长城文化的历史进程,可以认识到苏秉琦的观点是客观公允的。

(四)中华文化的多样性

钱穆认为,从人类文化的起源来看,大致可以区分为三种类型,一是游牧文化,二是农耕文化,三是商业文化。不同的自然环境决定了不同的生活方式,不同的生活方式形成不同的文化类型。中国农耕文化发源于河流灌溉的平原。钱穆在《中国历史精神》一书中对于中国农耕文化发源地做了这样的推测:"唐、虞文化是发生在现在山西省之西南部,黄河大曲的东岸及北岸,汾水两岸及其流入黄河的桠杈地带。夏文化则发生在现在河南省之西部,黄河大曲之南岸,伊水、洛水两岸及其流入黄河的桠杈地带。周文化则发生在现在陕西省之东部,黄河大曲之西岸,渭水两岸及其流入黄河的桠杈地带。"[3]钱穆从历史地理上区分与辨析中国古代文化的分布。比起宽泛论说黄河是中国文化的摇篮,钱穆的这种推测更为准确一些。可见,在文明早期,黄河文化具有多样性与丰富性的文化形态。李济研究安阳考古材料之后总论道:"我以为商的文化是一个多方面的综合体,融汇了很多不同文化源流。殷文化之基础深植于甚早的

---

[1] 钱存训:《书于竹帛》,上海书店出版社2004年版,第4页。
[2] 苏秉琦:《满天星斗:苏秉琦论远古中国》,赵汀阳、王星编,中信出版社2016年版,第18页。
[3] 钱穆:《钱宾四先生全集》(29),联经出版事业股份有限公司1998年版,第2—3页。

史前时期；稻米文化的发展及附着于此一文化之整体，说明了殷商帝国之经济基础是典型东亚的，并且是在原地发展起来的。"[1]无论是夏文化，还是商文化，抑或是周文化，每一种文化都不是单一的，而是多样性的。中华文化一开始就呈现多样性特征。

苏秉琦以"满天星斗"喻说考古发现的中国古文化格局，这种喻说是形象的、恰切的。夏鼐分析考古材料，认为新石器文化可以区分出不同的类型："总之，这三十年来在各地区发现过好几个前所未知的新石器文化。对于它们以及原已知道的如仰韶文化等，我们曾加以分析，有的可区分为几个类型，有的可以依早晚分期。当时各种文化在中国的大地上争妍竞秀，并且常常互相影响，互相渗透，交织成一幅瑰丽的图景，而且为后来独特的灿烂的中国文明打下了基础。"[2]夏鼐与苏秉琦对于中国早期文明与文化基本上有共同的认识。不过，苏秉琦进一步区分了中国早期文化的基本类型和文化模式，这种分析接近中国早期文化演进的历史真相。苏秉琦从全国范围出发，将考古文化分为六大区系，从这些考古文化的分布来看，主要处在黄河文化圈、长江文化圈与长城文化圈沿线内外。

从考古文化的六大分区来看，有一大区处在长城文化圈，有两大区处在黄河文化圈，有三大区位于长江文化圈。一方面，黄河文化圈中的各区域文化紧密互动，长江文化圈中的各区域文化联系紧密；另一方面，长城文化圈与黄河文化圈互动频繁，联系紧密，黄河文化圈的区域文化与长江文化圈的区域文化连接、互动。这些古文化之间的深层互动与深度交流，加速了古代文化的统一。苏秉琦指出："六大区并不是简单的地理划分，主要着眼于其间各有自己的文化渊源、特征和发展道路。这又集中体现于每一大区系中范围不大的历史发展中心区域。它与各区系内其他分支，即'类型'之间，又有着发展的不平衡性，同时各大区系间还会存在一些文化交汇的连接带。各大区系不仅各有渊源、各具特

---

[1] 李济：《安阳》，河北教育出版社2000年版，第495页。
[2] 夏鼐：《中国文明的起源》，文物出版社1985年版，第8页。

点和各有自己的发展道路,而且区系间的关系也是相互影响的。"[1]开凿与开通的大运河,成为南北文化交流的纽带,促进黄河文化和长江文化的融合。各大区系的考古文化也奠定了黄河文化圈、长江文化圈和长城文化圈中地域文化的雏形。重要的有黄河文化圈中的中原文化、三秦文化和齐鲁文化,长江文化圈中的巴蜀文化、荆楚文化和吴越文化,长城文化圈中的燕京文化等。

中华文明与中华文化具有开放性特征,也有海纳百川的文化胸怀,在不同文明与文化的交流、融合与互鉴中,中华文明真正屹立在世界文明之林。习近平总书记说:"中华文明是在同其他文明不断交流互鉴中形成的开放体系。从历史上的佛教东传、'伊儒会通',到近代以来的'西学东渐'、新文化运动、马克思主义和社会主义思想传入中国,再到改革开放以来全方位对外开放,中华文明始终在兼收并蓄中历久弥新。亲仁善邻、协和万邦是中华文明一贯的处世之道,惠民利民、安民富民是中华文明鲜明的价值导向,革故鼎新、与时俱进是中华文明永恒的精神气质,道法自然、天人合一是中华文明内在的生存理念。"[2]

(五)多元一体的中华文化

苏秉琦认为,中国早期古文化相互影响、相互作用,在不同地域的文化交流中,黄河文化与长江文化持续深层互动,中华文化不断走向成熟,熔铸成一种独特的、统一的文化。李学勤指出:"经过几十年的发现和研究,至少在中原地带,考古文化的链环已经连接起来,从仰韶、龙山,以至夏、商、周,文明的萌生形成,直到发扬光大的历程,应该说尽在视野之中了。"[3]这些文化链条的连接既实现了文化的交流与融合,也促进了文化的发展。

从汉代开始,佛教、伊斯兰教、基督教等先后传入中国,与中国传统文化不断地融合和发展,形成具有中国本土特色的宗教文化。习近平总书记指出:"佛教产生于古代印度,但传入中国后,经过长期演化,佛教同中国儒家文化和道家文化融合发展,最终形成了具有中国特色的佛教文化,给中国人的宗教信仰、

---

[1] 苏秉琦:《中国文明起源新探》,生活·读书·新知三联书店1999年版,第38—39页。
[2] 《习近平谈治国理政》第三卷,外文出版社2020年版,第471页。
[3] 李学勤:《中国古代文明研究》,华东师范大学出版社2004年版,第390页。

哲学观念、文学艺术、礼仪习俗等留下了深刻影响。"①从总体上看，域外文化传入中国之后，被中国文化传统所同化，最后成为中国传统文化的组成部分。

吕思勉区分了中国学术发展的分期，概括学术发展中文化交流和融合的事实。吕思勉说："吾国学术，大略可分七期：先秦之世，诸子百家之学，一也。两汉之儒学，二也。魏晋以后之玄学，三也。南北朝隋唐之佛学，四也。宋明之理学，五也。清代之汉学，六也。现今所谓新学，七也。七者之中，两汉魏晋，不过承袭古人；佛学受诸印度；理学家虽辟佛，实于佛学入之甚深；清代汉学，考证之法甚精，而于主义无所创辟；最近新说，则又受诸欧美者也。历代学术，纯为我所自创者，实止先秦之学耳。"②中国学术文化作为中华优秀传统文化中的核心部分，正是中华文化的精华。中国古代思想家创建了中国学术传统，构建了中国话语体系与中国思想体系，这些话语体系与思想体系体现出中国特色、中国风格与中国智慧。

在国家文化公园中，我们不仅要了解中华文明是从哪里来的，理解中华文明是什么样的，而且还要认识到中华民族的文化身份，增强中华民族的文化自信，思考中华文明向何处去。习近平总书记说："要推动中华文明创造性转化、创新性发展，激活其生命力，让中华文明同各国人民创造的多彩文明一道，为人类提供正确精神指引。要围绕我国和世界发展面临的重大问题，着力提出能够体现中国立场、中国智慧、中国价值的理念、主张、方案。我们不仅要让世界知道'舌尖上的中国'，还要让世界知道'学术中的中国'、'理论中的中国'、'哲学社会科学中的中国'，让世界知道'发展中的中国'、'开放中的中国'、'为人类文明作贡献的中国'。"③中华文明历史悠久，厚植中国智慧，彰显文化价值，凸显道德观念，赓续民族精神。中华文明在新时代需要以开放的态度，与世界文明交流与互鉴，激发出内在的活力与生命力，实现中华文明的创造性转化与创新性发展，为人类作出更大的贡献。

---

① 《习近平谈治国理政》第一卷，外文出版社2018年版，第260页。
② 吕思勉：《先秦学术概论》，上海书店1992年版，第1页。
③ 《习近平谈治国理政》第二卷，外文出版社2017年版，第340页。

第二节　国家文化公园体现的民族精神

在黄河流域、长江流域、大运河流域、长城沿线以及长征沿途中,各民族世世代代生活在那里,各民族之间的交流和融合、民族文化的创造和发展、民族的团结和奋斗以及民族的梦想和追求,最终凝聚成中华民族共同体意识。

一、中华民族的起源

在中国古史传说时代,不同民族相争相亲反复出现,民族交流和融合业已展开,共同形成华夏文化与文明。徐旭生认为,古代中国的部族大致有华夏、东夷和苗蛮三个集团,这些部族在历史中不断交流、融合与同化,成为中国人的三个主要来源。徐旭生总论了中国古史传说时代的民族特征:"把我国较古的传说总括来看,华夏、夷、蛮三族实为秦汉间所称的中国人的三个主要来源。关于我国传说时代的历史,后代所承用的有一个明君贤相的大系统,现在如果仔细检查,还可以看出来此系统中的名字实出于华夏、夷、蛮三个不同的来源,并非完全出自华夏。因为到春秋时期,三族的同化已经快完全成功,原来的差别已经快完全忘掉,所以当此后的人对于所搜集到的传说作综合整理的时候,就把这些名字糅合到一块。从较古的春秋时期或战国前期的传说仔细爬梳,还不难看出在此前的部族的确分为三个不同集团的痕迹。此三个集团对于古代的文化全有像样的贡献。他们中间的交通相当频繁,始而相争,继而相亲;以后相争相亲,参互错综,而归结于完全同化。"[①]

华夏族主要分布在黄河上游和中游地区,东夷族散布在黄河下游、淮河下游以及长江下游地区,苗蛮族则生活在长江中游地区。闻一多从图腾演变的角度分析了传说时代的民族融合过程:"假如我们承认中国古代有过图腾主义的社会形式,当时图腾团族必然很多,多到不计其数。我们已说过,现在所谓

---

① 徐旭生:《中国古史的传说时代》,文物出版社1985年版,第39页。

龙便是因原始的龙（一种蛇）图腾兼并了许多旁的图腾，而形成的一种综合式的虚构的生物。这综合式的龙图腾团族所包括的单位，大概就是古代所谓'诸夏'和至少与他们同姓的若干夷狄。他们起初都在黄河流域的上游，即古代中原的西部，后来也许因受东方一个以鸟为图腾的商民族的压迫，一部分向北迁徙的，即后来的匈奴，一部分向南迁移的，即周初南方荆楚吴越各蛮族，现在的苗族即其一部分的后裔。留在原地的一部分，虽一度被商人征服，政治势力暂时衰落，但其文化势力不但始终屹然未动，并且做了我国四千年文化的核心。"[1]图腾的演变暗示了各部族分分合合的历史，最终的图腾是部族文化融合的文化标志。

如果说中华文明起源的研究奠定了中华民族的文化认同和文化身份，那么中华民族溯源研究则回答了中华民族从哪儿来的问题，确立了中华民族的身份认同。杨向奎对于古代民族的历史作出一个结论："夏、周本为一族，他们自古就曾与羌戎的一部分相结合，融为夏族、周族，这是中国古代华夏族的主流。当然在这一灿烂民族的发展过程中，东夷、殷商也占重要地位，对中华民族的发展起了极为重要的作用。总之，中华民族自古就是由多民族形成，而'炎''黄'也代表着多民族的成分，'炎'属姜而'黄'属夏周；我们说中华民族是炎黄子孙没有不周延的地方。"[2]

夏商周时期，各民族在不断迁徙，各民族文化在不断交流与融合。丁山略论了夏、商、周三代民族的差异：

"夏后氏起自今山西省西南隅，渡河而南，始居新郑、密县间，继居洛阳，辗转迁徙，东至于河南陈留、山东观城，北至于河南濮阳，西至于陕西东部，踪迹所至，不越黄河两岸，其方向则自西徂东，显然中原固有之民族也。

"殷人起自今河北省泜水流域，其游牧所至，北抵燕蓟、易水，南抵商邱，东抵邹鲁，西抵河内武陟，其踪迹大抵沿衡漳、黄河两故渎，逐渐南下，显然东北民族燕亳、山戎之类也。

---

[1] 闻一多：《神话与诗》，上海人民出版社2005年版，第25页。
[2] 杨向奎：《宗周社会与礼乐文明》，人民出版社1992年版，第44页。

"周人起自陇右,辗转而至栒邑(今旬邑)、岐下,入于丰镐,更伐崇作洛,居有夏之故居,其踪迹初沿泾渭而达于河,继沿河东进,北征燕蓟,南征蛮荆、淮夷,东征徐、奄,甸有诸夏,显然西北民族戎狄之类也。"①

从丁山的论述中可以看到,夏商周时期,各民族主要生活在黄河流域与长江流域。这种民族迁徙或许是早期民族生活的常态,加快了各民族之间交流与融合的进程。区域民族史研究也可以旁证这一点。"显然,在新石器时代的某个时间阶段内,中国西南已经是一个多族群杂居的区域。各族群的部落有一个大致的共同分布范围,但互相之间仍然随时在流动,这就使他们的居住区域形成交错现象。此时期内,西南地区的原始部落,应该是以属于氐羌和百越系统的最多;盘瓠和孟—高棉部落集团的为其次。"②这种区域的民族史研究可以从局部透视中华民族的演变轨迹,呈现民族文化融合的历史进程。

二、中华民族的文化创造

在国家文化公园中,生活着许多的少数民族,有些民族有自身的民族语言,各民族形成独特的生活方式,创造了独特的民族文化,呈现出民族文化的多样性和丰富性。

各民族文化并不是故步自封的,各民族文化一开始就处在文化交流与影响之中,这种交流在历史中不断地发生和延续,使得民族文化的深度融合成为可能,这种可能性最终锚定了多元文化一体的中华文化雏形。习近平总书记指出:"中华文明有着5000多年的悠久历史,是中华民族自强不息、发展壮大的强大精神力量。我们的同胞无论生活在哪里,身上都有鲜明的中华文化烙印,中华文化是中华儿女共同的精神基因。"③

以汉民族为中心的农耕文化,以少数民族为中心的游牧文化,以及来自南亚和西方的域外文化,共同铸就了中华文化。从历史上看,中华民族历史久远,

---

① 丁山:《古代神话与民族》,商务印书馆2005年版,第38页。
② 尤中:《中国西南民族史》,云南人民出版社1985年版,第13页。
③ 《习近平谈治国理政》第一卷,外文出版社2018年版,第64页。

历经沧桑,在近代遭受重大苦难,付出重大牺牲。中华民族不屈不挠,团结奋斗,奋起抗争,最终掌握了自己的命运,走向实现中华民族伟大复兴的伟大征途。从文化上看,中华文化是中华民族的根,黄河文化和长江文化起到奠基性的作用。从精神上说,中华民族的历史彰显了以爱国主义为核心的伟大民族精神,体现了中华民族的伟大创造精神、伟大奋斗精神和伟大团结精神。习近平总书记说:"团结统一的中华民族是海内外中华儿女共同的根,博大精深的中华文化是海内外中华儿女共同的魂,实现中华民族伟大复兴是海内外中华儿女共同的梦。共同的根让我们情深意长,共同的魂让我们心心相印,共同的梦让我们同心同德,我们一定能够共同书写中华民族发展的时代新篇章。"①

三、中华民族共同体意识

中华文化是一种不断融合与熔铸的文化。这种文化融合的过程是复杂的、历史的与生成的。在这一历史进程中,黄河文化和长江文化起到奠基的作用,构筑了中华文化共同体。苏秉琦说:"中华民族极富兼容性和凝聚力。史前不同文化区系的居民,通过不断组合、重组,百川汇成大江大河,逐步以华夏族为中心融合为一个几乎占人类四分之一的文化共同体——汉族。它虽然幅员辽阔,方言众多,但在文化上却呈现出明显的认同趋势,大约就是在这个基础上,以形、意为主又适应各地方言的方块字被大家所接受,成为其后数千年间维系民族共同体的文化纽带,产生了极强的凝聚力,汉族从开始就不是封闭的、一成不变的,历史上许多进入内地的少数民族先后与汉族融合,给汉族不断注入新血液、新活力,得到不断壮大,并团结五十多个兄弟民族共同组成伟大的中华民族大家庭。自秦、汉建立统一多民族国家以来,虽有过短暂的分裂,但统一一直是主流。中国从未被征服过。当西方殖民者以坚船利炮横行世界的时候,无法灭亡中国。世界诸文明古国中,只有中国历史连绵不断,中国人这种伟大的民族精神、力量,其根脉盖深植于史前文化之中。"②苏秉琦指出了中华民族的两种

---

① 《习近平谈治国理政》第一卷,外文出版社2018年版,第63页。
② 苏秉琦:《中国文明起源新探》,生活·读书·新知三联书店1999年版,第179—180页。

特征：一是兼容性，这种兼容性在中华民族的历史中得到证明，最终形成中华民族共同体；二是凝聚力，这种凝聚力来源于中华文明，扎根在多元一体的中华文化，构建了统一的文化共同体。雅斯贝斯指出："每个民族觉得自己是一个统一体，这个统一体具有共同的语言、文化和神话形体。"[1]中华民族有共同的文字，即汉字；有共同的文化根脉，即中华文明与文化；有共同的神话传说原型。

中华民族的历史就是各民族融合成多元一体的中华民族的历史，是各民族团结、共同奋斗和创造统一国家的历史。费孝通指出，中华民族逐步完成成为一体的过程。"看来先是各地区分别有它的凝聚中心，而各自形成了初级的统一体，比如在新石器时期在黄河中下游及长江中下游都有不同的文化区。这些文化区逐步融合出现汉族的前身华夏的初级统一体。当时长城外牧区还是一个以匈奴为主的统一体和华夏及后来的汉族相对峙。经过多次北方民族进入中原地区及中原地区的汉族向四方扩散，才逐渐汇合了长城内外的农牧两大统一体。又经过各民族流动、混杂、分合的过程，汉族形成了特大的核心，但还是主要聚居在平原和盆地等适宜发展农业的地区。同时，汉族通过屯垦移民和通商在各非汉民族地区形成了一个点线结合的网络，把东亚这一片土地上的各民族串联在一起，形成了中华民族自在的民族实体，并取得大一统的格局。这个自在的民族实体在共同抵抗西方列强的压力下形成了一个休戚与共的自觉的民族实体。这个实体的格局是包含着多元的统一体，所以中华民族还包含着五十多个民族。"[2]费孝通指出中华民族融合的历史事实，最早发生在黄河流域和长江流域，逐步形成中华民族共同体。这一历史进程呈现阶段性与统一性的特征，存在多层次与多元的格局，而各个层次的多元关系又存在着分分合合的动态和分而未裂、融而未合的多种情状。然而，多民族统一的中华民族共同体意识是始终存在的，这种民族共同体意识深植在各民族之中，形成统一的民族信念和精神意识。正如习近平总书记在中央民族工作会议上所指出的："铸牢中华民族共同体意识，就是要引导各族人民牢固树立休戚与共、荣辱与共、生死

---

[1] ［德］卡尔·雅斯贝斯：《历史的起源与目标》，魏楚雄、俞新天译，华夏出版社1989年版，第57页。
[2] 费孝通：《中华民族的多元一体格局》，《北京大学学报》（哲学社会科学版）1989年第4期。

与共、命运与共的共同体理念。"

中华民族共同体意识是在几千年历史中形成的,一直存在于中华民族心灵之中。它是国家统一的基础、民族团结的根本。各民族共同开疆拓土,各民族共同书写中国历史,各民族共同创造灿烂的中华文化,各民族共同培育民族精神,筑牢中华民族共同体意识。习近平总书记说:"我国是一个有着13亿多人口、56个民族的大国,确立反映全国各族人民共同认同的价值观'最大公约数',使全体人民同心同德、团结奋进,关乎国家前途命运,关乎人民幸福安康。"[1]民族团结与民族统一是各民族认同的价值观,中华民族伟大复兴是各族人民共同的中国梦。

第三节 国家文化公园彰显的精神谱系

国家文化公园的核心是文化,确切地说,是文化内涵和文化精神。黄河文化、长江文化、长城文化、大运河文化和长征文化孕育了丰富的文化内涵和精神特质。从谱系学上看,这些文化具有不同的精神谱系,这些不同的精神谱系由多元到一体,构筑了中华民族的精神实体。

一、黄河文化精神谱系

(一)黄河文化与道德精神

在黄河流域,在唐虞三代就存在伦理思想的萌芽。在黄河文化圈,孔子和孟子的道德哲学奠定了中国传统伦理的基础,确立了基本的道德原则。蔡元培认为:"我国伦理学说,发轫于周季。其时儒墨道法,众家并兴,及汉武帝罢黜百家,独尊儒术,而儒家言始为我们惟一之伦理学。"[2]中国古代社会是典型的人伦社会,君臣、父子、夫妇、兄弟、朋友,这些关系是最基本的人伦关系。

---

[1] 《习近平谈治国理政》第一卷,外文出版社2018年版,第168页。
[2] 蔡元培:《中国伦理学史》,中国书籍出版社2015年版,第6页。

费孝通从社会学角度分析了中国传统乡土社会中的伦理关系。"以'己'为中心,像石子一般投入水中,和别人所联系成的社会关系,不像团体中的分子一般大家立在一个平面上的,而是像水的波纹一般,一圈圈推出去,愈推愈远,也愈推愈薄。在这里我们遇到了中国社会结构的基本特性了。我们儒家最考究的是人伦,伦是什么呢?我的解释就是从自己推出去的和自己发生社会关系的那一群人里所发生的一轮轮波纹的差序。'释名'于伦字下也说'伦也,水文相次有伦理也。'潘光旦先生曾说:凡是有'仑'作公分母的意义都相同,'共同表示的是条理,类别,秩序的一番意思。'"①这种推己及人的方式是儒家道德的重要方式,建构了人伦社会。费孝通认为中国传统人伦关系构建了一个差序格局的社会。虽然五伦关系起源得更早,这种伦理关系原则却是由孔子在春秋时期奠定的。这种道德原则在中华民族长期生活与实践中,形成独特的道德原则、观念、思想与精神。有仁者爱人、以民为本、诚信做人等思想,有自强不息、尊老爱幼等传统美德,这些思想与美德依然有当代的价值。

诞生并形成于黄河文化圈的中华传统伦理与道德,具有强大的生命力和影响力,与社会主义核心价值观内在地连接起来,实现了中华民族传统道德的创造性转化和创新性发展,具有鲜明的中华民族特色和时代价值。习近平总书记指出:"中华优秀传统文化已经成为中华民族的基因,植根在中国人内心,潜移默化影响着中国人的思想方式和行为方式。今天,我们提倡和弘扬社会主义核心价值观,必须从中汲取丰富营养,否则就不会有生命力和影响力。"②

(二)黄河文化与礼乐精神

在黄河文化圈,三皇五帝开始了"先王乐教"。《尚书·舜典》记载:"帝曰:'夔,命汝典乐,教胄子,直而温,宽而栗,刚而无虐,简而无傲。诗言志,歌永言,声依永,律和声。八音克谐,无相夺伦,神人以和。'夔曰:'於!予击石拊石,百兽率舞。'"③《尚书·益稷》云:"夔曰:戛击鸣球,搏拊琴瑟以咏。祖

---

① 费孝通:《乡土中国》,生活·读书·新知三联书店1985年版,第25页。
② 《习近平谈治国理政》第一卷,外文出版社2018年版,第170页。
③ 孔安国传、孔颖达疏:《尚书正义》,北京大学出版社1999年版,第78—79页。

考来格,虞宾在位,群后德让,下管鼗鼓,合止柷敔,笙镛以间。鸟兽跄跄,《箫韶》九成,凤凰来仪。夔曰:於!予击石拊石,百兽率舞,庶尹允谐。"①在古史传说时代,尧、舜等先王制作乐器,创作律吕,实施礼乐教化。西周时期,周公制礼作乐,确立礼乐制度;春秋时期礼崩乐坏,孔子开始重建礼乐传统,礼乐制度一直在中国古代延续。中国素有"礼义之邦"的美誉,乃实至名归。

据王国维的考证,"礼"字已经出现在殷代甲骨卜辞之中。②在黄河流域,考古发现许多夏商周时期的青铜礼器,这些青铜礼器与古代礼乐文化直接相关。"礼"存在三个层面的意义:一是日常生活中的"礼",体现在衣食住行等诸多方面,日常生活中的礼是无所不在的;二是制度层面的"礼",表现在古代社会中的礼仪制度,《周礼》《仪礼》《礼记》等有详细记载和规定;三是精神层面的"礼",日常生活与制度中的礼演化为礼的精神。总体来看,在三秦文化、中原文化和齐鲁文化中,礼文化都是核心文化。

至于"乐",古代的"诗舞乐"为一体,没有区别开来,可以从甲骨刻辞、青铜铭文、古代岩画、青铜纹饰中窥见乐的身影。乐有雅乐与俗乐之分。《诗经》区分了风的歌谣、大雅小雅的赞歌与颂的颂歌。《礼记·礼运》也说:"四体既正,肤革充盈,人之肥也。父子笃,兄弟睦,夫妇和,家之肥也。大臣法,小臣廉,官职相序,君臣相正,国之肥也。天子以德为车,以乐为御,诸侯以礼相与,大夫以法相序,士以信相考,百姓以睦相守,天下之肥也。"③

(三)黄河文化与天下精神

在苏秉琦看来,中华文明有自己的个性、风格和特征,更有自己的渊源。"对于中国国家起源与发展的认识,我概括为:从氏族公社向国家转变的典型道路——古文化—古城—古国;国家发展的三部曲——古国—方国—帝国;国家形成的三模式——北方原生型、中原次生型、北方草原续生型。所谓'古文化',指原始文化;'古城'指城乡最初分化意义上的城和镇,而不是普通含义

---

① 孔安国传、孔颖达疏:《尚书正义》,北京大学出版社1999年版,第127页。
② 王国维:《观堂集林》(外二种),河北教育出版社2003年版,第143页。
③ 郑玄注、孔颖达疏:《礼记正义》,北京大学出版社1999年版,第711页。

的城市;'古国'指高于部落的、稳定的、独立的政治实体。"①苏秉琦认为古代中国的起源与发展,按照以上的道路、步骤与模式在反复出现和演进。从历史上看,这种国家的起源和发展在黄河文化圈中表现得尤为突出。

天下最初与中国古人对天的理解与认识有关。在殷商时期,天作为人格化的神存在,天是殷人崇拜的对象,天具有神秘特征。从西周开始,天的神秘性逐渐退隐,天生发出其他意义。《诗经·北山》曰:"普天之下,莫非王土。率土之滨,莫非王臣。"②天是政治意义的天下,这是周天子的一种政治共同体理想。苏秉琦认为,在尧舜时代,出现了最初的"中国"概念,而夏、商、周三代出现了松散的联邦式的"中国""天下",秦始皇统一大业和秦汉帝国的形成使得周代的天下理想变成现实。③

《礼记·大学》曰:"古之欲明明德于天下者,先治其国;欲治其国者,先齐其家;欲齐其家者,先修其身;欲修其身者,先正其心;欲正其心者,先诚其意;欲诚其意者,先致其知,致知在格物。"④格物、致知、诚意、正心、修身、齐家、治国、平天下,是《礼记·大学》的八纲目,这是可以推演的,既可从平天下推到格物,也可从格物推到平天下,这两种推演并不矛盾。大学之道有两个面向,一是向内,道德修炼成为君子与圣人;二是往外,经世致用,齐家治国平天下,内圣外王统一在大学之道中。关学大家张载的"横渠四句"集中体现黄河文化中的家国情怀与天下精神:"为天地立心,为生民立命,为往圣继绝学,为万世开太平。"⑤

二、长江文化精神谱系

在长江文化圈中,巴蜀文化、荆楚文化与吴越文化交融互动,共同构成了包容开放、多元共生的长江文化。蒙文通认为:"巴蜀和楚,从文化上说是同一类

---

① 苏秉琦:《满天星斗:苏秉琦论远古中国》,赵汀阳、王星编,中信出版社2016年版,第12页。
② 高亨注:《诗经今注》,上海古籍出版社1980年版,第315页。
③ 苏秉琦:《满天星斗:苏秉琦论远古中国》,赵汀阳、王星编,中信出版社2016年版,第88页。
④ (宋)朱熹:《四书章句集注》,中华书局1983年版,第3页。
⑤ (宋)张载:《张载集》,中华书局1978年版,第320页。

型,应该是可以肯定的。"①在古代,巴蜀和楚不只是一个文化概念,同时也可能是空间概念、民族概念和国家概念,这些概念既相互关联又相互区别。

(一)长江文化与文艺精神

长江文化孕育了古代的文明和文化,源于长江文化的《山海经》创造出中国古老的神话,富有浪漫的想象色彩,屈原的《楚辞》继承与发扬了这一神话传统和浪漫精神,三星堆文化从某种程度上印证了长江文化中的神话历史,充满奇幻的想象。

袁珂认为:"现存唯一的保存古代神话资料最多的著作,是《山海经》。全书共分十八卷,原题为夏禹、伯益作,实际上却是无名氏的作品,而且不是一时一人所作。根据我的初步考察,此书大概是从战国初期到汉代初期的楚国或楚地人所作。"②对于《山海经》产生的地域,袁珂认为是古代楚国或楚地的人所作,蒙文通认为是古代巴蜀地区的人所作。③无论是古代巴蜀人还是古代楚人,都处在长江流域,孕育在长江文化圈,与巴蜀文化和荆楚文化密切相关。蒙文通说:"《山海经》中《大荒经》最神怪,应是最古的书,是蜀人之书。《五山经》神怪少了,这是略后的楚人之书。"④

袁珂认为《山海经》的神话具有中国特色。"中国神话的一个最主要的特色,就是从神话里英雄们的斗争中,我们常常可以见到那种为了达到某种理想,敢于战斗,勇于牺牲,自强不息,舍己为人的博大坚韧的精神。这种精神表现在古神话传说里,的确是富于传统的民族风格的。"⑤《山海经》里的神话精神与古代民族精神具有内在的一致性,从中也折射出中国古代民族的精神。

刘勰盛赞屈原的《离骚》:"不有屈原,岂见《离骚》。惊才风逸,壮志烟高。山川无极,情理实劳。金相玉式,艳溢锱毫。"⑥王国维在《屈子之文学精

---

① 蒙文通:《巴蜀古史论述》,四川人民出版社1981年版,第100页。
② 袁珂:《中国神话传说》,人民文学出版社1998年版,第19页。
③ 袁珂:《中国神话传说》,人民文学出版社1998年版,第20页。
④ 蒙文通:《巴蜀古史论述》,四川人民出版社1981年版,第100页。
⑤ 袁珂:《中国神话传说》,人民文学出版社1998年版,第34页。
⑥ 范文澜注:《文心雕龙注》(上),人民文学出版社1962年版,第48页。

神》一文中认为,由于南北文化的不同,从而决定了南北艺术风格的不同,屈原融合南北之不同而"独上高楼",创造自己新风格。"由此观之,北方人之感情,诗歌的也,以不得想象力之助,故其所作遂止于小篇。南方人之想象,亦诗歌的也,以无深邃之感情之后援,故其想象亦散漫无所丽,是以无纯粹之诗歌。而大诗歌之出,必须俟北方人之感情与南方人之想象合而为一,即必须通过南北之驿骑而后可,斯即屈子其人也。"[1]李泽厚说:"在充满了神话想象的自然环境里,主人翁却是这样一位执着、顽强、忧伤、怨艾、愤世嫉俗、不容于时的真理的追求者。《离骚》把最为生动鲜艳、只有在原始神话中才能出现的那种无羁而多义的浪漫想象,与最为炽热深沉、只有在理性觉醒时刻才能有的个体人格和情操,最完满地融化成了有机整体。由是,它开创了中国抒情诗的真正光辉的起点和无可比拟的典范。"[2]屈原的楚骚传统开创了中国文学又一抒情传统。

(二)长江文化与生态精神

老子是荆楚文化的代表人物。老子主张"道法自然",在自然与万物的关系中,如果说道生成万物,道与万物一体,那么自然与万物存在一种生成关系。从"返"的角度来看,万物复归于朴,复归于自然的状态。虽然不能断言自然生成万物,但是,这并不妨碍我们认识到自然与万物的生命联系。

老子主张崇尚自然。老子的自然概念涉及自然的三层含义:自然如此、本性如此与本然如此。自然如此与本性如此,是自然的自在状态。而本然如此强调的是自然的自为精神,这种精神是自在状态与自为精神的统一。无论自然如此,还是本性如此,这暗示一条人类对待环境的可能道路。

老子主张敬畏自然。既然道为天帝之先,这直接破除了对天的迷信,回归自然之天。地不只是生养人的大地,而是载道与认识道的大地。天、地、人之间相互遵循与相互顺应。老子以地观地,以天观天。老子在水、江海、幽谷、草等自然物象中发现自然原则,清、虚、卑、弱,这些特性是自然事物真正与内在的

---

[1] 姚淦铭、王燕编:《王国维文集》(第一卷),中国文史出版社1997年版,第32页。
[2] 李泽厚:《美的历程》,文物出版社1981年版,第68页。

特性。老子看到水以柔克刚的力量，认识到天大、地大与道大。这些对自然的认识超出了经验领域，抽象为一种自然思想。在人与自然的关系中，我们充分地认识到自然的本性与力量，自然给人类既带来福祉又带来灾难，因此，我们始终要尊重自然与敬畏自然。

老子主张顺应自然。在人、地、天、道与自然的关系中，存在一种顺应关系。一方面，天、地与人密不可分。另一方面，天、地、人之间有主次之分，天居上位，具有优先性。天地人最终由道主导，复归自然状态。老子摒弃了天地人之间的道德联系，纯然是一种精神关联。在自然界中，存在有机物与无机物。古代中国没有这种科学观念，不过，老子谈论的对象涉及自然界万事万物，老子认识到这些对象的共生关系。阴阳之气、山川、草木、人等，这些构建了一个共同体。

老子的自然观念具有深层生态学的意蕴。老子的自然观念可以与国家文化公园中的自然遗产保护关联起来，这种观念与生物多样性的观念殊途同归。"中国的传统文化积淀了丰富的生物多样性智慧，'天人合一''道法自然''万物平等'等思想和理念体现了朴素的生物多样性保护意识。"[①] "天人合一"源自古老的哲学智慧，"道法自然"来自老子的格言，"万物平等"来自庄子思想。虽然我们重点阐发了老子的自然观念，这种观念孕育在长江文化圈，但是，这并没有否认在黄河文化圈存在自然观念与自然哲学。比如，大禹治水和李冰父子治水，可以看到不同自然观念的区别，前者努力征服自然，后者旨在顺应自然。

三、长城文化精神内核

长城文化精神，可以从四个层面分析与诠释。从长城建设的角度来看，万里长城体现了中华民族开天辟地的奋斗精神。从长城建设的目的来看，战国时期的长城、秦长城以及明长城，旨在防御外敌骚扰和入侵，体现了中华民族的

[①] 《中国的生物多样性保护》白皮书。

安全观念和保家卫国的爱国主义精神。从长城的功能上看，长城从某种意义上实现了止战的作用，这也体现了中华民族爱好和平的精神。从长城的历史效果上看，长城内外的各民族在经济交往与文化交流中，走向文化统一与民族融合的道路，长城蕴含和而不同的民族精神。

习近平总书记说："中华民族是爱好和平的民族。一个民族最深沉的精神追求，一定要在其薪火相传的民族精神中来进行基因测序。有着五千多年历史的中华文明，始终崇尚和平，和平、和睦、和谐的追求深深植根于中华民族的精神世界之中，深深溶化在中国人民的血脉之中。中国自古就提出了'国虽大，好战必亡'的箴言。'以和为贵'、'和而不同'、'化干戈为玉帛'、'国泰民安'、'睦邻友邦'、'天下太平'、'天下大同'等理念世代相传。"[①]中华民族筑长城，旨在抵御外侮，保家卫国，追求和平。国防与和平，是一体两面，这也是长城文化精神的应有之义。

四、大运河文化精神要义

中国大运河的修建与完成持续了两千多年，包括不同朝代开凿的大运河，主要有隋唐大运河、元明清京杭大运河。大运河的开凿历史突出体现了中华民族勤劳勇敢与自强不息的精神，这一伟大工程经历一代又一代的建设和完善；运河两岸修建的各种建筑与留存的各种遗址，充分体现了中华民族的伟大创造精神；大运河实现了南北经济的互联互通与协同共生，体现了南北互济的民族团结精神；大运河增进了各民族之间的交往与交流，凝聚了中华民族共同体意识；大运河文化是"流动的文化"，联通了黄河文化和长江文化，促进了多民族文化走向一体的中华文化。

五、长征文化精神源流

在长征文化中，长征文化精神谱系具有历史性、精神性与统一性的特征，之

---

① 《习近平谈治国理政》第一卷，外文出版社2018年版，第265页。

所以具有历史性，是因为长征精神不仅仅指涉"二万五千里"长征涌现的遵义会议精神等种种精神。它从精神根源上可以追溯到中国共产党成立时期确立的建党精神，直接关联建立革命根据地时期的井冈山精神；之所以具有精神性，是因为每一种精神都有独特的内涵和时代特征；之所以具有统一性，是因为每一种精神都扎根在中国共产党的理想信念之中，显现在中华民族的复兴之路中。

（一）红船精神

习近平总书记说："小小红船承载千钧，播下了中国革命的火种，开启中国共产党的跨世纪航程。"[①]"红船"对于中国革命和中国共产党来说具有开创性：一是播下了革命的种子，二是开启了中国共产党领导中华民族开始复兴的航程。习近平总书记指出："在浙江工作期间，我曾经把'红船精神'概括为开天辟地、敢为人先的首创精神，坚定理想、百折不挠的奋斗精神，立党为公、忠诚为民的奉献精神。我们要结合时代特点大力弘扬'红船精神'。"[②]"红船精神"涵摄"首创精神""奋斗精神""奉献精神"，这种建党精神百年来滋养了中国共产党，成为中国共产党不断奋进的精神动力。因此，"上海党的一大会址、嘉兴南湖红船是我们党梦想起航的地方。我们党从这里诞生，从这里出征，从这里走向全国执政。这里是我们党的根脉"[③]。"红船精神"是红色文化的标志，具有鲜明的红色基因和革命精神底蕴。"红船精神"是"党的根脉"。长征精神的根也在这里。

（二）井冈山精神

习近平总书记说："井冈山是革命的山、战斗的山，也是英雄的山、光荣的山。"[④]中国共产党最早在井冈山建立革命根据地，开始了武装革命的道路。井冈山精神涵摄了革命精神、战斗精神和英雄精神，同样具有开创精神。"井冈

---

① 习近平：《论中国共产党历史》，中央文献出版社2021年版，第185页。
② 习近平：《论中国共产党历史》，中央文献出版社2021年版，第185页。
③ 习近平：《论中国共产党历史》，中央文献出版社2021年版，第185页。
④ 习近平：《论中国共产党历史》，中央文献出版社2021年版，第108页。

山是中国革命的摇篮。井冈山斗争的伟大实践,对中国革命道路的探索和抉择、对中国共产党和人民军队成长具有关键意义。井冈山时期留给我们最为宝贵的财富,就是跨越时空的井冈山精神。井冈山精神,最重要的方面就是坚定信念、艰苦奋斗,实事求是、敢闯新路,依靠群众、勇于胜利。"①就井冈山精神的内核来说,坚定理念是革命的思想基础,艰苦奋斗是革命的本色,实事求是是革命的思想路线,敢闯新路是革命的首创精神,依靠群众是革命的群众路线,勇于胜利是革命的目标。为了革命的胜利,中国共产党率领红军开始伟大的长征。

(三)长征精神

习近平总书记这样评说长征精神:"革命理想高于天。理想信念之火一经点燃,就永远不会熄灭。在中央苏区和长征途中,党和红军就是依靠坚定的理想信念和坚强的革命意志,一次次绝境重生,愈挫愈勇,最后取得了胜利,创造了难以置信的奇迹。我们不能忘记党的初心和使命,不能忘记革命理想和革命宗旨,要继续高举革命的旗帜,弘扬伟大的长征精神,朝着中华民族伟大复兴的目标奋勇前进。"②在长征精神中,革命理想至高至大,同时也是最根本与最基础的。中国共产党和红军并没有忘记"党的初心和使命",既没有忘记"红船精神",也没有忘记"井冈山精神",最后凝聚成伟大的长征精神。

需要指出的是,国家文化公园精神谱系与内核的诠释只有相对的意义,并不是绝对的区分与判断,这种诠释试图揭示国家文化公园精神的独特性和多样性,这些精神最终形成中华民族精神实体。

---

① 习近平:《论中国共产党历史》,中央文献出版社2021年版,第112页。
② 习近平:《论中国共产党历史》,中央文献出版社2021年版,第39页。

第四节　国家文化公园的象征精神

一、国家文化公园的景观象征

景观（landscape）一词最初是地理学中的概念，"文化景观"（cultural landscape）也是地理学领域的概念。文化景观出现在文化遗产领域，始于1992年12月世界遗产委员会第16届会议。依照1994年公布的《实施保护世界文化与自然遗产公约操作指南》，"文化景观"定义为"自然与人类的共同作品"（combined works of nature and of man）。文化景观区分为三种类型：人类有意设计和创造的景观（landscape designed and created intentionally by man）、有机演进的景观（organically evolved landscape）与关联的文化景观（associative cultural landscape），其中有机演进的景观又可区分为残迹类景观（relict or fossil landscape）与延续类景观（continuing landscape）。[①]在长城、大运河、长征国家文化公园中，既有文化遗产，又有文化景观。在黄河、长江国家文化公园中，既有自然景观又有人文景观，既有自然遗产又有文化遗产。

（一）自然景观与美丽中国的象征

在国家文化公园中，自然景观不是静止的，而是在历史中不断地变化。黄河在历史上经历了多次改道，才有今天的黄河。长江因为"高峡出平湖"，昔日的长江三峡景观也改变了。对于景观而言，"因此它是多元素的组合，包括田野、建筑、山体、森林、荒漠、水体以及住区。景观包括了多种土地利用的方式——居住、运输、农业、娱乐以及自然地带——并由这些土地利用类型组合而成。景观并不只是像画一般的风景，它是人眼所见各部分的总和，是形成场所的时间与文化的叠加与融合——是自然与文化不断雕琢的作品。"[②]在黄河文化圈

[①] 刘祎绯：《文化景观启发的三种价值维度：以世界遗产文化景观为例》，《风景园林》2015年第8期。
[②] ［美］弗雷德里克·斯坦纳：《生命的景观：景观规划的生态学途径》，周年兴等译，中国建筑工业出版社2004年版，第4页。

中，黄河壶口瀑布以及黄河本身，呈现了北方河流的壮美景观。在长江文化圈中，青城山、武当山与庐山，呈现了南方山脉的秀美景观，潇湘八景在古今流传。

中国山水之美表现为统一性、平衡、和谐与整体。我们应该努力调整自己的行为和活动方式，使之与自然规律相一致。人能够体验到生命的真正秩序，能够与整个自然、整个宇宙合而为一。天地之大美不在人自身，也不在对象，而在"天人合一"的审美境界之中。如果我们秉承生命共同体与生态文明的观念，生命伦理与生态伦理相互涵摄，我们尊重与敬畏自然，这种情感就会引向自然的保护主义态度。只有这样，习近平总书记所论的自然之美、生命之美与生活之美才能真正实现。基于生命共同体原则与生态文明观念，只有保护国家文化公园中的自然遗产，美丽中国才得以呈现。

（二）文化景观与文化中国的象征

国家文化公园中的史前文化的考古遗址，无论是旧石器时代文化遗址，还是新石器时代文化遗址，这些遗址本身就是中华文明的象征。史前都城遗址确立了城市规制。杨宽指出，已发掘的商代都城的城址，包括商代后期的安阳殷墟，它们基本上有相同的布局结构。[1]考古发掘的各种文物与商代贵族生活关联起来，这些文物在当时不是现在博物馆里的艺术品，而是日常生活中的物品，这些物品与衣食住行直接相关，这种相关性从某种程度上打开了理解古代殷人生活的一条道路。借助甲骨刻辞，破解殷人的生活观念与宗教观念，考古遗址进一步"还原古代文化与生活"。

国家文化公园中的古城凝结与象征了古代的礼制。以西安与洛阳的古城为例，古城的道路、边沿、区域、结点与标志塑造了古城印象。不过，这些印象只是视觉上的，还没有触及古城的文化底蕴。这些古城延续古代城市规制，遵循礼制要求。

国家文化公园中的古城、古镇与古村落是古代文化与生活的象征。这些古

---

[1] 杨宽：《中国古代都城制度史研究》，上海古籍出版社1993年版，第18页。

城既是历史名城,又是文化景观。这些古城大多处在现代都市之中,联结古代与现代,联系着古今的文化与生活。古代生活虽然不复存在,但是古代文学艺术作品、风俗志、地方志等或多或少地记载了这种生活。有些古诗承载了古代城市的文化想象和文化记忆,有的古代小说描摹了古代城市生活,《马可·波罗游记》描写了元代都城的风貌,古代历史风景画再现了古城景观与生活形式,如张择端的《清明上河图》在局部空间中描绘了古代城市的丰富表情与生活面孔,"画中对北宋晚期的汴京及其近郊的生活景象作了生动而细致的描写,描写的人物包括人物,舟车、屋舍、河流、树木等等。特别是在人物的描写上能通过某些情节、场面,反映出人物之间的关系,以及人物在整体动态上的神情,在画面上有着浓厚的生活气息"[1]。

二、国家文化公园的符号象征

黄河、长江与大运河都有自己的史诗、戏剧和哲学。这些史诗、戏剧和哲学与中华民族休戚相关。路德维希说:"埃及太阳的力量,沙漠空气的清澈,孕育生命之河的礼物——依靠了这些东西,我们就能衡量尼罗河上生活的丰富,尽管它有屈从和忍受的负担。这些东西是他们灵魂的背景:运河是他们的史诗;水坝是他们的戏剧;金字塔是他们的哲学。"[2]黄河文化与长江文化构成中华文化的主体,黄河文化与长江文化是中华文化的根脉与灵魂。黄河、长江与大运河不只是河流的名称,更重要的是,这些河流本身就是中华文化的精神标识,具有象征意义。长城是中国独特的文化符号,蕴含精神的价值。长征是革命的英雄史诗,是中国革命的象征。在黄河文化圈和长江文化圈,经常出现龙的符号,龙是中国和中国人的象征。

黄河和长江是中国的母亲河,黄河与长江是母亲的象征。古代中国是一个以农业为主的国家,黄河和长江一直哺育着中国农业,滋养着江河两岸的人

---

[1] 杨辛、甘霖等著:《美学原理》(第四版),北京大学出版社2010年版,第162页。
[2] [德]埃米尔·路德维希:《尼罗河传:一条河的传奇》,赵台安、赵振尧译,辽宁教育出版社1997年版,第285页。

民。黄河还是中华民族的象征。如果说黄河文化是中华民族的根和魂,那么黄河则是中华民族的象征。长征是革命的象征,既是中国共产党和红军的精神象征,也是革命理想信念的精神标志。大运河是社会经济文化交融的象征。大运河是"流动的河",不仅承载了几千年来南北经济交往与交流的历史,而且见证了多民族交流与融合的历史。长城是国防精神的象征,万里长城首先是建筑。"建筑能用这种内容意蕴灌注到它的素材和形式里,其多寡程度就取决于它在上面加工的那种确定的内容有无意义,是抽象的还是具体的,是深刻的还是肤浅的。"[1]长城不只是建筑物,还是建筑艺术,可以发掘出长城的符号性价值。长城是中华民族伟大形象的象征,这种象征是观念性的。

龙是中国的象征。丁山指出,在中国古史的传说中,龙凤最为有名。天上飞的,地上爬的,水中游的,往洞穴里钻的,无所不有。杨向奎认为:"在古代各氏族中,图腾崇拜可以说明本氏族之来源及得姓的因缘。图腾是宗神,各宗有各宗之宗神,各族有各族之姓氏,因夏之龙蛇擦边可以追溯其来源及其与戎之关系。"[2]

龙作为超自然形体究竟具有何种象征意义?闻一多说:"东方商民族对我国古代文化的贡献虽大,但我们的文化究以龙图腾团族(下简称龙族)的诸夏为基础。龙族的诸夏文化才是我们真正的本位文化,所以数千年来我们自称为'华夏',历代帝王都说是龙的化身,而以龙为其符应,他们的旗章、宫室、舆服、器用,一切都刻画着龙文。总之,龙是我们立国的象征。"[3]龙是英勇、权威和尊贵的象征,现在中国民间仍把龙看作神圣、吉祥、吉庆之物。龙的形象积淀在中华民族文化心理结构之中。龙在古代文献中比比皆是:"凡洞庭山之首,自篇遇之山至于荣余之山,凡十五山,二千八百里。其神状皆鸟身而龙

---

[1] [德]黑格尔:《美学》(第一卷),朱光潜译,商务印书馆1979年版,第106页。
[2] 杨向奎:《宗周社会与礼乐文明》,人民出版社1992年版,第37页。
[3] 闻一多:《神话与诗》,上海人民出版社2005年版,第25页。

首。"① "初九,潜龙,勿用。"② "龙旂十乘、大糦是承。"③龙既是中国的象征,又是中国人的象征,中国人是龙的传人。

第五节　国家文化公园的当代价值

国家文化公园与经济有关,但又超越经济利益的问题,其核心在文化,文化是根基和底色。正如舒尔茨所论:"雅典卫城永恒的价值,包括它对人类社会作为自然与人的和谐共处的象征。在这里,人类理解了自身却又对所居住的土地不断敬畏;正是因为深刻理解在自然环境中所处的位置,人类开始了解了自己。"④国家文化公园的永恒价值并不是抽象的。借用遗产价值的拓扑学分析模式,可以多维度诠释国家文化公园的时代价值。

遗产价值的临时拓扑学⑤

社会文化价值	经济价值
历史价值	利用(市场)价值
文化/象征	非市场价值
社会价值	存在
精神/宗教	选项
审美	遗产

下面主要从历史、文化、审美、社会与生态的价值来诠释国家文化公园的当代价值。⑥

---

① 袁珂校注:《山海经校注》,上海古籍出版社1980年版,第179页。
② 高亨注:《周易古经今注》(重订本),中华书局1984年版,第161页。
③ 高亨注:《诗经今注》,上海古籍出版社1980年版,第528页。
④ [挪]克里斯蒂安·诺伯格-舒尔茨:《西方建筑的意义》,李路珂、欧阳恬之译,王贵祥校,中国建筑工业出版社2005年版,第39页。
⑤ Randall Mason, "Assessing Values in Conservation Planning: Methodological Issues and Choices", Assessing the Values of Cultural Heritage, edited by Marta de la Torre, The Getty Conservation Institute, 2002, p.10.
⑥ 前面已讨论了国家文化公园彰显的精神谱系,阐发了国家文化公园的时代精神价值,在此不再赘述。

一、国家文化公园的历史价值

在国家文化公园中，长城、大运河、考古遗址、革命遗址、古建筑、古城以及文物等，都具有历史的价值。"在古建筑保护与修复领域，历史上的或现代的实践及规律性状态的基础是，将古建筑的价值系统确立于以下分类中：①历史的价值（历史真实性的确定）；②城市规划的价值（与历史城市规划布局及建筑设计相关的历史城市规划因素）；③建筑美学的价值（展示及确定建筑—美学的形态）；④艺术情绪的价值（接受艺术—情绪的相互作用）；⑤科学修复的价值（对于修复科学有价值的一层一层叠加的修复方法及建议）；⑥功能的价值（将现代的功能赋予最终修复的状态）。所有的价值组成了具体确定的论据，一些建筑可能具有特定时期内几种价值论据，如前所述，价值的数量及形态也可能随建筑所存在的时间流逝而改变。"[1]国家文化公园中的古建筑修复的目标要尊重建筑构建的原初材质，呈现古建筑的历史价值。"古建筑和其他一切历史文物一样，它的价值就在于它是历史上遗留下来的东西，不可能再生产、再建造，一经破坏就无法挽回。"[2]因此，要避免"建设性破坏"。

普鲁金认为，古建筑介入历史事件之中，建筑遗址与历史相关，古建筑的地点与环境处在历史社会之中，古代城市的建筑元素具有历史意义。"建筑元素是确定建筑风格特点或者建筑历史时期的重要因素。城市规划布局模式、室内装修与设计、建筑专业性的构图总是反映着特定的历史时期的风格，并不具有重复前一个时期风格的趋势，这就是其独特性。古老的建筑局部或建筑细部，对于古建筑具有历史的价值，也是历史学家考证的信息，历史学家正是根据这些信息客观地确定社会历史或建筑时期。"[3]国家文化公园的历史不是凝固的、死的历史，而是灵动的、活的历史。当下需要利用各种媒介和传播方式，讲好国家文化公园中的历史故事，让历史活起来，真正火起来。

---

[1] ［俄］普鲁金：《建筑与历史环境》，韩林飞译，社会科学文献出版社1997年版，第42页。
[2] 罗哲文主编：《中国古代建筑》，上海古籍出版社1990年版，第43页。
[3] ［俄］普鲁金：《建筑与历史环境》，韩林飞译，社会科学文献出版社1997年版，第45页。

二、国家文化公园的文化价值

（一）中华传统优秀文化的生命力

黄河文化、长江文化、长城文化、大运河文化是中华传统文化的有机组成部分。黄河文化与长江文化构成了中华文化的核心部分。长城文化见证了中华民族抵御外侮、保家卫国的历史，蕴含了爱国主义精神。大运河文化彰显了中华民族突破地理限制，沟通南北的历史业绩，成为经济互济、文化沟通与民族融合的典范。毛泽东同志说："学习我们的历史遗产，用马克思主义的方法给以批判的总结，是我们学习的另一任务。我们这个民族有数千年的历史，有它的特点，有它的许多珍贵品。对于这些，我们还是小学生。今天的中国是历史的中国的一个发展；我们是马克思主义的历史主义者，我们不应当割断历史。从孔夫子到孙中山，我们应当给以总结，承继这一份珍贵的遗产。"[1]毫无疑问，以上论及的种种文化都是中华文化的"珍贵品"，对于中华优秀传统文化，我们要坚持拿来主义，古为今用，学习、吸收与继承中华优秀传统文化。

（二）革命文化的向心力

长征文化既是红军二万五千里长征的文化积淀，也是中国革命的象征，是革命文化的精华。毛泽东同志说："讲到长征，请问有什么意义呢？我们说，长征是历史纪录上的第一次，长征是宣言书，长征是宣传队，长征是播种机。"[2]长征开创了中国历史，成为前无古人、后无来者的伟大历史和伟大远征；长征向世界宣告了中国红军的伟大；长征向中国人民宣布了只有中国共产党领导下的红军，才能解放中国人民；长征一路上播撒了革命的种子，开花、结果，星星之火，可以燎原。当然，在黄河文化、长江文化和长城文化中包孕着丰富的革命文化，需要深入挖掘这些革命文化遗产，增强中华民族的凝聚力。

---

[1] 中共中央党史和文献研究院编：《毛泽东邓小平江泽民胡锦涛关于中国共产党历史论述摘编》，中央文献出版社2021年版，第12—13页。

[2] 中共中央党史和文献研究院编：《毛泽东邓小平江泽民胡锦涛关于中国共产党历史论述摘编》，中央文献出版社2021年版，第3页。

（三）社会主义先进文化的创造力

在国家文化公园中，我们要立足当代，辩证分析，批判继承中华传统文化，联结古代文化与现代文化，创造出社会主义先进文化，构建社会主义核心价值观。

社会主义核心价值观继承了中华优秀传统文化，体现了这个时代的精神和价值取向，从公民、社会和国家三个层面揭示了核心价值的实现路径和目标，同时融合了这些价值要求，既传承了传统的道德精神，也体现了时代精神。习近平总书记指出："经过反复征求意见，综合各方面认识，我们提出要倡导富强、民主、文明、和谐，倡导自由、平等、公正、法治，倡导爱国、敬业、诚信、友善，积极培育和践行社会主义核心价值观。富强、民主、文明、和谐是国家层面的价值要求，自由、平等、公正、法治是社会层面的价值要求，爱国、敬业、诚信、友善是公民层面的价值要求。这个概括，实际上回答了我们要建设什么样的国家、建设什么样的社会、培育什么样的公民的重大问题。"[1]讲好发生在国家文化公园中的当代故事，彰显当代人的道德追求、价值观念和理想信念。

在国家文化公园中，中华优秀传统文化与黄河文化、长江文化、大运河文化以及长城文化紧密相关，革命文化与长征文化有机联系，社会主义先进文化与中华优秀传统文化以及革命文化一脉相承，这些文化共同铸就新时代的文化精神。

三、国家文化公园的审美价值

国家文化公园中既存在不同类型的自然景观，诸如山、河、高原、平原、丘陵等，也存在不同类型的人文景观，诸如古城、古镇、古村落、园林、石窟、寺庙等，这些景观呈现不同的美感，具有不同的审美价值，比如自然的美、建筑的美、园林的美。下面主要聚焦园林，阐发国家文化公园的审美价值。

在黄河、长江国家文化公园中，分布着众多园林，既有皇家园林，又有私家

---

[1] 《习近平谈治国理政》第一卷，外文出版社2018年版，第168页。

园林。"园林又称山池、园庭、园亭、园池、园圃或林圃,一直没有统一名称,从中唐起,称园林的才渐多,但当时含义大抵指贵族、官僚、地主、商人们所建的山池亭榭而言,并不包括皇帝的离宫苑囿于内,和我们今天所谓的园林有着若干差别。由于园林的所有者多半是封建社会中政治地位较高与经济条件较富裕的人,所以有名的私家园林大都建在政治中心及经济文化较发达的城市中,江南一带虽到东晋南迁后园林始见于记载,但经南朝与唐、宋两代继续经营,数量渐多,到明、清时,终于成为全国园林之渊薮。"[1]中国园林有久远的历史,保存较好的私家园林,主要集中在江苏南部和浙江北部,苏州园林尤为突出。私家园林主要分布在长江国家文化公园中,皇家园林主要分布在黄河国家文化公园中。

中国古人追求园林如画,造园者以山水画为底本,营造自然山水的模样和状态。"中国自然风景式园林在这时期曾有若干新发展。北魏末期贵族们的住宅后部往往建有园林,园中有土山、钓台、曲沼、飞梁、重阁等,同时,叠石造山的技术也有所提高,如北魏洛阳华林园、张伦宅及梁江陵湘东苑,或重岩复岭、石路崎岖,或深溪洞壑、有若自然,都是显著的例子。魏晋以来,一些士大夫标榜旷达风流,爱好自然野致,在造园方面,聚石引泉,植林开涧,企图创造一种比较朴素自然的意境。"[2]意境的追求使得中国私家园林与西方风景园林区别开来。陈从周说:"中国园林是由建筑、山水、花木等组合而成的一个综合艺术品,富有诗情画意。叠山理水要造成'虽由人作,宛自天开'的境界。山与水的关系究竟如何呢?简言之,范山模水,用局部之景而非缩小(网师园水池仿虎丘白莲池,极妙),处理原则悉符画本。山贵有脉,水贵有源,脉源贯通,全园生动。我曾经用'水随山转,山因水活'与'溪水因山成曲折,山蹊(路)随地作低平'来说明山水之间的关系,也就是从真山真水中所得到的启示。"[3]在园林审美中,可以看到山水文化的渗透与诗情画意的流溢。

---

[1] 刘敦桢:《刘敦桢文集》(四),中国建筑工业出版社1992年版,第79页。
[2] 刘敦桢主编:《中国古代建筑史》(第二版),中国建筑工业出版社1984年版,第87页。
[3] 陈从周:《园林清议》,江苏文艺出版社2005年版,第3页。

四、国家文化公园的社会价值

在国家文化公园中现存众多传统村落,这些村落有独特的文化遗存,保留其独特的建筑风格,传承独特的生活方式,极具中国传统文化的意味。开发和利用这些传统村落的文化资源,实现文化与旅游的有机结合,造福社会和人民。

在乡土社会,村落对于一个居住在那里的人说,意义重大。"乡土社会在地方性的限制下成了生于斯、死于斯的社会。常态的生活是终老是乡。假如在一个村子里的人都是这样的话,在人和人的关系上也就发生了一种特色,每个孩子都是在人家眼中看着长大的,在孩子眼里周围的人也是从小就看惯的。这是一个'熟悉'的社会,没有陌生人的社会。"[①]村落对于个体而言既是封闭性的,也是人文性的,封闭性是因为古人很少走出那个地方,人文性是因为个体身体与心灵都栖息在那个地方,那个地方是身体与灵魂的庇护所。古村落见证了古人与地方的内在关系,村落是大地的缩影,是宇宙的中心。无论叫寨、寨、屯、村,种种称呼只是说明了地方的人文性与地域性。在地方与人的关系中,发生人与土地的情感关联。

在当代社会,国家文化公园中的传统村落正向美丽乡村和幸福乡村转变,在乡村振兴政策扶持下,传统村落的保护、开发与利用正在变成现实,保留传统生活方式,一样能过上"美好生活"。同时,更多的人走出乡村,进入城市生活,重新以旅行者身份游览这些传统村落时,能够发现久违的乡愁。

在国家文化公园中,古城与现代城市共处、共在与共生。相比较而言,古城空间具有历史性与文化性,而城市的空间具有现代性与生活性,这种空间关系到不同的文化形态。古城的建筑与环境,具有自身的"风格、色彩与体量",古城连接了历史与当下、文化与生活。对于生活在古城的人来说,古城是他们生活的一部分;对于古城来说,生活在其周围的当代人也必不可少。这是人与古城和谐共处的最好方式,彼此相互适应、相互融合、相互成全。这也是古城给

---

① 费孝通:《乡土中国》,生活·读书·新知三联书店1985年版,第4—5页。

予现代人的社会福利。

五、国家文化公园的生态价值

（一）国家文化公园的自然生态价值

国家文化公园中的自然遗产最具有自然生态系统的价值，要保护国家文化公园中的自然生态系统，具体来说，需要保护黄河、长江、大运河流域的自然生态系统。"坚持生态保护第一。建立国家公园的目的是保护自然生态系统的原真性、完整性，始终突出自然生态系统的严格保护、整体保护、系统保护，把最应该保护的地方保护起来。国家公园坚持世代传承，给子孙后代留下珍贵的自然遗产。"[1] 保护自然生态系统的原真性意味着我们尽可能不要介入或者干扰自然生态系统，让自然生态系统如其所是，保持它本身的与长久的自然状态。保护自然生态系统的完整性意味着这种保护不是局部的，而是整体的、全方位的、全局的与系统的。

在自然生态系统中，生物与非生物共生和共存。"生态是统一的自然系统，是相互依存、紧密联系的有机链条。人的命脉在田，田的命脉在水，水的命脉在山，山的命脉在土，土的命脉在林和草，这个生命共同体是人类生存发展的物质基础。"[2] 对于生命共同体而言，人不再是"万物的尺度"。"当一个事物有助于保护生物共同体的和谐、稳定和美丽的时候，它就是正确的，当它走向反面时，就是错误的。"[3]

必须坚持生物多样性原则。"'生物多样性'是生物（动物、植物、微生物）与环境形成的生态复合体以及与此相关的各种生态过程的总和，包括生态系统、物种和基因三个层次。生物多样性关系人类福祉，是人类赖以生存和发展的重要基础。人类必须尊重自然、顺应自然、保护自然，加大生物多样性保护力度，促进人与自然和谐共生。"[4] 这涉及如何处理人与自然的关系问题。恩格

---

① 《建立国家公园体制总体方案》。
② 《习近平谈治国理政》第三卷，外文出版社2020年版，第363页。
③ [美]奥尔多·利奥波德：《沙乡年鉴》，侯文蕙译，吉林人民出版社1997年版，第213页。
④ 《中国的生物多样性保护》白皮书。

斯指出:"我们必须在每一步都记住:我们统治自然界,决不像征服者统治异民族那样,决不同于站在自然以外的某一个人——相反,我们连同肉、血和脑都同属自然界并存在于其中的;我们对自然的全部支配力量就是我们比其他一切生物强,能够认识和正确运用自然规律。"[1]人通过实践使得周围世界所有的现象与人本身发生关系。人类对周围世界的关系跟动物对周围世界的关系全然不同。人要么被看作是自然的一部分,要么被看作处于自然之外。人与自然必须保持一种"共生关系",关键在于必须"尊重自然、顺应自然和保护自然"。罗尔斯顿三世认为,自然的语义分析并不能回答这个问题:"我们能否和应否遵循自然?"关键要学会遵循自然,遵循自然具有七种意义:从一般意义上讲,有绝对意义、人为意义和相对意义上的遵循自然;从具体意义上讲,有四种意义,即自动平衡意义、道德效仿意义、价值论意义和接受自然指导意义。[2]遵循自然是顺应自然的现代变相,遵循自然与顺应自然具有内在关联,我们能利用自然规律来增进我们的福祉。

自然生态的价值相互联系和相互依存。这些价值统一在同一个"生命共同体"之中,只有在"生命共同体"之中,各种价值才可能得以实现。"生命共同体"处于平衡状态时,才能保证共同体的稳定性和可持续性。人们只有在自然的生态系统中,才能发现生命共同体的完整与美丽。

(二)国家文化公园的文化生态价值

在文明起源阶段,黄河文化、长江文化和长城文化呈现"满天星斗"的文化景象,中华文明与文化在古代具有多元特征,具有文化生态的特质。苏秉琦指出:"在中国古文化大系内部,可分为六个大的文化区:一、以燕山南北、长城地带为重心的北方区;二、以山东为中心的东方区;三、以关中、晋南、豫西为中心的中原区;四、以环太湖为中心的东南区;五、以环洞庭湖与四川盆地为中心的西南区;六、以鄱阳湖—珠江三角洲为中轴的南方区。这六大区系又可以以秦岭淮河为界分为南北各三区的两半,或为面向东南海洋和面向欧亚大陆的两

---

[1] [德]恩格斯:《自然辩证法》,于光远等译,人民出版社1984年版,第305页。
[2] [美]霍尔姆斯·罗尔斯顿三世:《哲学走向荒野》,刘耳、叶平译,吉林人民出版社2000年版,第42—79页。

半。六大区并非简单的地理划分,而是着眼于考古学文化渊源、特征与发展道路的差异。"[1]在文明早期,从文化生态关系上看,一方面,六大文化区是共存的,这些文化区的古文化相对独立、相互区别,具有各自的文化渊源和特征,是中华文化的"总根系";另一方面,在每一个文化区之中,又包孕不同的地域文化,这些地域文化是共生的,各地域文化具有地域的文化特色与文化精神,这些地域文化是"总根系"中生长出来的文化,文化由一元到多元。从文化生态的效果来看,在黄河文化圈中,晋文化、三秦文化、中原文化、齐鲁文化等彼此影响、对话与作用,熔铸为多元一体的黄河文化。在长江文化圈中,巴蜀文化、荆楚文化、吴越文化形成多元共生的长江文化。在长城文化圈中,长城内外的农耕文化与游牧文化互动交融,走向统一的长城文化。大运河文化加快了黄河文化与长江文化联通和融合的历史进程,最终熔铸为多元一体的中华文化,文化由多元到一体。

在当代,需要保护国家文化公园中文化资源和文化遗产的多样性和整体性,呈现文化资源和文化遗产的生态价值。正如陈志华所言:"老北京城就好比一部集大成的丛书,另一部《永乐大典》。作为京畿之地,它拥有一个大国首都全部的功能,包括朝仪、礼制、祭祀、行政、文化教育、宗教、后勤保障、作坊、仓储、警卫、娱乐、家居、市井商贸、金融与服务业等各种系统,所有这些功能系统都有相应的建筑系统,每个建筑系统里有相应的生活。正是这些建筑系统构成了老北京城的机体,在这机体之中蕴藏着不计其数的历史文化信息,包括整体的艺术价值在内。"[2]在国家文化公园中,大的如长城,小的如古城、古建筑、古村落、遗址等,每一个都是有机体,蕴含系统与独特的历史文化信息;每一个都是一个生命体,孕育艺术生命;每一个都是一个共同体,暗含文化认同。

保护国家文化公园中地域文化的多样性,彰显文化的地域特色,各美其美,美美与共,文化一统。保护国家文化公园中的民族文化,民族文化和而不

---

[1] 苏秉琦:《满天星斗:苏秉琦论远古中国》,赵汀阳、王星编,中信出版社2016年版,第9页。
[2] 梁思成、陈占祥等著:《梁陈方案与北京》,辽宁教育出版社2005年版,第120页。

同,民族文化平等相待,民族文化交相辉映,更为重要的是,民族文化对话、交流融合,熔铸为中华文化共同体,铸牢中华民族的共同体意识。在国家文化公园中,中华优秀传统文化、革命文化与社会主义先进文化和谐共生,在创造性转化和创新性发展中,最终统摄在中华民族的文化共同体之中。

第二章
CHAPTER 2

长城国家文化公园的
核心价值

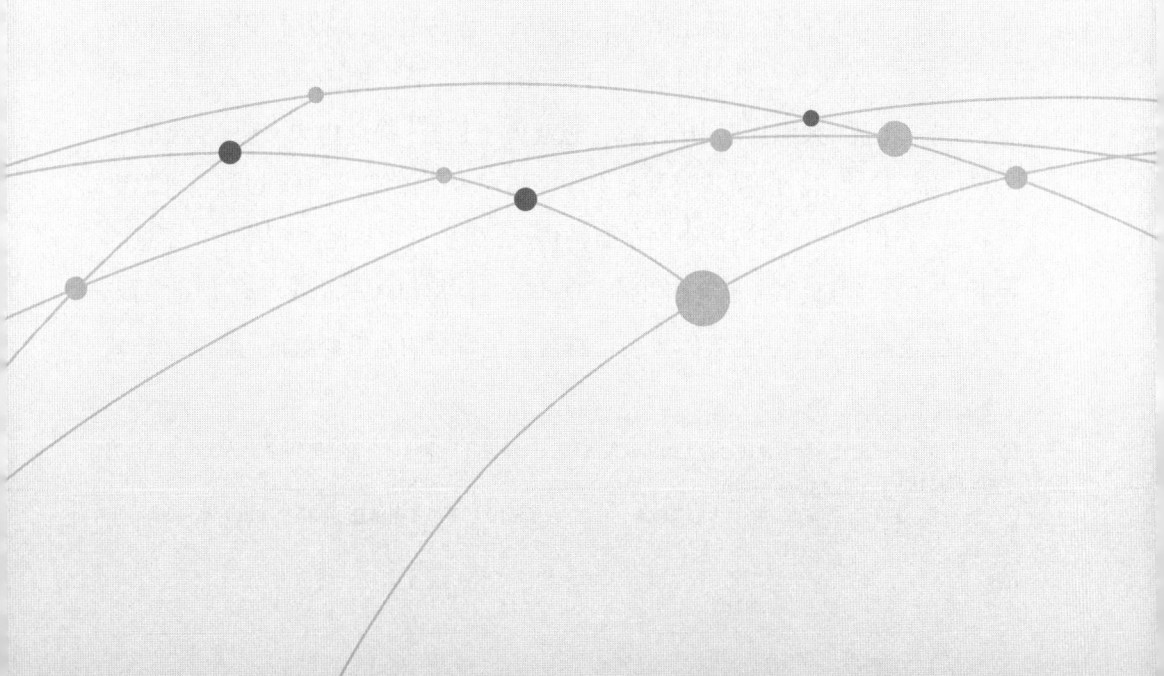

何谓长城？著名历史地理学家侯仁之先生的界定是："长城是针对相对固定的作战对象，按照统一的战略，以人工筑城方式加强与改造既定战场，而形成的一种绵亘万里、点阵结合、纵深梯次的巨型坚固设防体系。"[1]《中国长城志》在此基础上做了进一步的阐述：长城是中国古代有连续性墙体及配套的关隘、城堡、烽燧等构成体系的巨型军事防御工程。长城防御体系的主体是连绵的墙体，高大、连绵不绝，在城墙上，还建有敌台城楼，连接着各个关隘、城堡和烽燧，互相呼应，形成完备而有纵深的军事防御体系。[2]这是一个有机的军事防御体系，集信息收集与传递、军力部署与调度、屯边与屯垦、平战结合、军民共防等功能于一体。长城作为防御体系具有整体性、结构性、层次性、开放性的特点，这是从长城的功能角度所做的科学定义，准确描述了这一产生于先秦，历代延续继承，不断改造完善，最终呈现在世人面前的人类历史上最伟大的人造军事工程。

长城在展现作为古代军事防御体系的建筑工程价值之外，还体现着中华民族悠久辉煌的历史和优秀传统，承载着中华民族坚韧自强的精神价值。长城的历史文化价值，已经远远超出了军事防御工程的范围，成为中华民族的精神象征，更成为全人类的共同财富。2019年8月，习近平总书记在考察嘉峪关时强调："当今世界，人们提起中国，就会想起万里长城；提起中华文明，也会想起万里长城。长城、长江、黄河等都是中华民族的重要象征，是中华民族精神的重要标志。我们一定要重视历史文化保护传承，保护好中华民族精神生生不息的根脉。""长城凝聚了中华民族自强不息的奋斗精神和众志成城、坚韧不屈的爱国情怀，已经成为中华民族的代表性符号和中华文明的重要象征。要做好长城

---

[1] 侯仁之：《在长城国际学术研讨会上的总结发言》，《长城国际学术研讨会论文集》，吉林人民出版社1995年版，第334页。
[2] 陈海燕、董耀会、贾辉铭主编：《中国长城志 总述·大事记》，江苏凤凰科学技术出版社2016年版，第9页。

文化价值发掘和文物遗产传承保护工作，弘扬民族精神，为实现中华民族伟大复兴的中国梦凝聚起磅礴力量。"①

建设国家文化公园，是以习近平同志为核心的党中央作出的重大决策部署，是推动新时代文化繁荣发展的重大文化工程。根据2019年7月24日中央全面深化改革委员会第九次会议审议通过，2019年12月中共中央办公厅、国务院办公厅印发的《长城、大运河、长征国家文化公园建设方案》，长城国家文化公园建设范围包括战国、秦、汉长城，北魏、北齐、隋、唐、五代、宋、西夏、辽具备长城特征的防御体系，金界壕，明长城。涉及北京、天津、河北、山西、内蒙古、辽宁、吉林、黑龙江、山东、河南、陕西、甘肃、青海、宁夏、新疆15个省区市。具体以秦汉长城、明长城主线为重点，以我国各时代各类长城相关文物、文化资源为主体，涵盖长城文化景观的主要构成要素以及其他与长城文物、文化资源直接关联的自然景观及生态环境。

长城作为中华文明的象征，历史悠久，底蕴深厚，文化资源丰富，文化内涵深刻。长城国家文化公园，是融合具有重大功能、重大影响的文化遗产和文物资源，彰显中华优秀传统文化和民族精神的文化载体，有着丰富的文化内涵与突出的核心价值。

第一节　长城是中华民族的精神象征

从建筑规模来讲，长城是世界上体量最大的人工构筑工程。从时间上来说，跨越了中国古代社会发展的重要历史阶段，是中国古代文明形成、发展、繁荣过程中最为突出的历史见证之一。从长城国家文化公园建设方案中提出保存保护的历史遗址遗迹来看，长城的建筑时间之长，分布跨越的范围之广，对中国文化的影响之深远，是中国古代任何文物遗存都难以比拟的，可以说长城成

---

① 《集中打造中华文化重要标志　科学绘制长城国家文化公园建设蓝图》，中国政府网，2021-10-27，https://www.gov.cn/xinwen/2021/10/27/content_5647093.htm。

为中华民族的文化符号,作为中华民族的精神象征,有着坚实的物质文化基础和历史发展逻辑。

一、众说纷纭话长城

长城作为中华民族在特定的历史地理环境中创造的伟大奇迹,是中华民族价值观念、社会意识的具体载体和重要体现,随着长城的历代修筑以及历史的演进,长城逐渐成为有着丰富内涵的意象,成为中华民族的精神象征,这一认识要到20世纪以后才逐渐形成。在此之前的古代历史典籍里提到长城,对其认知是不断变化、不时摇摆的。最初是纯粹的军事工程,伴随着历史的演进,因为历朝历代国力强弱的不同,边地防卫策略的不同,对修筑长城与国家统治之间关系的认识不同,长城有时是一个批评暴政的靶子,有时是一个有助于抵御外敌的防御性军事工程,反对修建长城和支持修建长城的声音在历史上被反复表达。只有清楚了解长城成为中华民族文化符号的曲折过程,才能更深刻地理解长城作为中华民族精神象征的丰富内涵。

长城最早在春秋战国时期就开始修建,最初主要目的是防御敌国的进攻。根据史料记载,齐修长城以备楚、燕,楚修方城以抗齐、晋,赵、燕,秦筑长城以拒胡、戎。修筑目的明确,防御功能显著,在当时冷兵器主导、车马冲锋的时代,长城很好地发挥了阻挠车马、防御固守的作用,这也是各诸侯国相互效仿、频繁修筑的根本原因。

早期的长城名称不一,除了长城之外,还有方城、堑等不同名称。[①]后来历代也多用城堑、墙堑、塞、塞垣、塞围、亭障、障塞、界壕、壕堑、边墙、边垣等称长城,从这些名称可以看出,历代长城的核心功能和直接价值主要体现在军事防御方面。这些价值功能的实现是客观实在的,本不以人们的观念为消长,但是人们对长城的认识和认知,却随着时代的发展与具体朝代的统治形势而不断变化。从历史记载来看,长城作为古代伟大的军事防御工程,一方面为历

---

① (汉)司马迁《史记·秦本纪》记载:"堑洛。城重泉。"指的是秦简公六年(前409)沿洛水修筑长城。

第二章 长城国家文化公园的核心价值

代统治阶层与军事将领所重视,在秦、汉、北齐、隋、明代都是大规模修筑,发挥其抵御外敌、防守固边的作用;但是另一方面,对于长城的修筑与作用,古人也逐渐产生了意见相左甚至批评反思的倾向。比如韩非子认为齐国"清济、浊河,足以为限,长城、钜防,足以为塞"①,强调天险、城塞的军事价值,肯定长城的防御作用。稍后的苏代却持相反意见,"天时不与,虽有清济、浊河,何足以为固?民力穷弊,虽有长城、钜防,何足以为塞?"②更看重国力强弱与人心向背的作用。可以说,对长城价值、作用的评价,先秦时就有不同的看法,这一点随着秦始皇统一六国后修筑万里长城而更加凸显。

就目前史料来看,较早对秦始皇修筑长城一事做出评价的是司马迁,《史记》记载:"蒙恬喟然太息曰:'我何罪于天,无过而死乎?'良久,徐曰:'恬罪固当死矣。起临洮属之辽东,城堑万余里,此其中不能无绝地脉哉?此乃恬之罪也。'乃吞药自杀。"③蒙恬认为自己为秦始皇修筑长城,绵延万里以绝地脉,因此得罪于天,无奈自杀以谢罪,这一自我反思带有神秘主义色彩,也未切中要害。司马迁作为史家,固然不认同是绝地脉之罪,他认为秦始皇统一六国之后,修长城,通直道,建阿房宫,不重视百姓,不爱惜民力,而蒙恬作为大将不能尽力谏诤,赈救百姓于急难,反而迎合上意,大兴土木,其罪在此而不在彼。司马迁将修筑长城与不恤民力联系在一起,这是史家批评秦始皇修筑长城的开始,应该与儒家主张仁政、爱惜民力的思想有关,也体现了司马迁反对暴政的历史观念。

此后,在许多古代史家的评价与文人的心目中,秦始皇修筑长城的军事防御价值被有意忽视,破坏民力、民怨沸腾以至于二世而亡的后果被放大。如东汉班彪《北征赋》中提到:"剧蒙公之疲民兮,为强秦乎筑怨。"④王充《论衡》说:"蒙恬为秦筑长城,极天下之半,则其为祸宜以万数。"⑤严尤批评说:

---

① (清)王先慎:《韩非子集解·初见秦》,中华书局2013年版,第4页。
② 缪文远、缪伟、罗永莲译注:《战国策·燕策一》,中华书局2012年版,第931页。
③ (汉)司马迁:《史记·蒙恬列传》,中华书局1959年版,第2570页。
④ (梁)萧统:《文选》,上海古籍出版社1986年版,第428页。
⑤ (汉)王充著,黄晖校释:《论衡校释》,中华书局1990年版,第987页。

051

"秦始皇不忍小耻而轻民力,筑长城之固,延袤万里,转输之行,起于负海,疆境既完,中国内竭,以丧社稷,是为无策。"①秦始皇修筑长城与王朝覆灭联系起来,成为一个不可回避的重要罪状。这一看法后人多有发挥,认为秦始皇修筑长城造成天怨人怒,甚至鬼神谴之,对秦始皇修筑长城的批评,在各种历史记载、艺术形式中都有体现,延续不绝。如西晋杨泉《物理论》说:"秦始皇起骊山之冢,使蒙恬筑长城,死者相属。民歌曰:生男慎勿举,生女哺用脯,不见长城下,尸骸相支柱。其冤痛如此矣。"②初唐王无竞作《北使长城》诗,控诉秦征发民夫修长城之暴政,"秦世筑长城,长城无极已。暴兵四十万,兴工九千里。死人如乱麻,白骨相撑委。殚弊未云悟,穷毒岂知止"。王翰《饮马长城窟行》曰:"秦王筑城何太愚,天实亡秦非北胡。一朝祸起萧墙内,渭水咸阳不复都。"罗邺《长城》曰:"当时无德御乾坤,广筑徒劳万古存。"均反思秦始皇统治之失,批评其耗费国力民力修筑万里长城,想靠军事设施与军事力量使边疆稳固、统治长久,是徒劳无功的。甚至由春秋时期杞梁妻的故事衍生出孟姜女哭长城的记载与传说,唐五代敦煌曲子词中有《捣练子·其三·孟姜女四首》:"孟姜女,杞梁妻,一去燕山更不归,造得寒衣无人送,不免自家送征衣。"③明代以后,孟姜女哭长城的故事更是广泛流传在长城区域,成为古代四大民间传说之一,故事中的秦始皇成为历史上暴君的代表,长城成为象征一切暴政和威权的文化符号。

历代王朝的统治者对修筑长城也有更全面的思考与认识,具体与立国策略、防边形势密切相关,更关注修筑长城的实际作用与王朝对外关系的整体考虑,摒弃长城的单一防御功能,强调军事、政治、经济、文化等多重力量对国家统治的意义。其中既有汉文帝、汉武帝、隋炀帝这样的支持者,也不乏唐太宗、清圣祖等坚定的反对者。

唐代国力强盛,李世民雄才大略,为前代帝王所不及,面对突厥游牧民族

---

① (汉)班固:《汉书·匈奴传》,中华书局1999年版,第2824页。
② (北魏)郦道元撰,陈桥驿、叶光庭、叶扬译注:《水经注全译》,贵州人民出版社1996年版,第82页。
③ 以上王无竞、王翰、罗邺诗及《捣练子》词,见陈海燕、董耀会、孙志升等:《中国长城志 文学艺术》,江苏凤凰科学技术出版社2016年版,第19—31页。

政权，御边之策带有主动出击、勇于开拓的精神，屡次派精兵名将出长城迎击作战。因此，李世民多次表达对修筑长城的不以为然，更津津乐道于麾下猛将披坚执锐御敌万里的气势。《贞观政要》中记载太宗对侍臣说："隋炀帝不解精选贤良，镇抚边境，惟远筑长城，广屯将士，以备突厥，而情识之惑，一至于此。朕今委任李勣于并州，遂得突厥畏威远遁，塞垣安静，岂不胜数千里长城耶？"①这种豪情壮志影响所及，使唐人自有一种昂扬进取精神，不再延续修筑长城被动防御的策略，终唐一代，只是对长城做了必要的修缮而已。

清朝入关以后，随着边地形势的改变，对于长城的态度也有变化，虽然也有重修、新筑长城的行为，比如顺治时期曾在青海继续设置镇和卫所，康熙时期维修陕甘地区边墙，雍正九年（1731）令直隶疆臣修治边墙，在古北、宣化、大同三处皆募兵增防，等等，但总体上对修筑长城采取消极的态度。康熙皇帝曾明确说："秦筑长城以来，汉、唐、宋亦常修理，其时岂无边患？明末我太祖统大兵长驱直入，诸路瓦解，皆莫能当。可见守国之道，惟在修德安民。民心悦服则邦本得，而边境自固，所谓'众志成城'者是也。"②这一观念在他的《古北口》《入居庸关》等诗中都有所体现，比如"形胜固难凭，在德不在险"③，"须识成城惟众志，称雄不独峙群山"④，强调形胜不足为凭借，众志方能成城，体现其修德安民、民为邦本的统治思想，认为这才是国祚长久的根本。后来乾隆也有与康熙类似的看法，如"垝垸栖岩障，徒惊建筑奇。民膏真叹竭，地险讵能持。万里东西亘，千秋鉴戒垂。胜朝事修葺，遐想动嗟咨。可识戒严日，已成失守时。金汤岂云是，在德有前规"（《长城》），"让水即为治水策，费财奚事筑边城？"（《出古北口即事》）⑤，他认为修筑长城既耗费民力财力，又没有实际功用，历史教训可资鉴戒，真正能够使国家安定的是德行仁政，思路与其祖父可谓一以贯之。可见由唐至清，统治者反对修筑长城，一是因为从防御备边的

---

① （唐）吴兢撰，骈宇骞译注：《贞观政要》卷三，中华书局2011年版，第87页。
② （清）康熙：《圣祖仁皇帝圣训》卷七，《景印文渊阁四库全书》本，上海古籍出版社1987年版。
③ （清）康熙《古北口》诗，王岩编著：《长城艺文录》，北京出版社2018年版，第41页。
④ （清）康熙《入居庸关》诗，王岩编著：《长城艺文录》，北京出版社2018年版，第41页。
⑤ （清）乾隆《长城》《出古北口即事》诗，王岩编著：《长城艺文录》，北京出版社2018年版，第44—45页。

角度不能发挥更大作用，二是从历史教训考虑，秦朝修筑长城二世而亡，即使有一时的防御效果也无法弥补国家政权的败亡给后人的冲击和警醒，因而更强调为政以德、惠政爱民，众志成城以图长治久安。

对秦始皇修筑长城这一重大历史事件的评价，自然也不是一边倒的批评与控诉，历代都有史家文人力图去客观评价甚或是褒扬长城的修筑。如汉代陆贾《新语·无为》中说："（秦始皇）筑长城于戎境，以备胡越，征大吞小，威震天下。"贾谊《过秦论》说："乃使蒙恬北筑长城而守藩篱，却匈奴七百余里。"无论是蒙恬还是秦始皇，修筑长城防御外敌难以进犯之功，都得到标举和称扬。尤其是边地局势紧张、游牧政权频繁侵扰的时代，长城作为军事防御工程的功能与价值往往得到推崇。晋代江统作《徙戎论》，论及"始皇之并天下也，南兼百越，北走匈奴，五岭长城，戎卒亿计。虽师役烦殷，寇贼横暴，然一世之功，戎虏奔却，当时中国无复四夷也"[①]。肯定其修筑长城杜绝四夷之乱是一世之功。隋炀帝杨广《饮马长城窟行》诗："万里何所行，横漠筑长城。岂合小子智，先圣之所营。树兹万世策，安此亿兆生。"对前代长城的建造及防边安民的作用也持积极肯定态度，认为长城可以安定万世，庇护百姓。唐代史家也有比较客观的持平之论，比如刘贶就认为："筑长城，修障塞，所以设险也。"[②]修长城耗费民力，但是防边备胡确有成效，不能因为秦朝二世而亡就一概否定。杜佑则认为："汉时，长安北七百里即匈奴之地，侵掠未尝暂息。计其举国之众，不过汉一大郡，晁错请备障塞，故北边妥安。今……择险要，缮城垒，屯田蓄力，河、陇可复，岂唯自守而已。"[③]刘、杜二人都是从历史着眼，综合此前历朝情况，认为在不过度消耗民力的前提下，在边地修筑修缮长城，屯驻军民，至少是对付少数民族政权的中策，其成效也不止于固守保边，甚至能够以之为基础，向外拓展，恢复故地，具有极大的战略作用。到明代，杨一清、王琼、翁万达、谭纶、戚继光等守边重臣极力主张修筑长城，其意也多在于此。长城固

---

① （唐）房玄龄等：《晋书·江统传》，中华书局2000年版，第1014页。
② （宋）欧阳修、宋祁：《新唐书》卷215上《突厥传上》，中华书局2000年版，第4587页。
③ （宋）欧阳修、宋祁：《新唐书》卷215上《突厥传上》，中华书局2000年版，第4589页。

然耗费国家财力,于民力也是较大负担,但是对于明代面临蒙古各部的持续威胁,修筑长城防御边地,确实是积极有效的举措。因此,杨一清、王琼总制陕西三边,翁万达在总督宣大任上,多次上书朝廷,力排众议,奏请修筑长城,完善西北、北部边地防御,谭纶、戚继光等统兵主政蓟辽,也多次据理力争修建长城,并精心规划、巧妙设计,完善了北京附近长城的防御能力。明代的这些戍边将领对于边地的防御与经营,有着全面的思考与设计,不仅实地勘查巡视地形,推动长城的修葺与修建,更将其防御功能综合发挥,从而使明代长城作为有机军事防御体系,构建更为完善,功能更为完备,逐步形成了九边防御的完整体系,如《明史·地理志》记载:"其边陲要地称重镇者凡九:曰辽东,曰蓟州,曰宣府,曰大同,曰榆林,曰宁夏,曰甘肃,曰太原,曰固原。皆分统卫所关堡,环列兵戎。纲维布置,可谓深且固矣。"[1]此外,明代人著述的长城沿线边镇志书很多,王庸《明代北方边防图籍录》著录并解题的就有"九边总图说"30种,"边镇合志"30种,"各边镇别志"64种,"各路关卫区分记"91种[2],数量远超前代,可见明代人对于北边防务问题的关注,对于长城防御系统修筑完善的重视。

从以上的梳理可以看出,古人对于长城的认识处在不断变化之中,其中多受当时边地形势与国家统治策略等的影响。但无论是支持还是反对修建长城,都无法忽视长城作为规模庞大的军事防御系统对于国家政治、经济、军事、外交乃至普通民众的影响,也从另一个角度反映出长城的非比寻常。而在历代统治阶层、学者文人的反省和探讨之中,长城逐渐具有了多重的功能和角色,逐步进入军事防御和审美观照的双重价值并存。[3]

二、长城成为中华民族的精神象征

著名民族史学者徐杰舜说:"一个民族的文化,有精神形式的表现,也有物

---

[1] (清)张廷玉等:《明史》卷40,中华书局2000年版,第596页。
[2] 陈海燕、董耀会、向燕南主编:《中国长城志 文献》"编纂说明",江苏凤凰科学技术出版社2016年版,第2页。
[3] 陈海燕、董耀会、孙志升等:《中国长城志 文学艺术》,江苏凤凰科学技术出版社2016年版,第123页。

质形式的表现,山川河流是物质形式的一种特殊表现形式。"[1]作为国家、民族精神象征的具有特定含义的自然物,在中华民族文化传统中并不少见,比如以泰山之巍峨状国家之安定、江山之稳固,以黄河之滔滔状渊源之久远、繁衍之不息。长城作为自先秦即存在的庞大、绵长、久远的物质实体,对于国家统一、社会安定等起着突出的政治、军事作用,虽然是人工建筑物,但随着历史的发展,如泰山、黄河一样,也逐渐具有了精神象征的意味。这跟长城的外在实体形象有关,也与其在国家安定、军事防御方面的实际功能与作用有关。长城依托崇山峻岭修筑,气势壮大,广远厚重,而抵御外敌,保卫家国,则是长城修建的初衷和价值所在。因其巍巍外貌与实际功能,古人也逐渐以长城来比喻捍卫国家的股肱与栋梁。

南朝名将檀道济斥责朝廷"乃复坏尔万里之长城",已经将自己所率领的北伐军队称为"万里长城"。唐太宗将开国大将李世勣比喻为护卫家国之长城:"朕唯置李世勣于晋阳而边尘不惊,其为长城,岂不壮哉!"[2]这是传统上将保家卫国之士、辅弼股肱之臣视为国家之干城的延伸。最早《诗经·周南·兔罝》中说:"赳赳武夫,公侯干城",将勇武有力的武士比喻为公侯的"干城"(盾牌与城墙),后来多用"干城"比喻保卫国土的将士,比如《孔丛子》中记载子思向卫侯推荐苟变为将,誉为"干城之将"。檀道济、唐太宗将麾下军队、得力将领比喻为"长城",应该与此颇有渊源。后来唐代诗人贺知章送朋友到临洮从军,有诗曰"万里长城寄,无贻汉国忧"[3],以"万里长城"为期许,鼓励朋友戍边报国,勿负国家所托;哥舒翰扬威西域,韩翃称赞他"万里长城家,一生唯报国",将其比喻为国家可依赖的万里长城。可见唐代虽不主张继续修建长城,但对于长城坚固防御的象征意义却是颇为认可,并逐渐形成一种寓意清晰的观念,影响及后世。如北宋苏轼《河满子·湖州作寄益守冯当世》词中有"但

---

[1] 徐杰舜:《汉民族发展史》,四川民族出版社1992年版,第574页。
[2] (北宋)司马光:《资治通鉴》卷196,中华书局1976年版,6170页。
[3] 贺知章《送人之军》,陈海燕、董耀会、孙志升等:《中国长城志 文学艺术》,江苏凤凰科学技术出版社2016年版,第19页。

觉秋来归梦好,西南自有长城"①的句子,以"长城"作为蜀之良将的象征,来赞誉时任成都知府的冯京;南宋陆游则以"塞上长城空自许"来抒发壮志难酬的郁愤之情,此处"长城"是作者的自我期许与自喻。到明代,太祖朱元璋称誉开国大将第一人徐达为"万里长城"。此后能统兵防御边地的名将,明代人也多以"长城"誉之,如都察院右副都御史杨守礼巡抚宁夏地方,功绩卓著,刘思唐赞扬他说:"若假以久任,俾得究竟其设施,必能以身为西北长城,销北虏之患于未形。"②宁夏总兵官潘浩防边有术,能整饬烽堠,人们称之为"潘长城"。这些事例都是长城开始从物质实体的军事建筑向捍卫国家利益的象征意象演进的具体体现。

从1840年鸦片战争前后开始,中华民族面临来自西方的严峻挑战,长城的作用在这一历史阶段开始发生重大转变,不再是中原政权和游牧民族冲突交融前线的纯粹防御工程,逐渐成为一种精神上的象征。晚清康有为作《登万里长城》诗曰:"秦时楼堞汉家营,匹马高秋抚旧城。鞭石千峰上云汉,连天万里压幽并。东穷碧海群山立,西带黄河落日明。且勿却胡论功绩,英雄造事令人惊。"③对长城之壮美伟大,建造长城者的丰功伟绩给予热情的褒扬,称之为英雄造事,其中既有面临时代巨变的重新思考,也有慨然自许的激荡豪情,从其豪迈地以"万里长城"为题即可看出,对长城的认识和看法与此前已经明显不同。"长城作为文学和文化意象所蕴含的家国情怀开始从一种中原王朝本位的天下观,逐渐转向由汉民族与诸少数民族共同熔铸的中华民族命运共同体的国家观。"④以至于戊戌变法失败后,时人有"弱昧凭凌一至此,长城拊髀忆康梁"⑤的诗句,将康有为、梁启超比作国家"长城",长城的精神象征意义被进一步抉发和关注。

---

① 孔繁敏:《历代名人咏长城》,北京大学出版社1990年版,第126页。
② 刘思唐《筹边录序》,(明)胡汝砺纂修,管律重修:《嘉靖宁夏新志》卷八,宁夏人民出版社1982年版,第452页。
③ 王岩编著:《长城艺文录》,北京出版社2018年版,第47页。
④ 王玉玊、谷卿、刘先福:《长城文化论纲》,《艺术学研究》2021年第1期。
⑤ 英华《绝句一首》,朱眉叔:《满族文学精华》,辽沈书社1993年版,第465页。

到20世纪，长城逐渐成为中华民族的象征符号。孙中山先生在《建国方略》中对秦始皇修建长城给予了正面评价，认为长城有守卫中华文明的重要价值，"始皇虽无道，而长城之有功于后世，实与大禹之治水等。由今观之，倘无长城之捍卫，则中国之亡于北狄，不待宋明而在楚汉之时代矣。"[1]这一认识逐渐被广大民众所接受，在民国时期的文学、书画、电影等艺术形式中，长城的巍然形象逐渐与中华民族的形象联系在一起。尤其是长城抗战爆发以后，中国军民在长城内外抵御日寇的侵犯，激发了国人的抗日热情，长城成为抵御外侮的中华民族精神的重要象征。1949年9月，随着《义勇军进行曲》成为中华人民共和国代国歌，"把我们的血肉，筑成我们新的长城"为中华民族所认同，长城逐渐成为新中国的国家象征。长城的精神内涵也在不断丰富，毛泽东的词句"不到长城非好汉，屈指行程二万"，以革命的浪漫主义和乐观主义精神，表达了气壮山河、昂扬奋发的丰富精神内涵，将长城价值与长征精神融为一体。毛泽东对长城精神内涵的阐发不仅于此，"望长城内外，惟余莽莽，大河上下，顿失滔滔"的"江山如此多娇"，则是长城雄奇景观的壮美呈现。后来宗白华从艺术品的角度对长城进行了美的鉴赏，"中国最伟大的美术，最壮丽的美，莫过于长城。我们现在谈美，应从壮美谈起，应从千万人集体所创的美谈起"[2]，长城的雄伟壮丽成为现代中国美的象征，崇高壮美的长城，"体现出一种'天行健'的气势和强烈的艺术感染力"[3]。峻青的《雄关赋》则书写了精神长城——坚贞不渝的信念对于中华民族发展和祖国建设的重要意义。在一代代中国人的建构之下，长城作为中华民族的精神象征日益丰富而挺立。

一直到今天，长城除了作为中国历史上的军事防御工程，令世人叹为观止的文物古迹之外，更是中华民族的精神象征，成为中华民族价值观念、社会意识的具体载体和重要体现。

---

[1] 孙中山：《建国方略》，武汉出版社2011年版，第38页。
[2] 宗白华：《美学与意境》，人民出版社1987年版，第270页。
[3] 杨辛、章启群：《长城若干美学问题的思考》，《长城国际学术讨论会论文集》，吉林人民出版社1995年版，第287页。

长城作为中华民族的精神象征,其一是雄奇伟大,气魄不凡。五千多年文明,一路逶迤而来,发展繁荣,绚烂多姿,成就伟大的中华民族。正与长城历经十数朝代,不断修建完善,从而形成上下两千多年、纵横十万余里的恢宏气势相吻合。

其二是天下一统,长治久安。中华文明是世界上唯一没有中断的文明,中国是世界上唯一持续数千年仍然保持统一的多民族国家,世代延续,不断进化。数千年来,尽管王朝更替不断,统一和分治循环,但是长城始终发挥守土固边的作用,促进南北交流融合,维护了多元一体多民族国家的长期统一与安定。

其三是坚韧不屈,自强不息。中华民族多元起源,筚路蓝缕,以人定胜天之精神征服自然,以天人合一之精神融合自然,历代劳动人民艰辛付出,不屈奋斗,造就生生不息的中华文明。坚韧不屈,自强不息,成为中华民族的精神底色。

可以说,长城历史悠久,绵长不绝,修筑长城的艰苦卓绝,劳动人民的智慧结晶,人与自然的融合,民族文化的交流,可歌可泣的保卫国家的事迹与精神,经十数朝而更新,历数千年而不坠,正是中华民族伟大、包容、自强、进取的绝佳精神象征,体现了历史悠久、传统深厚的中华民族在各个层面的精神内涵。长城国家文化公园建设,正是对这样一种历史文化价值与精神内涵的进一步凝练、发展和弘扬。

三、长城形象的世界认同

现在长城已经成为中国的名片,世界各国游客来到中国,都会去参观长城,"不到长城非好汉"也已经成为长城的旅游宣传语,长城成为联结中国与世界各国的文化桥梁,成为世界语境下的中国符号。长城越来越清晰地显现其对于中国和世界的意义。

长城在世界视野中出现,为世界所知,最早要追溯到公元4世纪,古罗马历史学家阿米安·马尔塞林在《事业》一书中就提到了长城,不过当时这类记载相对还比较零散而肤浅，14世纪阿拉伯最早提及长城的《文苑观止》一书，[1]也只有简单描述，并无明确的观念，与之相先后的著名游记《马可·波罗游记》《伊本·白图泰游记》，甚至对长城只字未提。外国人真正认识长城大概要到明清时期。

明清时期朝鲜使臣来往燕京（北京）所撰写的《燕行录》中，有许多都提到了长城。较早的有崔溥《锦南漂海录》，记录其于弘治初年在明辽东镇、蓟州镇所见长城的基本情况。再如万历年间赵宪在《东还封事》中也提到所见长城的情况，"臣窃见辽阳以西至于山海一路，距胡地最近，故既于极边接城为长墙，有壕子，五里各置一烟台，台下有小方城"[2]。这些记录比较客观简略，也没有特别明确的褒贬评价。清代朝鲜燕行使者的记载更为丰富一些，一方面震撼于长城的雄伟壮观，赞叹其城塞险要的防卫作用，如朴世堂《西溪燕录》记载其远望山海关长城，"起海岸，跨山包岭，逶迤而北，粉堞如云，绵亘无际，实天下壮观也"，认为"山海之交，其间仅十余里，殆天设险，以卫中国"[3]；吴道一《丙寅燕行日录》以"层峰叠嶂，簇簇巉巉，若万马奔腾状。层城粉堞，罗络横亘于山之腰脊"[4]来描写落日之下山海关的雄奇美景。乾隆年间来使的朴趾源更以"不见万里长城，不识中国之大；不见山海关，不识中国之制度；不见关外将台，不识将帅之威尊"[5]来表达对万里长城、山海雄关的赞叹与崇敬之情，并隐约透露出以万里长城为中国文化之象征的意味。另一方面，燕行使者作为了解熟悉中国历史与现实的政治人物，对长城也多有质疑、批评和反思，比如吴道一除了敬仰长城雄关的壮丽之外，还有"关东民力殆尽于此，仍致人心怨叛，卒启倾覆之祸。古称固国不在金汤，诚确论也"的论述，表达了对修筑长城耗

---

[1] 盖双：《〈文苑观止〉中的中国长城——披览阿拉伯古籍札记之四》，《回族研究》2007年第4期。
[2] ［朝鲜］赵宪：《朝天日记》，弘华文主编：《燕行录全编》（第一辑）第四册，广西师范大学出版社2010年版。
[3] ［朝鲜］朴世堂：《西溪燕录》，弘华文主编：《燕行录全编》（第二辑）第二册，广西师范大学出版社2012年版。
[4] ［朝鲜］吴道一：《丙寅燕行日录》，弘华文主编：《燕行录全编》（第二辑）第三册，广西师范大学出版社2012年版。
[5] ［朝鲜］朴趾源：《热河日记》卷三，上海书店出版社1997年版。

费民力、人心怨叛导致明朝灭亡的看法。赵最寿《燕行录》中也有类似的观点："盖自沈阳至山海关，五里筑一墩台，台高数十丈，上可容十数人。此乃皇朝御虏之备，而一台之费，损银千两，皇朝财力盖尽于此矣。关外千里，错落相望，而终未捍铁骑之长驱。守国之道，其不系于城堡可见矣。"[1]因为其藩属国地位以及儒家文化圈的长期影响，朝鲜半岛对于长城的认识与中国清代以来朝野的主流看法有着千丝万缕的联系，由此可见一斑，但长城在他们对中国的认知图景中已具有重要的位置，还是显而易见的。

长城为欧洲所进一步了解，有赖于明清时期的耶稣会传教士。这一时期在以葡萄牙、西班牙人为主的传教士笔下，长城得到初步介绍，其中影响较大的是1585年西班牙人门多萨《大中华帝国志》，书中专门介绍了中国长500里格的城墙以及修建的基本情况。1584年，亚伯拉罕·奥尔特留斯绘制了一幅中国地图，用城堞清晰地展示了长城的大致走向，后来被收录在《寰宇全图》之中。到17世纪初，在世界地图上标注长城这一唯一建筑物已经成为基本做法，可见世界范围内对长城这一伟大工程的接受和认可。但是明代时传教士对于长城的知识大多来自道听途说或简单的考察，到清代前期，南怀仁、张诚等才开始进行考察和测量，对于长城的理解日渐深入和专业。比利时人南怀仁对长城极为推崇，认为"世界七大奇迹加在一起也比不上中国的长城，欧洲所有出版物中关于长城的描述，都不足以形容我所见到的长城的壮观"[2]。传教士对长城的极高评价影响了欧洲的知识界。18世纪中期，狄德罗在《百科全书》中将长城与埃及金字塔相提并论，伏尔泰甚至认为长城是超过金字塔的伟大建筑。乾隆五十八年（1793），英国使节马戛尔尼来到中国谒见乾隆，亲眼见到长城后的感叹是，即使把世界上全部石造的要塞和防寨全部集中起来，也比不上中国的长城。随同出访的斯当东爵士撰著《英使谒见乾隆纪实》，对长城作了较为详尽且积极正面的评价，随行军官对碉楼等设施有细致的测量记录，并将之视为

---

[1] ［朝鲜］赵最寿：《燕行录》，弘华文主编：《燕行录全编》（第二辑）第八册，广西师范大学出版社2012年版。
[2] 周宁：《"万里长城建造时"——卡夫卡的中国神话》，《厦门大学学报》（哲学社会科学版）2002年第6期。

能够防御游牧政权的"旷世杰作"。①英国人乔治·N.赖特出版于1858年的《中央帝国》专设了"万里长城"一节,介绍其历史、建造、功能及现状,认为长城是"人类社会发展史中工程最为浩大、最不可思议的战略防御设施"②。此后,在欧洲各种涉及中国长城的文本中,在将长城当作建筑奇迹加以描述的同时,也开始赋予长城特定的文化内涵。19世纪末20世纪初,随着西方探险家对中国西北地区的考察,对于长城的研究和认识逐渐深入。英国人斯坦因多次进入西北考察,发现了大量关于长城的原始文书,推进了两汉及晋代长城的研究。美国人威廉·埃德加·盖洛率队对长城进行了首次全线徒步考察后,于1909年出版了《中国长城》,介绍了长城的修筑缘起、过程、功能作用,以及有关长城的传说和沿线的风土人情,对于西方认识长城提供了第一手的文字与图像资料。③盖洛认为长城是可以与西方七大奇迹相比拟的伟大工程,"长城标志着一个伟大的时代"。④此后,长城逐渐进入西方知识阶层和普通民众的视野,成为世界语境下的中国符号,被西方人解读为代表中国文明的标志。1917年,奥地利小说家卡夫卡写了一部小说《万里长城建造时》,作品含义隐晦与迷惑,表达的是西方对长城及中国的想象与隐喻,甚至是对万里长城这一象征符号的个人解读,把长城塑造为封闭保守、停滞与空间化、高度组织与奴役的文明形态的象征。⑤但与其基本同时,英国小说家毛姆在游记散文《长城》中则刻画了"庞大、雄伟、寂静、令人敬畏"的长城形象。可以看出,这一时期的西方知识分子对于长城的认识固有不同,长城在其心目中的形象有积极正面与消极负面的不同,但都有将其视作中国文化与中国象征的趋向。

进入20世纪后半叶,随着新中国国家形象的形成与发展,长城所代表的文明价值和文化意义更进一步被世界所接受,成为中国人民卓越智慧、坚强意志

---

① [英]乔治·斯当东:《英使谒见乾隆纪实》,钱丽译,电子工业出版社2016年版,第250—259页。
② [英]乔治·N.赖特:《中央帝国》,何守源译,北京时代华文书局2017年版,第243页。
③ 赵现海:《近代以来西方世界关于长城形象的演变、记述与研究——一项"长城文化史"的考察》,《暨南学报》(哲学社会科学版)2015年第12期。
④ [美]威廉·埃德加·盖洛:《中国长城》,沈弘、恽文捷译,山东画报出版社2005年版,第58页。
⑤ 周宁:《"万里长城建造时"——卡夫卡的中国神话》,《厦门大学学报》(哲学社会科学版)2002年第6期。

和伟大精神的象征。比如1972年,美国总统尼克松在八达岭长城留言:"只有一个伟大的民族,才能建造出这样一座伟大的长城。"1999年,卡塔尔埃米尔哈马德参观长城后说:"长城是中国古代文明成就的见证。"2000年,伊朗总统哈塔米说:"古老的长城,标志着中国人民在漫长的历史中创造的文明史。"2002年,俄罗斯总统普京在八达岭题词:"我为中华民族之勤劳、风景之秀美、历史之伟大而感到惊讶。"[1]可见长城作为中华民族的精神象征为世界所广泛认可。

1987年12月,长城以符合《世界遗产公约》中世界文化遗产评判标准六项条件中的五项,成为世界文化遗产。[2]世界遗产委员会当时对长城的评价是:"约公元前220年,一统天下的秦始皇,将修建于早些时候的一些断续的防御工事连接成一个完整的防御系统,用以抵抗来自北方的侵略。在明代(公元1368—1644年),又继续加以修筑,使长城成为世界上最长的军事设施。在文化艺术上的价值,足以与其在历史和战略上的重要性相媲美。"[3]这一描述清楚地揭示了长城的历史价值、文化艺术价值和科学价值。

世界遗产突出各种遗产价值的普遍性,世界遗产的特殊文化价值虽然存在于民族和国家之中,但却是超越民族及国家的。长城作为世界文化遗产,具有超越民族和国家的意义,既是民族文化的产物,代表着中华民族文明交融交汇的历史,也代表着中华民族对人类的贡献,已成为全人类的共同财富。

---

[1] 谢久忠:《长城聚首——400位国家元首、政府首脑与八达岭长城》,民主与建设出版社2005年版。转引自陈海燕、董耀会、贾辉铭主编:《总述·大事记》,江苏凤凰科学技术出版社2016年版,第99页。
[2] 这五项条件是:1.代表一种独特的艺术成就,是一种创造性的天才杰作;2.在一定时期内或在世界某一个特定的文化区域内,对建筑艺术、纪念物艺术、城镇规划或景观设计方面的发展产生过比较大的影响,体现人类观念转变;3.能为一种已经消逝的文明或文化传统提供独特的至少是特殊的见证;4.可以作为一种建筑或建筑群或景观的杰出范例展示出人类历史上一个(或几个)重要阶段;5.与具有特殊意义的事件或现行传统、思想、信仰、文学艺术作品有直接关系或实质联系。(联合国教科文组织《执行世界遗产公约的操作准则》)
[3] *The Great Wall*, UNESCO, http://whc.unesco.org/en/list/438。转引自陈海燕、董耀会、贾辉铭主编:《总述·大事记》,江苏凤凰科学技术出版社2016年版,第99页。

第二节　众志成城、坚韧不屈的爱国情怀

爱国情怀是人们长期以来形成的对于自己的国家、民族、人民、山河、文化等的诚挚热爱，并由此产生的对祖国、民族的崇高社会责任感和历史使命感。爱国主义情怀是一种宝贵的民族情感，也是民族的理性与良知。天下兴亡、匹夫有责的价值取向，是中国传统文化的重要内容，爱国主义是中华民族的优良传统和崇高美德。

在古代，长城的主要功能和价值是抵御外敌入侵，保护国家统一、民族安全，因此保家卫国、维系民族文化传承的爱国情怀是长城文化与长城精神中非常重要的一个方面。无数人献身于长城的修建和长城地区的边防守卫，国家兴亡和民众百姓息息相关，维护统一、以身报国的爱国精神，是中华民族生生不息、前仆后继的基础。这种为国为家戍守长城的精神，激励了无数仁人志士在外族入侵之时，为国家为民族挺身而出，义无反顾；在边境军事对峙之时，忠勇戍边，默默奉献。历史上戍守长城精忠报国、抵御外侮的仁人志士数不胜数，都是基于这样一种传统文化的熏陶和践行。

南朝宋著名诗人鲍照有《代出自蓟北门行》一诗，以力透纸背的笔触，刻画、描述了古代忠勇戍边的将士为国捐躯、视死如归的爱国情怀，"羽檄起边亭，烽火入咸阳。征师屯广武，分兵救朔方。严秋筋竿劲，虏阵精且强。天子按剑怒，使者遥相望。雁行缘石径，鱼贯度飞梁。箫鼓流汉思，旌甲被胡霜。疾风冲塞起，沙砾自飘扬。马毛缩如猬，角弓不可张。时危见臣节，世乱识忠良。投躯报明主，身死为国殇"[1]。烽烟四起，军情紧急，天子派兵出征，疾风飞沙，边塞苦寒，全军士气高昂。时危世乱之际，显露忠诚高义之节，视死如归之志，慷慨赴边，为国征战。这一壮怀激烈的场景，由秦汉、六朝至唐宋、明清，乃至近

---

[1] 陈海燕、董耀会、孙志升等：《中国长城志 文学艺术》，江苏凤凰科学技术出版社2016年版，第13页。

代,在长城地带不断上演。虽然边地风寒萧瑟、悲苦艰辛,"寒苦春难觉,边城秋易知","陇暮风恒急,关寒霜自浓"(萧纲《雁门太守行》),"阴山日不暮,长城风自凄"(戴暠《从军行》),但将士渴望建功立业、戍边报国的豪情壮志历代不衰,如"长城兵气寒,饮马讵为难"(江总《骢马驱》),"非须主人赏,宁期定远封。单于如未击,终夜慕前踪"(萧纲《雁门太守行》)。[①]"不知有多少万次战役战例在长城发生,不知有多少英雄事迹、多少杰出的元戎将帅、英明指挥在长城内外演出了一幕幕惊心动魄的场面,谱写了一篇篇壮丽的史诗。"[②]自古至今,长城内外可歌可泣的爱国事迹,不断丰富、不断升华的家国情怀,深化了中华民族众志成城、保家卫国的爱国主义精神,这也是当前建设长城国家文化公园需要特别弘扬继承的精神内核。

一、匈奴未灭,何以家为?

大汉将士的爱国情怀,是卫青、霍去病、李广、窦固、窦宪等守边迎敌的沉着勇敢,是孤军进击的义无反顾。汉朝建立后,军政疲敝,经济处于恢复之中,鉴于匈奴实力强大,汉高祖只能采取"和亲"的政策,与匈奴结为兄弟,以长城为界,开放关市。但匈奴并未完全遵照"和亲"约定,屡次侵扰边境,抢掠人畜,甚至逼近长安,对汉王朝的统治造成威胁。汉文帝、汉景帝时励精图治,恢复农业生产,建立马政制度,多次反击匈奴。汉武帝时,西汉经过几十年的休养生息,政治、经济稳定繁荣,军事实力大为提升,为长期解决匈奴侵扰问题,实施远交近攻的策略,稳固长城防御的同时,大举反击。一方面派张骞出使西域,联络月氏等国共同抗击匈奴;另一方面派出精兵猛将,稳固守边的同时,主动出击匈奴。从元光六年(前129)到元狩四年(前119),卫青前后七次出击匈奴,进击龙城,收复河南地,击败伊稚斜单于,战功赫赫。霍去病弱冠投军,随卫青出征匈奴,后于元狩二年(前121)从陇西出塞,跨越焉支山,挺进祁连山,

---

① 以上萧纲、戴暠、江总诗见陈海燕、董耀会、孙志升等:《中国长城志 文学艺术》,江苏凤凰科学技术出版社2016年版,第14页。
② 罗哲文:《长城》,清华大学出版社2008年版,第8页。

两次击败浑邪王、休屠王军队，完全控制河西走廊，元狩四年与卫青发起漠北之战，大破左贤王，封狼居胥，凯旋，扬威万里。李广一生历任七郡，与匈奴大小七十余战，匈奴呼其为"飞将军"，虽未得封侯，但是"桃李不言，下自成蹊"，"彼其忠实心诚信于士大夫"。在卫青、霍去病等的攻击下，匈奴元气大伤，被迫向西北远遁，汉朝边境进入安定局面。到东汉，匈奴又威胁西北边境，窦宪率军出朔方，大破北单于，深入龙庭，登燕然山，刻石纪功，兵威远震。又有班超投笔从戎，豪言："大丈夫当立功异域，安能久事笔砚间乎？"随从窦固出击匈奴，出使西域鄯善王，夜出攻杀匈奴使者，使鄯善称降，于绝域立奇功，封侯万里。

卫青、霍去病、李广、窦固、窦宪、班超等人作为汉代防御西北边地、维护国家安定的杰出代表，以其勇气和谋略成就抗击匈奴大业，功勋卓著，令后人敬仰。霍去病充满豪情的"匈奴未灭，何以家为"，班超舍生忘死的"不入虎穴，焉得虎子"，一直激励后人义无反顾地投身于保家卫国的斗争中，成为中华民族爱国情怀的重要体现。

二、万里长城家，一生唯报国

大唐王朝立国之初，即采取积极进取的策略，长城的防御功能被弱化，成为进击开拓的依托，盛唐气象带来的，是将士拓边的勇气与慷慨，是出关迎击的豪情与自信，是"麒麟锦带佩吴钩，飒沓青骊跃紫骝。拔剑已断天骄臂，归鞍共饮月支头"（王维《燕支行》）的昂扬，是"黄沙百战穿金甲，不破楼兰终不还"（王昌龄《从军行》）的激越，是"愿得此身长报国，何须生入玉门关"（戴叔伦《塞上曲》）[①]的义无反顾，是驰骋疆场、建功立业的家国情怀。李靖、李勣、苏定方、侯君集等名将击退突厥，平定西域，维护了大一统的唐王朝的边境安定，拓展了中华民族的疆域版图。唐初，东突厥颉利可汗兵力强盛，多次进攻唐朝边境。唐太宗励精图治，恢复国力，整顿府兵制度，于贞观三年（629）以

---

① 以上王维、王昌龄、戴叔伦诗见陈海燕、董耀会、孙志升等：《中国长城志 文学艺术》，江苏凤凰科学技术出版社2016年版，第21—24页。

后,派名将李靖、李勣等对东突厥发动反击。唐军攻破突厥都城定襄,并追击至阴山、大青山,最终彻底击败颉利可汗,平定大漠以南。此后薛延陀部建立汗国,成为北方的一支强大势力,贞观十五年(641)进攻唐北部边境,唐太宗命李勣统帅各军,分路进击。李勣率军最先赶到长城以外,并跨越白川道,追至大青山,与薛延陀决战。李勣手持长槊亲自上阵,并与副总管薛万彻轻骑冲击,一举击退薛延陀主力,使其退回漠北,再也无力南侵,并于贞观二十年(646)六月彻底平定薛延陀。此后,北方各部酋长尊唐太宗为天可汗,唐朝边境得以长期保持和平局面,国家得以保持大一统的格局。

唐玄宗天宝年间,名将哥舒翰多次击退吐蕃入侵,屡立功勋,使吐蕃"至今窥牧马,不敢过临洮",朝廷无西边之忧。一众诗人为之心荡神摇,李白敬仰他:"天为国家孕英才,森森矛戟拥灵台。浩荡深谋喷江海,纵横逸气走风雷。丈夫立身有如此,一呼三军皆披靡。卫青漫作大将军,白起真成一竖子。"(《述德兼陈情上哥舒大夫》)[①]储光羲赞颂他:"陇路起丰镐,关云随旆旌。河湟训兵甲,义勇方横行。"(《哥舒大夫颂德》)[②]杜甫更推其为当世第一人:"今代麒麟阁,何人第一功。君王自神武,驾驭必英雄。开府当朝杰,论兵迈古风。先锋百胜在,略地两隅空。青海无传箭,天山早挂弓。"(《投赠哥舒开府翰二十韵》)[③]唐代边将们在长城内外保卫家国、安定边地的丰功伟绩,至今仍能够激发我们的爱国情怀。

宋代在北部、西部边境分别与辽、西夏形成长期的拉锯对抗。北宋军队多次在北方与辽作战,杨家将的事迹流传于长城沿线,在今天北京密云古北口、山西代县等地均建有杨家祠堂。北宋时,名臣苏颂、苏辙先后出使辽国,经过古北口,均拜谒了杨令公祠庙,苏颂有《和仲巽过古北口谒杨无敌庙》诗曰:"汉家飞将领熊罴,死战燕山护我师。威信仇方名不灭,至今奚虏奉遗祠。"[④]苏辙的《谒杨无敌祠》诗,其中有"驱驰本为中原用,尝享能令异域尊。我欲比

---

① (清)彭定求等编:《全唐诗》卷168,中华书局1960年版,第1736页。
② (清)彭定求等编:《全唐诗》卷137,中华书局1960年版,第1389页。
③ (清)彭定求等编:《全唐诗》卷633,中华书局1960年版,第2388页。
④ (宋)苏颂:《苏魏公文集》卷13,《景印文渊阁四库全书》本,上海古籍出版社1987年版。

君周子隐,诛肜聊足慰忠魂"①的诗句。两人不仅赞颂了以杨继业为代表的北宋边关守将对国家民族的忠诚,还特别关注到杨继业祠能够在辽国统治境内被修筑、被祭享,可以看出这种忠诚为国为民的英雄形象与爱国情怀已经跨越了地域、民族,世代为人所敬仰。在西北边境,范仲淹与韩琦等与西夏长年征战,"胸中有数万甲兵",枕戈待旦,戍边卫国,范仲淹《渔家傲》一词格调苍凉悲壮,以"燕然未勒归无计"写郁勃之气,爱国激情与浓重乡思融合为一体,体现了将士戍边的激越豪情与家国精神。

三、定庙谟以图安攘

明代徐达、冯胜、蓝玉、朱棣等扫荡大漠、指麾千里,于谦、罗通等临危受命坚守居庸、保卫京师,又有翁万达、谭纶、戚继光等殚精竭虑、谋划戍边。有明一代,在长城沿线上演着起伏跌宕的拓边、防御故事,体现了明代将士们的勇力、谋略与家国情怀。

洪武元年(1368),明军攻克大都城,元顺帝逃亡上都,但仍然保持着政权,并不断组织力量反攻,明太祖一方面采取招抚策略,另一方面,面对北元的进攻,坚决予以反击。从洪武三年(1370)开始,徐达、李文忠、冯胜、朱棣等率军多次征伐漠北,逐渐控制了长城沿边地域,在西北、北部边境屡次击败北元,使其政权瓦解,分裂为鞑靼、瓦剌、兀良哈三部。永乐帝继位之后,为安定北边防御,先后七次率军亲征,形成一段时间的稳定局面。但是蒙古各部对于明朝北部始终是巨大威胁,明英宗时期,仓促亲征瓦剌,战事不利,在土木堡被击溃,英宗被俘,扈从群臣、将领大半殉国。也先乘胜进军,欲突破长城关塞,夺取京师。于谦力主坚守北京,并派兵分镇宣府、大同、居庸关、紫荆关等重要关口,积极备战,最终挫败也先对京师的三路攻击。居庸关守将罗通利用天寒命士兵汲水浇城,结冰后使瓦剌军难以攀爬,损失惨重,并三次开关追击,最终瓦剌军在各地明军驰援的情况下,被迫退回塞外,于谦等率军取得

---

① 王岩编著:《长城艺文录》,北京出版社2018年版,第34页。

京师保卫战的胜利，挽狂澜于既倒，不畏强敌、维护国家安定的高昂斗志与牺牲精神为后人所敬仰。

景泰帝以后，西北、北部边地又不断遭受鞑靼的侵扰，前后负责边地防卫的秦纮、杨一清、翁万达等积极采取整修边墙、筑堡塞墩台、屯田练军等措施，整顿边备，在陕西、甘肃、宣府、大同等地抵御了鞑靼的进攻。其中翁万达在宣大总督任上，多次上表请筑边墙，殚精竭虑、为国谋划的拳拳之心，溢于言表。前后修筑大同、宣府间长城800余里，烽堠300余座，维护了明朝北部边境的安定，被张居正称许为嘉靖朝首屈一指的边臣，"边臣行事适机宜，建言中肯綮者，万达称首"①。隆庆帝以后，在东南抗倭立下赫赫战功的戚继光被调到蓟州练兵，后任总兵官，与谭纶等共同担当蓟辽边防重任。戚继光节制严明，建立车营克制鞑靼骑兵，敌兵靠近则以步兵长枪刺杀，敌兵败逃再派骑兵追击，战斗力为一时之冠。练兵之外，戚继光与谭纶、刘应节等积极修筑蓟辽一带长城要塞，在他们的规划实施之下，蓟辽边防设施完备、构筑牢固、布局严谨、可攻可守，有力捍卫了明朝北部边境的安定与国家的统一。

四、用血肉筑成新的长城

长城成为中华民族爱国精神的象征始于20世纪，尤其是长城抗战爆发以后，中国军民在长城内外抵御日寇的侵犯，激发了全国的抗战热情与爱国情怀，使得长城成为凝聚民族团结、抵御外侮的重要符号象征。

日军在侵占东北三省后，向关内不断进犯，准备进一步占领华北地区。1933年，中国军队在热河、长城一带奋起反击，消灭大量日军。长城抗战是在此期间抗击侵华日军系列作战的统称，是中国人民抗日战争的重要组成部分。中国军队在赵登禹、何基沣、佟麟阁等的指挥下，与日军在喜峰口一带展开激烈战斗，中国守军装备虽差，但斗志高昂、同仇敌忾，通过肉搏战、夜袭战，在喜峰口西南50公里的罗文峪、山楂峪，奋勇抵抗，日军伤亡甚众。喜峰口抗战中取

---

① （清）张廷玉等：《明史》卷198，中华书局2000年版，第3501页。

得的胜利是中国军队自九一八事变以来的首次大捷，沉重地打击了日军的侵略气焰。此外，古北口驻军在关麟征等的指挥下，也对日军造成重创。长城抗战是九一八事变后中国军队在华北进行的较大规模的抗击日本侵略者的战役，在近三个月的战斗里，以巨大的牺牲和勇气给日军以沉重打击，延缓了日本军事侵略华北的进程，极大地鼓舞了全国人民抗战的决心。1933年4月，梁中铭在《时事月报》上发表了名为《只有血和肉做成的万里长城才能使敌人不能摧毁！》的宣传画，一个伟岸高大的中国军人站在长城上，手握上好刺刀的步枪，面朝日寇入侵的长城之外，以其明确的"血肉长城"含义进一步升华了长城的家国内涵和象征意义。1935年，田汉、夏衍、许幸之在长城抗战的背景下创作电影《风云儿女》，其中的主题曲是田汉创作的《义勇军进行曲》，无论是电影叙事中反复出现的长城与长城抗战，还是主题曲中明确提出的"起来！不愿做奴隶的人们，把我们的血肉筑成我们新的长城！中华民族到了最危险的时候，每个人被迫着发出最后的吼声！"既正面歌颂了全民族抗战，铸就血肉长城，维护国家领土完整，坚决抵御外侮的坚强决心，同时又把每一个中国人、中华民族、家国情怀和长城形象紧密地联系在一起。大江南北反复播放的电影、唱响的歌曲，以及大量的海报、宣传画，使具有新的精神力量的长城形象在全体中国人心中建构起来。这一时期还诞生了《长城谣》（万里长城万里长）这样的歌曲，潘子农、刘雪庵七七事变后在上海创作，倾诉了东北人民被迫离家流浪的苦难，表现了中国人民坚韧不屈、团结斗争必胜的信念，成为抗日救亡的经典歌曲之一，"四万万同胞心一样，新的长城万里长"，在抗战时期广为流传，激发了中国人民同仇敌忾的爱国热情，也进一步强化了中华民族铸就新的长城的认识与认同。

1937年全面抗战之后，中国军队在长城沿线继续抗击日寇侵略，在南口、张家口、大同及内长城平型关、茹越口、雁门关一线浴血奋战，八路军115师取得了平型关大捷，这是抗战以来第一个歼灭战胜利。此后又先后组织忻口战役、娘子关会战等长城之内的重要战役，有力地抗击了日寇对山西、河北等地的侵犯。郭沫若1942年5月在《新华日报》发表《血肉的长城》一诗，最后以"我们要以血以肉新筑一座万里长城！"表达了以血肉之躯铸就抵抗侵略的万里长城，取得抗日战争最终胜利的信心。十四年抗战，中华民族以巨大牺牲换来强大的中华民族屹立在世界东方，长城不再是让后人凭吊的历史建筑物，而是成为众志成城勇于抵御外侮的中华民族爱国情怀的体现和象征，长城逐渐成为一个具有丰富家国情怀和爱国内涵的文化符号。1935年9月，红军长征期间，在榜罗镇召开中央政治局常委会议后，越过六盘山北上抗日，实现三大主力会师，红军在陕甘长城地带留下无数战斗足迹和英勇奋战精神，翻越六盘山后毛泽东创作《长征谣》一词，后于1945年被修改为《清平乐·六盘山》，其中著名的"不到长城非好汉，屈指行程二万"两句词，表达了革命必将成功的自信和决心，更进一步体现出共产主义者的豪迈激情与爱国壮志。

20世纪80年代，《万里长城永不倒》《我的中国心》等歌曲风靡大江南北，"万里长城永不倒，千里黄河水滔滔""长江长城，黄山黄河，在我心中重千斤"，这样一些豪迈精神、爱国情怀的表达表述，唤起全国人民与海外华人的民族自豪感，更广泛地得到中华民族的认可认同。阎肃作词的《长城长》（都说长城两边是故乡），则写尽了边关冷月、大漠雄风，写出了军民团结的鱼水之情，铸就钢铁长城的爱国豪迈之情。

改革开放以后，为更好地修复古长城，传承长城爱国精神，1984年习仲勋、邓小平先后题词，倡导"爱我中华、修我长城"，鼓励大家爱长城、爱家乡、爱祖国，积极投入修葺长城的热潮之中，中华民族与长城已经紧密联系在一起。随着长城国家文化公园的建设，雄伟壮丽的长城作为现代中国凝聚提炼中华民族伟大爱国精神的一个重要象征和文化符号，在中华民族共同体意识和文化认同感方面发挥着巨大的意义和价值。

第三节　自强不息、不断创新的奋斗精神

古人历经千辛万苦，世代不辍，才完成了气势磅礴、规模宏伟的万里长城的修建。中国古代几千年的长城修建史，也是中华民族勤劳勇敢、不断奋斗的历史，凝聚了劳动人民的伟大智慧与创造力，展现了中华民族吃苦耐劳的精神和自强不息的顽强意志。长城国家文化公园的建设与保护，正是对这种自强不息、不断创新奋斗精神的传承与赓续。

一、中华民族吃苦耐劳精神和自强不息意志的体现

2012年国家文物局完成了中国长城资源认定工作并发布了认定结论，认定长城分布于北京市、天津市、河北省、山西省、内蒙古自治区、辽宁省、吉林省、黑龙江省、山东省、河南省、陕西省、甘肃省、青海省、宁夏回族自治区、新疆维吾尔自治区等15个省（自治区、直辖市）404个县（市、区）。长城墙体、壕堑、单体建筑、关堡和相关设施等长城遗产总计43721处，包括10051段墙体，1764段壕堑/界壕、烽火台、敌台、马面、城楼、水关、铺房等单体建筑29510座，关隘、城堡2211座，挡马墙、品字窖、壕沟等相关设施185处。历代长城总长度21196.18千米。[①]此外，在蒙古和朝鲜境内也存留部分中国古代长城的遗址和遗迹。

这是一串枯燥的数字，也是一串伟大的数字，这是人类历史上规模最庞大的人造建筑经过两千年修建、毁颓后的遗存现状，而中国历代所修建的长城总量，实际远过于此。在古代生产力水平较低的情况下，中国人如何能修筑如此伟大的工程？孙中山先生在《建国方略》中感叹："当秦之时代，科学未发明也，机器未创造也，人工无今日之多也，物力无今日之宏也，工程之学不及今日之深造也，然竟能成此伟大之建筑者，其道安在？曰：为需要所迫不得不行而

---

① 国家文物局：《中国长城保护报告》，2016年11月30日。

已。"①所谓"为需要所迫"是当时及后世修筑长城的主要原因，而长城的修筑完成离不开历代百姓与工匠的艰辛付出，离不开劳动人民的勤劳与智慧。秦代民间歌谣《长城谣》中有"不见长城下，尸骸相支拄"的表述，既是对秦始皇暴政触目惊心的控诉，也是对劳动人民在长城修建中做出伟大牺牲的真实体现，类似描写在汉末陈琳《饮马长城窟行》中进一步细化，"饮马长城窟，水寒伤马骨。往谓长城吏，慎莫稽留太原卒！官作自有程，举筑谐汝声！男儿宁当格斗死，何能怫郁筑长城"②，揭露了繁重而无休止的长城徭役给百姓带来的深重苦难，也从另一面反映了劳动人民以血汗与生命铸就长城的艰辛努力。

史料文献中有大量关于长城修筑的记载，从先秦时期到明末，除了唐、宋、元、清等朝代之外，长城的修建与修缮始终延续不绝，即使是辽、金等少数民族政权也是如此，可以看出历代劳动人民两千多年来在长城修建上的艰苦劳动与艰辛付出。

长城修筑始于诸侯相互征伐的春秋战国，出于军事防御的需要，各国开始修筑长城。比较早的是楚国和齐国。有关楚国长城，较早的记载是《左传》僖公四年（前656），齐桓公率齐、鲁、宋、陈等八国之师伐楚，楚国屈完对齐桓公说："君若以德绥诸侯，谁敢不服？君若以力，楚国方城以为城，汉水以为池，虽众，无所用之！"③方城与汉水相对而言，可见不是一城一池，而是规模相当广远的防御城墙，专家认为是楚国长城的一种叫法。齐国长城的较早记载见于《管子》一书："长城之阳，鲁也。长城之阴，齐也。"④《水经注·汶水》注中引《竹书纪年》记载："晋烈公十二年（前404），命韩景子、赵烈子、翟员伐齐，入长城。"清华所藏战国竹简"系年"部分记载了齐、楚长城，第二十章提到"晋敬公立十又一年（前441），赵恒子会［诸］侯之大夫，……，遂以伐齐，齐人焉始为长城于济，自南山属之北海"，第二十一章提到楚简王八年（前424）侵晋，

---

① 孙中山：《建国方略》，武汉出版社2011年版，第37—38页。
② 陈海燕、董耀会、孙志升等：《中国长城志 文学艺术》，江苏凤凰科学技术出版社2016年版，第11页。
③ 郭丹等译注：《左传》，中华书局2012年版，第333页。
④ （清）黎翔凤：《管子校注》卷24，中华书局2004年版，第1500页。

"楚人舍围而还,与晋师战于长城"。①可见有关齐、楚修筑长城的文献记载是比较丰富的,修筑长城的规模也比较大。结合考古学者对两地长城遗址的考察可知,齐长城绵延600多公里,包括烽火台、城墙、关塞、防门等,已经是比较全面的防御工程。楚长城遗址总长约800公里,最早建造时间距今有2700多年。其他如魏、赵、燕、秦、中山等各诸侯国建造长城的记录,也散见于《史记》《竹书纪年》等早期文献中。②可见当时各诸侯国出于征伐防御目的,都开始修筑长城,作为重要的军事防御系统。虽然缺乏征役人数、修建长度等具体的细节,但参照齐、楚长城的情况,以及秦统一后连接秦、赵、燕三国长城的举动,可以推测当时各诸侯国修筑长城的规模,而在当时生产力条件下,各国投入的人力、物力必然不是一个小数目。

秦吞并天下之后,为防御匈奴入侵,派大将蒙恬率领三十万大军,以及数以十万计的徭役民夫,耗时十年,将此前秦、赵、燕所筑之长城连接起来,并大量增筑扩建,形成长达一万多里的长城,按照《史记·匈奴列传》的记载:"秦灭六国,而始皇帝使蒙恬将十万之众北击胡,悉收河南地。因河为塞,筑四十四县城临河,徙適戍以充之。而通直道,自九原至云阳,因边山险堑溪谷可缮者治之,起临洮至辽东万余里。"③这是我国古代历史上第一次由统一王朝组织大规模修筑长城,从参与的士卒、百姓以及最终完成的长度来看,国家动员规模是极为庞大的。据学者估计,当时全国不到五百万的男性劳动力,有五十万被征发修筑长城。④

汉朝建立后,一方面继续利用秦、赵、燕长城,防御匈奴的进攻;另一方面继续扩建修筑长城,延伸到今新疆的罗布泊以西,并建造有内外两道长城,形

---

① 以上见李松儒:《清华简〈系年〉集释》,中西书局2015年版,第274—283页。
② 比如《史记·魏世家》:"惠王十九年,筑长城,塞固阳。"《史记·匈奴列传》:"赵武灵王北破林胡、楼烦,筑长城。自代并阴山,下至高阙为塞,而置云中、雁门、代郡。"《史记·燕世家》:"燕将秦开袭破东胡,东胡却千余里,燕亦筑长城,自造阳至襄平,置上谷、渔阳、右北平、辽西、辽东郡,以拒胡。"《史记·赵世家》:"成侯六年,中山筑长城。"《史记·匈奴列传》:"秦宣太后起兵,伐残义渠,于是秦有陇西、北地、上郡,筑长城以拒胡。"
③ (汉)司马迁:《史记·匈奴列传》,中华书局1959年版,第2886页。
④ 罗哲文:《长城》,清华大学出版社2008年版,第46页。

成古代历史上最长的长城。著名的如汉武帝元狩二年（前121），霍去病击败匈奴右部势力，夺取河西走廊后，移民设郡，筑塞布防，设置武威、酒泉两郡，并建造东起令居境内黄河西岸，沿河西走廊，西达酒泉北部金塔县的令居塞长城。元封三年（前108），赵破奴同王恢击破姑师，俘虏楼兰王，从酒泉修长城、列亭障，延伸至玉门关。贰师将军李广利伐大宛之后，又修筑了从玉门关西至盐泽（在今新疆罗布泊）的长城。这些长城的修建与维护，以及防卫、征战所征调的徭役规模和数量，史书上多有记载，役人与作战人员的比例有时能够达到一比一，居延、敦煌汉简中记载有来自东方各地的戍卒800多人，涉及41个郡国167个县，可见戍卒的征发地域广阔，行程遥远，数量众多。①

南北朝时期，北魏、东魏、北齐、北周都曾继续修筑长城。北魏明元帝泰常八年（423），筑长城于长川之南，起自赤城西，至五原，延袤二千余里。北魏太武帝太平真君七年（446），发司、幽、定、冀四州十万人筑畿上塞围，起上谷，西至于河，广袤皆千里。东魏则在武定元年（543）于肆州北山筑城，西自马陵戍，东至土墱，用四十天的时间修完。北齐开国皇帝高洋为巩固北部、西部边防，多次下令修长城，其中天保六年（555）征发夫役一百八十万人筑长城，自幽州北夏口至恒州，长达九百余里；自西河总秦戍筑长城东至海，前后所筑，东西凡三千余里；天保八年（557），又在长城内筑重城，长四百余里。据学者考证，北齐前后七次修筑长城，纵横数千里，所筑长城规模之大，在明代之前，仅次于秦、汉长城，征发的夫役数量非常庞大，超过此前各个朝代。

隋朝立国时间较短，但却是古代较大规模修筑长城的时期，从隋文帝开皇元年（581）四月发稽胡修筑长城开始，开皇五年（585），征发丁役三万，在朔方灵武筑长城，东距黄河，西至绥州，南至勃出岭，绵历七百里；开皇六年（586），又征发丁役十五万，在朔方以东，缘边险要修筑数十城；开皇七年（587），征发丁男十万余人修长城。隋炀帝大业三年（607）七月，征发丁男一百余万人筑长城，西逾榆林，东至紫河；大业四年（608）七月，征发丁男二十余万人筑长城，

---

① 王子今：《交通史视角的秦汉长城考察》，《中国长城文化学术研讨会论文集》，中国书籍出版社2020年版，第17—29页。

自榆林谷而东。从历史记载来看,隋朝修筑长城征发丁役非常频繁且数量庞大,虽然完善了此前的长城防御,但也可见普通百姓在其中的艰苦付出和辛勤劳动。

明朝建立后,因为面临着退居漠北的北元政权的不时侵扰和长期威胁,从太祖朱元璋开始就极为重视北边长城的修筑与防御,命大将徐达、冯胜等在北方边境设关制塞,并将历代修筑的土筑长城改建为砖石长城。按照《明史·兵志》的记载:"元人北归,屡谋兴复。永乐迁都北平,三面近塞。正统以后,敌患日多。故终明之世,边防甚重。"[①]尤其到明朝后期,后金在东北兴起,明朝又增添一个强劲的敌手。基于这一持续严峻的北边防务形势,有明一代长城修筑持续不已,前后历时一百多年,形成了东起鸭绿江畔,西到嘉峪关,横贯今天辽宁、河北、天津、北京、内蒙古、山西、陕西、宁夏、甘肃、青海等十个省区市,并逐步构建了九边分区防守、分段管理、分工修筑长城的格局,从而逐步形成今天万里长城的基本规模,明朝也成为古代修筑长城时间最长、工程最浩大的时期。

长城的修建是人类历史上的伟大奇迹,能够以坚持不懈的毅力持续两千多年,在连绵群山、荒漠戈壁规划修筑长城,本身就令人赞叹与敬仰。在古代社会生产力水平较低的条件下,工程技术落后,也没有先进的运输、建筑等工具,主要依靠人力劳动来完成长城的建筑施工,在崇山峻岭之中,在悬崖峭壁之上,在深沟巨壑之中,历代劳动人民艰辛付出,默默奉献,"团沙世所难,作垒明知苦"[②],持续两千多年,艰苦卓绝地修建万里长城,体现出伟大的勤劳勇敢、自强不息、奋发图强的精神,是激励中华民族不断奋斗的巨大精神财富。

二、古人非凡军事智慧的体现

长城作为军事防御体系,是以绵长连续的墙体为主体,由镇城、关城、隘口、敌台、堡寨、烽燧、驿站等建筑设施相结合,具有作战、指挥、观察、报警、

---

① (清)张廷玉等:《明史》卷91,中华书局2000年版,第1493页。
② 孔繁敏:《历代名人咏长城》,北京大学出版社1990年版,第113页。

通信、屯兵等多种功能的坚固防御工程。[①]这是世界历史上规模最大也最为复杂的军事防御系统,其不断完善、不断创新的体系性,体现了古人非凡的军事智慧与伟大的创造力。

长城这样一个庞大、复杂的军事防御体系的形成,经历了一个漫长的发展过程。春秋战国时期的长城,大多只是一道防御性的单面高墙,主要起到拦阻骑兵和战车快速通过的作用。秦始皇统一六国后,将原来各国的长城连成一体,修建烽火台,设立瞭望哨,加强军情预警,修筑屯军要塞,并设立12个郡分段防御管辖,加大了长城军事防御的战略纵深,使作为大规模军事防御工程的体系性得到提高。汉代长城是对秦长城的进一步修复利用,工程建筑上也更注重系统性,除了关城和墙体之外,还构筑了大量的关堡和烽燧,有时在长城外侧还筑有壕沟、陷坑。汉代把戍边、屯田和守卫长城结合起来,开始形成一个烽燧连接、万里相望、守战结合的综合军事防御体系。西北居延出土的汉简中保存了最早的关于长城守卫防御的府檄、警檄、行罚檄、烽火品约、守御器簿、被兵簿、日迹簿等内容,[②]涉及长城防御的警备、防御装备、戍卒岗位设置、烽火传递系统、日常戍守管理等各个方面,各项制度已经比较系统完整,条令也比较完善细密,汉代长城作为军事防御体系趋向成熟。

北魏时中书监高闾对长城这一系统精妙的防御体系做了颇为精当的评述,详细分析了修筑长城对于边地防卫的五条有利之处,"罢游防之苦,其利一也;北部放牧,无抄掠之患,其利二也;登城观敌,以逸待劳,其利三也;省境防之虞,息无时之备,其利四也;岁常游运,永得不匮,其利五也"[③]。屯兵、修城、巡逻、警戒、城防兼顾,扬长避短,限制敌方的机动性,发挥长城要塞的防御特性,这是古代文献中将长城作为有机防御体系较早的系统论述,既是对此前长城作为军事防御系统功能作用发挥的总结,也对后来长城防御系统完善有着很强的指导意义。

[①] 刘庆、陈海燕、董耀会主编:《中国长城志 军事》,江苏凤凰科学技术出版社2016年版,第3页。
[②] 向燕南主编:《中国长城志 文献》,江苏凤凰科学技术出版社2016年版,第74—85页。
[③] (北齐)魏收:《魏书·高闾传》,中华书局2000年版,第809页。

明朝建立后，为了巩固统治，抵御北部边境蒙古和女真的进犯，提高长城地区的系统防御能力就成为当务之急。尤其是翁万达在宣大，谭纶、戚继光在蓟镇，都积极推动长城防御系统的恢复、更新与完善，形成了由长城墙体、敌台、关隘、城堡、堑壕等组成的军事防御体系，点线结合、以点护线，构成了连绵不断的防线，同时又形成了完备的烽火预警制度和驿传系统，防御整体架构更为完善，防卫着更为广阔的边境区域，明长城成为最完整复杂的军事防御体系。《明实录》卷320嘉靖二十六年（1547）二月辛丑条记载，总督宣大、山西都御史翁万达上奏边防修守事宜，提出修边二事：定规尽、度工费；守边八事：慎防秋、并兵力、重责成、量征调、实边堡、明出塞、计供亿、省财用。[①]可见明代边防重臣竭心边务，谋划之周密，将边地筑城、练兵、防守、财用、征调等统合考虑，构建完整的长城军事防御体系，形成完善的御敌之策。

长城军事防御体系经过两千多年的发展，体现出系统性、整合性、关联性等特点，形成一个系统全面的军事防御体系，体现了中国古代军事思想与军事设施构建的智慧与创造力，也充分体现了中华文明系统性、连续性发展的特征。

三、古人卓越创造性与创新性的体现

"革故鼎新、与时俱进是中华文明永恒的精神气质。"[②]从先秦、秦汉至明代，无论是建筑方式、建筑材料的选择，还是城墙的修建、楼台的改造，以及辅助设施的构筑，长城处处体现出古人的巧思创意，既历代继承不辍，又不断有创新创造的设计。

《史记·蒙恬列传》记载："秦已并天下，筑长城，因地形，用制险塞，起临洮，至辽东，延袤万余里。"[③]这里提到因地制宜、以险制塞，就是说长城的修建是自然与人工的有机结合，自建造之始就体现着古人的智慧与巧思。具体来

---

① 向燕南主编：《中国长城志 文献》，江苏凤凰科学技术出版社2016年版，第682—685页。
② 《习近平谈治国理政》第四卷，外文出版社2022年版，第471页。
③ （汉）司马迁：《史记·蒙恬列传》，中华书局1959年版，第2565—2566页。

说，长城的修筑是因地制宜的选择，顺应自然的体现。"长城的走向、选址、布局受多重因素的影响，宏观层面主要是社会政治及资源分配的因素，中观层面更多的是对区域山川地貌自然地势的考量，微观层面则侧重于与防区的战事需要相结合。"[1]古人修建长城的智慧主要体现在中观方面，在中国北方游牧经济与农耕经济交错地带，由东向西分布着大兴安岭、燕山、阴山、太行山、贺兰山、六盘山、祁连山、天山等一系列山脉，山脉的西侧、西北、北侧是以游牧为主的区域，东侧、东南、南侧是以农耕为主的区域，山脉中沟谷纵横，地势险峻。这些绵长的山脉本身已是天然屏障，长城修建的整体布局正是依托这些山脉的自然条件、险要地势以及其所具备的战略要冲位置。具体城塞的修建也往往因地形的自然险阻而设计，充分考虑山脉走向、地形向背和陵谷高下，并进一步强化自然险阻，从而达到加强军事防御的目的。历代利用地形之险，建成长城军事要塞，颇具特色者甚多。比如山海关，由关城向两侧延伸，向南深探入海，向北延展上山，将山、海之险与城塞完美结合，形成浑然一体的防御体系。有的长城因山而建，以山为屏障，或铲削山崖强化险阻，就无须更多人工修筑城墙。比如八达岭东南的东三岔和西三岔的长城，就是依山铲凿，壁立如城。[2]

从具体建筑方式来说，基本上都是因地取材，充分利用自然环境的优势。比如齐长城是最早修筑的长城之一，经过平原、山川等不同地形，在山川险要的地段，往往以山险代替墙体；在地势平坦地区，则以黄土、黄黏土、沙土等作为建筑材料，采用夯筑或版筑的方式；而在山岭地带，则以大小不同的天然石块垒砌而成，部分地区采取土石混筑，总体上体现出充分利用地形、因地取材的特点。考古工作者考察发现，汉朝修建的长城是以壕沟或利用自然地形作屏障，由烽燧、古堡、亭障等组成防御工事。一般也是就地取材，用沙子和石子，或凿石垒墙，或取土夯筑，在沙漠地带则杂以芦草和柳枝，层层叠压而成。经过两千多年的风雨侵袭，在今天敦煌西北汉代玉门关的小方盘城附近，还存留

---

[1] 陈海燕、董耀会、汤羽扬：《中国长城志 建筑》，江苏凤凰科学技术出版社2016年版，第4页。
[2] 董耀会：《以险制塞——长城修建的空间原则》《中国文物报》2016年4月8日。

着比较明显的汉长城遗址。残留的高度仍有3.75米，基宽3米，顶宽1.5米。因当地多砂砾、碎石，缺乏用于夯筑的黄土，古人就采用了非常独特的建筑方式，先用红柳、芦苇等编成框架，中间铺上砾石，层层叠压而成。为确保其稳固，又用芦苇和土铺在每层之间。由于地下水盐分较高，使砾石凝结而极为坚实。虽然经过千百年的风雨侵蚀，但至今仍屹立于戈壁风沙之中，令人叹为观止。这既是古人智慧和创造性的体现，也成为古代军事及建筑史上的一大奇观。

到明代，建筑材料制作技术成熟，修筑长城的组织模式完善，重要防区的边墙多为大城砖包砌，一方面有助于加强墙体的坚固性，另一方面也完善了垛墙、女墙、射孔、望孔、礌石孔以及敌台等相关设施和细部构造，形成更为全面完善的防御系统。戚继光等将领结合地形地势与防御要求，在历代城墙修建的基础上，针对游牧民族的进攻特点、战力特性，因地制宜做出了创造性改进。山势低矮处加高城墙，山势高峻处修建敌楼，并加修障墙、支墙、挡马墙等辅助设施，增加防御能力，同时对原来功能单一的敌台进行创新改造，修建了空心敌台。空心敌台由上、中、下三部分组成，下部为基座，高与城墙相同；中部为空心部分，外侧包以厚重的砖墙，形成一层或两层较大的室内空间，以供士兵驻守，存放粮秣和兵器；上部为台顶，多数敌台台顶中央筑有楼橹，供守城士兵遮风避雨。既可驻兵又可瞭望，既可单独防守又能互为犄角，互相呼应，设计极为精妙，可谓制作久而弥精，心思熟而愈巧。

再以长城烽火警报制度为例，先秦时期古人即创造性引入烽火以传递军情，历代不断创新完善，既利于军情警报的传送，又便于士卒的掌握。西汉时期，烽火的品种、品数以及如何施放都有严格的规定，除了中央政府有相关法律章程之外，各边郡都结合本地实际情况有详细规定，比如居延边塞的烽火信号就分为烽、表、烟、苣火、积薪五类。唐宋时期，烽火台的建制和烽火警报制度都有所发展，唐代杜佑《通典》、宋代《武经总要》中分别对烽燧的设置、组织，烽火的种类，放烽火的程序、方法，烽火报警的规律、传警、密号、更番法等都有较详细的记载，大致宋承唐制而更为细化。明代在烽火之外增加了放炮，后期还采用了悬灯、举旗与放炮相结合的更完善的报警方法，并细化教练士兵防守警戒之法,对于烽火警报的传递,也有易诵易记的歌诀,比如戚继光奏议《额设守墩军卒定编传烽火警报法》中,记录有《传烽歌》口诀,便于士卒熟练掌握:"一炮一旗山海路,一炮二旗石门冲,一炮三旗台头警,一炮四旗燕河攻。二炮一旗太平路,二炮二旗是喜峰,二炮三旗松棚路,二炮四旗马兰中。……"①选拔士卒,演习旗火,讲明号令,毫发不差。

历代长城的修建与完善,是一个持续的大规模系统工程,在这一过程中,体现了古人卓越的创造力和创新精神。直到今天,长城地带还流传着丰富的民间传说故事,讲述古人修建长城的巧思和智慧,比如冰道运石的故事,体现出古代工匠在缺乏运输机械的条件下,创造性利用冬天泼水成冰来运输巨石修建城墙的劳动智慧。这种创造力和创新精神,是中华文明经历数千年,一直发展演进、历久弥新的力量源泉。

第四节　崇尚和平、开放包容的文化内蕴

一、长城体现古代中国守土固边、崇尚和平的国家安全观念

中国古代最早的长城始自春秋战国,中间经过秦、汉、北朝各国、隋、辽、金、元,一直延续到明代都有修筑,形成世界上规模最为宏大的军事防御系统。长城的修筑历史以及防御性质,体现出中华民族自文明发展早期即奠定的和平发展的基因,是古代中国守土固边、崇尚和平的国家安全观念的体现。

因为农耕民族有相对固定的土地,有安土重迁的百姓,有高效运转的统治机器,要保障这种稳定的秩序,防御外敌的侵犯,自然会构建相应的防御体系。北魏中书监高闾上表建议修筑长城,防御边患,论述了周秦汉代以来修筑长城的必然与必要:"昔周命南仲,城彼朔方;赵灵、秦始,长城是筑;汉之孝武,躅其前事。此四代之君,皆帝王之雄杰,所以同此役者,非智术之不长,兵

---

① （明）戚继光:《戚少保奏议·补遗》卷二,中华书局2001年版,第233页。

众之不足,乃防狄之要事,其理宜然故也。"[1]春秋战国时期,各国纷纷修筑长城,是相互之间征战的防御要求,秦、赵、燕三国修筑北边长城,更有防御北方戎狄侵扰的直接目的。秦朝统一以后,面对拥有强大军事机动能力的匈奴,将北方已有的长城连接起来,充分发挥其防御功能,也是势在必行的举措。汉代以后,修筑长城、完善边地防御体系,也是面对匈奴等北地游牧民族始终存在的边患,为防御侵扰、保障社会安定的必然选择。

中华民族自古以来就是一个爱好和平的民族,和平发展的观念源远流长,对和谐安定的执着信念是中华文明的底色和精神内涵之一。《尚书》中就有"协和万邦"的思想,可以理解为最早的国与国之间和谐相处的基本原则。《老子》第三十一章讲:"兵者不祥之器,非君子之器,不得已而用之,恬淡为上。"[2]《论语》中讲:"四海之内皆兄弟也。""远人不服,则修文德以来之。既来之,则安之。"[3]这些说法都表明中国很早就有了协和万邦、和平发展的国家安全观念,以及文德为先、修文偃武的国家对外政策。在这一基础上,即使是面对不同政权、国家间的矛盾冲突,中国人首要的想法是防御为先,慎用武力,力求化干戈为玉帛,强调以和为贵,和而不同,与人为善,以德化人。正如习近平总书记所说:"中华民族是爱好和平的民族。……和平、和睦、和谐的追求深深植根于中华民族的精神世界之中,深深溶化在中国人民的血脉之中。中国自古就提出了'国虽大,好战必亡'的箴言。'以和为贵'、'和而不同'、'化干戈为玉帛'、'国泰民安'、'睦邻友邦'、'天下太平'、'天下大同'等理念世代相传。"[4]

从春秋战国时期开始,中国北方先后有犬戎、北狄、匈奴、鲜卑、柔然、敕勒、突厥、回鹘、契丹、女真、蒙古等占统治地位。这些游牧民族建立的政权与中原王朝之间,在长城沿线进行着长期的对抗、冲突与交流、融合。但是,中国

---

[1] (北齐)魏收:《魏书·高闾传》,中华书局2000年版,第809页。
[2] 任继愈:《老子今译》,古籍出版社1956年版,第24页。
[3] 钱穆:《论语新解》,巴蜀书社1985年版,第287、399页。
[4] 《习近平谈治国理政》第一卷,外文出版社2018年版,第265页。

古代很早就奠定下"内敛性"宗法社会束缚下的对外格局[1]，中原王朝对于边地以外区域的探索开拓意识大多并不太强烈，因而固土守边一直是主流意识，长城可以说就是这样一种普遍意识之下的产物。据《史记·匈奴列传》记载，汉朝初立，与匈奴实行和亲政策，约定"长城以北，引弓之国，受命单于；长城以内，冠带之室，朕亦制之。使万民耕织射猎衣食，父子无离，臣主相安，俱无暴逆"[2]。此后汉王朝在西北修复长城甚至千里征战的根本目的，还是在于维护汉王朝政权稳定、社会经济发展与百姓生活安定，使长城内外呈现秩序井然的和平状态。这一点在桓宽《盐铁论·结和》篇中得到贤良文学们的认可："往者，匈奴结和亲，诸夷纳贡，即君臣外内相信，无胡、越之患。"[3]在《险固》篇中也明确提出："在德不在固，诚以仁义为阻，道德为塞，贤人为兵，圣人为守，则莫能入。"[4]治国之道不在军力强盛，而在文治德政。贤良文学是儒家的代表，他们对于匈奴主张实行和亲政策，以德服人，仁义为先，强调和平相处，与邻为善，打开长城内外民族交流与融合的大门。

在《汉书·匈奴传》中，班固从汉朝建立以来与匈奴上百年的对峙交往的历史出发，认为对匈奴之策不能偏执一端，要审时度势，综合考虑和战之利弊。匈奴"与中国殊章服，异习俗，饮食不同，言语不通，辟居北垂寒露之野，逐草随畜，射猎为生，隔以山谷，雍以沙幕，天地所以绝外内也"，因此他主张要按照圣人所说的，"不与约誓，不就攻伐；约之则费赂而见欺，攻之则劳师而招寇。其地不可耕而食也，其民不可臣而畜也，是以外而不内，疏而不戚，政教不及其人，正朔不加其国；来则惩而御之，去则备而守之。其慕义而贡献，则接之以礼让，羁縻不绝，使曲在彼，盖圣王制御蛮夷之常道也。"[5]这样一种弹性宽松的外交政策，一方面正视匈奴军事上的威胁，严守备之策；另一方面考虑到匈奴政治经济社会生活的特殊性，无须占领其地、灭亡其国，而是以长城为防卫，形

---

[1] 葛承雍：《绵亘万里长：交流卷》，生活·读书·新知三联书店2019年版，第149页。
[2] （汉）司马迁：《史记·匈奴列传》，中华书局1959年版，第2902页。
[3] （汉）桓宽撰，陈桐生译注：《盐铁论》，中华书局2015年版，第419页。
[4] （汉）桓宽撰，陈桐生译注：《盐铁论》，中华书局2015年版，第471页。
[5] （汉）班固：《汉书》卷94下，中华书局1999年版，第2828—2830页。

成良好有序的边地关系。随着儒家思想成为主流统治思想，这些观点在后来历朝历代也多被接纳延续。

因此，中国历代王朝修筑长城的根本目的是防卫边地，保护国土与人民，是预防战争而不是强化战争。即使有时出塞远征，最终目的也只是为了自卫，而不是为了征服与奴役。历史上长城沿线地带不乏狼烟烽火，但更多的是各自安守边境，秦、汉、明等大规模修筑长城的时代，长城沿边地带的安全基本得到保障，中原王朝与游牧政权双方发生的战争并没有比唐、宋等不修筑长城的时代更频繁。在古代历史的绝大多数时间里，长城沿线是没有战争的，真正达到了以长城而止战的作用。

古代中国通过修筑长城的方式防御外敌侵扰，保卫国家、政权、百姓安全，保护经济社会发展，体现了独特的国家安全观念，修筑长城本质上是为了构筑和平秩序。具体来说，就是守土固边，注重防御，崇尚和平，慎用武力，以反抗侵略为先，以维护国家统一、安全与和平为最终目的，这是长城文化的核心内涵之一。具体体现在与周边政权、民族的关系上，就是强调对既有秩序的承认与维护，确立了不同政权、不同民族之间和平共存共生的关系、准则和秩序，体现出中华文化中以和为贵、和谐共存的价值观念和价值追求。今天建设长城国家文化公园，需要深入挖掘长城与中华文明的这一内在价值，对在世界范围内构建和而不同的和谐世界，建设多元共存的全球文明秩序，共建人类命运共同体，具有突出的现实意义。

二、长城是农耕文明与游牧文明交流融合的印证

中华文明是中国各民族在共同的生产生活中，长期融合共同创建的文明。在中华文明形成的过程中，农耕文明和游牧文明在长城地区相互冲突竞争，也相互影响融合，最后形成了中华民族多元一体格局，长城伴随着这一历史发展的全过程。"长城是中华民族的摇篮，是最早的地区性统一中心"，"自公元前51年南匈奴归汉后，中原农业地区的华夏汉族与北方畜牧业地区的匈奴族的融

合,便是中华民族形成之始。"①长城在中华民族发展过程中起着重要作用,历史上北方游牧或狩猎民族进入长城之内建立的政权,如鲜卑族建立的北魏,契丹人建立的辽,女真人建立的金,蒙古人建立的元,满洲人建立的清,大都是在保留部分原有的风俗习惯和社会组织结构的同时,逐步接受、融合中原王朝政治与文化传统,形成新的统治模式,并进而完成长城内外文明文化的融合交流。

长城在农耕文明和游牧文明的结合地区,构建并维护了正常交往的秩序,不同民族间的交流和融合,共同传承发展了中华文明。长城是中华民族融合的纽带,为中国社会形成多元一体的统一多民族国家奠定了良好的基础。②

长城地带的形成最初是地理环境因素的体现,这一地带的自然地理环境既宜放牧又可扩耕,是农耕民族和游牧民族争夺的焦点地区,农耕民族固守土地稳定安宁的诉求,与游牧民族流动迁徙、开拓争取的策略,看起来是无法调和的对抗关系。长城的产生形成是基于农耕民族对抗抵御游牧民族的初衷,其基本功能的实现对长城内外产生阻隔,因此长城内外两侧自然体现出差异化,但是最终的结果却是在对抗中体现了交流,在封闭中促进了融合。③长城的不断修筑与长期延续,既形成了对农耕与游牧两种政治力量、政权力量的分隔,也反映着两种力量的对比变化,以及逐渐加深的交流融合。农耕民族与游牧民族在历史长河中力量不断消长变化,相应地造成这一分界线长期处于你进我退、我进你退的动态平衡之中,这样一种长期对峙、不断拉锯、开拓退守的关系,最终形成了农耕民族与游牧民族杂居、融合、交流的开放地带。不同时期、不同民族、不同政权的各种政治力量,为了抵御扩张或防御,选择并逐步形成了一个"力"的平衡带。④长城内外的社会经济、政治模式、文化形态,相互交流融合,既趋向于统一,又保留了各自的一些特点,形成了一个特色鲜明、丰富

---

① 李凤山:《论长城带在中国民族关系发展中的地位》,《中国史研究》1998年第2期。
② 陈海燕、董耀会、贾辉铭主编:《总述·大事记》,江苏凤凰科学技术出版社2016年版,第105页。
③ 曹大为:《凝聚中华民族的历史丰碑——评长城的历史作用》,《长城国际学术研讨会论文集》,吉林人民出版社1995年版,第31—45页。
④ 冯嘉萍等:《万里长城的地理界线意义》,《人文地理》1995年第1期。

性和多样化的一个地带和区域。相比较中原地带或者江南地区,长城沿线形成的区域交流融合特色更为鲜明。

按照美国学者欧文·拉铁摩尔的观点,长城地带是被历史的起伏推广而成的一个广阔的地带,可以看作沟通南北东西的中心而非边缘。① "从人文方面看,长城不只是一道砖石土垣筑起的军事屏障,作为大地上一个独一无二且伸展辽远的地理因素,它引导了一条特殊的人文地带的形成。这一地理地带的核心是长城,所以可称为长城地带。"② 因此长城地带是一个极为广泛的区域,具有不同经济类型及不同文化的族群相互碰撞与融合的特点,在古代中国北方各民族文化融合中起着极为重要的作用。

按照学者的一般认识,农耕民族与游牧民族对生存空间激烈的争夺开始于战国中期,当时黄河中下游及长江中下游地区达到一个新的高度,社会进步,经济发展,政权强大,秦、赵、燕三个诸侯国选择向农牧交错地带扩张,与游牧民族的向南扩张发生碰撞冲突,因而纷纷修筑长城,一方面固化扩张的领土,另一方面抵御游牧民族的向内扩展。秦始皇统一六国,建立起历史上第一个中央集权制王朝,继续大力修筑长城;汉朝统一全国之后,汉武帝时期也再次大规模修筑长城。秦汉是中国多民族国家的奠基时期,秦汉长城,作为农耕与游牧两种经济类型和文化的分界线,实际上也是这两种经济和文化的交汇线。长城本是一种阻隔和分界,却成为交流的场所与媒介。西汉时在长城下设立关市,就使得"匈奴自单于以下皆亲汉,往来长城下"③。在历史上,长城并不是一个固定不变的分界线,游牧政权和农耕政权势力的增长与消减代代不同,也使得双方在这一区域呈现反复的拉锯态势,寻找在空间上的均衡点。农耕政权随着经济的发展和自身实力的增强会有目的地去进行扩张和发展,这种强大会对长城以外的民族产生政治上的吸引力、军事上的威慑力,也会产生经济上的影响力和文化上的感召力,无疑会推动游牧政权或者游牧民族对农耕

---

① [美]欧文·拉铁摩尔:《中国的内陆边疆》,唐晓峰译,江苏人民出版社2010年版,第163—172页。
② 唐晓峰:《长城内外是故乡》,《读书》1998年第4期。
③ (汉)司马迁:《史记·匈奴列传》,中华书局1959年版,第2904页。

王朝的归附和臣服。当中原农耕政权政治衰落的时候，游牧政权随着势力对比的变化，往往会主动采取军事进攻手段，抢夺农耕王朝所控制的区域，扩展势力范围，甚至跨越长城入主中原，进而影响农耕文化。

《史记·匈奴列传》记载了秦汉时期中原农耕政权和匈奴之间战争进退的状况："当是之时，东胡强而月氏盛。匈奴单于曰头曼，头曼不胜秦，北徙。十余年而蒙恬死，诸侯畔秦，中国扰乱，诸秦所徙適戍边者皆复去，于是匈奴得宽，复稍度河南，与中国界于故塞。"[1]这一情形在西晋武帝后，愈演愈烈，"塞外匈奴大水，塞泥、黑难等二万余落归化，帝复纳之，使居河西故宜阳城下。后复与晋人杂居，由是平阳、西河、太原、新兴、上党、乐平诸郡靡不有焉"[2]。因此晋人江统在《徙戎论》中提及"荥阳句骊本居辽东塞外，正始中，幽州刺史毌丘俭伐其叛者，徙其余种。始徙之时，户落百数，子孙孳息，今以千计，数世之后，必至殷炽"[3]。提醒朝廷不要重蹈毌丘俭徙戎入关、纵其繁衍的覆辙，但我们却能从中看到长城沿线各民族度越界限，不断融合共生的事实。

北方游牧民族与中原农耕民族反复争夺、交锋、融合，逐渐走向统一。从3—6世纪开始，北方的草原游牧民族就纷纷内迁，长城沿线地带各民族政权林立。拓跋鲜卑建立的北魏结束了五胡十六国的混乱局面，实现了北方的统一，呈现出胡汉杂糅、兼容并蓄的局面。中原文化极大地影响了游牧民族，胡风胡俗也注入了华夏社会。山西大同现存的辽金建筑，如气势雄壮的华严寺大殿，结构高峻的应县释迦木塔，都体现出豪放的草原风格与深邃的华夏文明在北部边地糅合，形成新的富有生命力的独特意蕴。

隋唐的统一，是农耕民族与游牧民族长期对抗、逐渐融合之后，所形成的多族群、多民族的新的中国，其中长城沿线地带的对抗融合起了极为重要的作用。比如《阙特勤碑》刻有突厥文与汉文，突厥文记述后突厥汗国创立者毗伽可汗及其弟阙特勤的事迹，汉文是唐玄宗悼念阙特勤的文字，突厥文与汉文并

---

[1] （汉）司马迁：《史记·匈奴列传》，中华书局1959年版，第2887页。
[2] （唐）房玄龄等：《晋书·四夷传·匈奴》，中华书局2000年版，第1700页。
[3] （唐）房玄龄等：《晋书·江统传》，中华书局2000年版，第1016页。

非对照翻译,而是站在各自的立场上,既有情通之处,却又各说各话,反映出突厥与唐王朝的相争与妥协。唐代诗人司空图《河湟有感》曰:"一自萧关起战尘,河湟隔断异乡春。汉儿尽作胡儿语,却向城头骂汉人。"①感叹的是胡汉交战,汉地民众已操胡语,心向胡人,但从另一角度来看,却反映出当时边塞地区长期征战之后的胡汉混杂乃至相互融合的端倪。唐代诗人王建《凉州行》曰:"多来中国收妇女,一半生男为汉语。蕃人旧日不耕犁,相学如今种禾黍。"②更清楚地写出了长期的征战融合之后,游牧民族逐渐学习农耕文明,而中原则"洛阳家家学胡乐"的事实。一直到今天,山西大同长城沿线的传统村落仍然具有非常典型的农牧文化交融的特征。

游牧民族逐水草而居,不断迁徙流动,不断寻求新的生存空间和环境,本身就带动了北部地区各民族政治、经济、文化的不断交流沟通,伴随着与长城以南中原农耕民族的对抗,又为中华文明带来了更大范围、更深层次的民族融合和文化整合,也为中华文明开辟了新的发展道路。在游牧文明和农耕文明的碰撞、融合,再碰撞、再融合的过程中,中华文明历经千锤百炼而不断发展成熟。

"长城的关口所在,都变成交流行为确定不移的会聚之所,交流程度的强化使这些地方凸显出来。"③长城沿线的关口重镇,是中原农耕民族与游牧民族政治、军事交往的核心区域,也成为经济贸易往来的重要通道,文化交流融合的前沿地带。隆庆和议以后,明朝与蒙古达成了对俺答汗封王、通贡和互市的协议,双方结束了长达200年的战争,进入贸易交流和平发展的时期,明朝先后在大同得胜堡、守口堡、新平堡等地开设马市,双方派人监督市场事务,蒙古人以牲畜交换汉人的纺织品等。长城内外往来频密,边市贸易逐渐繁荣,商旅辐辏,店铺林立,使得大同等地"繁华富庶,不下江南"。文献中多有记载:"先年大市中,贾店鳞比,各有名称。如云南京罗缎铺、苏杭罗缎铺、潞州绸铺、泽

---

① (清)彭定求等编:《全唐诗》卷633,中华书局1960年版,第7261页。
② 王岩编著:《长城艺文录》,北京出版社2018年版,第28页。
③ 唐晓峰:《长城内外是故乡》,《读书》1998年第4期。

州帕铺、临清布帛铺、绒线铺、杂货铺,各行交易,铺沿长四五里许,贾皆争居之。"[1]这种互市贸易推动了富甲海内、汇通天下的晋商的崛起。到清代时,大同作为北方市场的重要集散地,茶叶、丝绸、土布、铜器、瓷器等商品由此转运恰克图,从而成为中蒙俄商路的重要节点。

长城地带既是中原农耕民族和塞外游牧民族激烈争夺的地区,又是连通关内和塞外贸易的要地,是农耕文化与游牧文化重要的交流融汇区域,双方通过和亲、朝贡、贸易以及特殊情形下的相互接纳,形成持久的交流与融合。长城地带在文化方面体现出高度的包容性,在胡汉之间徘徊酝酿,其形其神亦胡亦汉、胡汉交融,别具一番风姿,精彩绝伦。这从20世纪以来长城沿线出土的文物古迹可以看得出来,在内蒙古长城区域出土了王莽时期的大泉陶范及铜钱,出土了单于和亲的瓦当,以及玉饰、玉环等属于汉民族的饰物和生活器具。在山西大同市司马金龙墓出土了木板漆画列女传屏风,作为北魏时期的作品,画的是中原文化中耳熟能详的故事,画风也接近顾恺之风神飘逸的一面,屏风本身又采取榫卯结构组合而成,可以说是南北文化融合的典型产物。另外平城明堂和永固陵的修建,也体现了鲜卑民族进入长城地带建立政权后,丰富发展自身民族文化之外,学习吸纳魏晋南朝文化的成果。

长城沿线地带胡汉的交流交融是相互的、双向的。战国时期,赵武灵王以兼容并蓄的胸怀和锐意进取的精神,主动学习胡人"胡服骑射"的长处,极大地提高了赵国军队的运动战能力,不仅攻灭中山国,并以代地为基地向西开拓林胡、楼烦之地,向东击败东胡,疆域得到拓展。胡服骑射不仅增强了赵国军队的实力,更有机动性、更有活力的骑兵的发展也逐渐变革了中原各国的作战方式,胡服在军事、生产、生活中的便利,也逐渐被中原民族所认可接受,楚国、齐国先后有人效仿,到汉代甚至成为官定的武服,此外骑马的普及也促进了中原交通的发展,推动了各地区经济、文化的交流。

长城沿线作为北方游牧民族和中原农耕民族冲突、碰撞的中心地带,逐

---

[1] (明)孙世芳修,栾尚约辑《宣府镇志》卷20"风俗考",嘉靖四十年刊本,台北成文出版社1970年影印。

渐成为将中原地区和漠北草原连接起来的重要纽带和融合中心,长城南北双方的长期碰撞交流,最终使其成为多民族融合和经济交流的重要区域,成为农耕文化、游牧文化的交会之地。从朔州应县释迦塔的建造,到大同得胜堡马市,再到张家口的张库大道,作为历史上农耕文明与游牧文明冲突和融合的印证,折射出长城内外商贸往来、文化互鉴、民族交融、中外交流的历史痕迹。

三、长城是中外文化交流融合的保障

秦始皇统一天下,连接燕、赵、秦三国长城,目的是对抗匈奴的侵扰,此后历代长城都起着防御外族侵扰的作用,但长城并没有阻断中原王朝与边地乃至更广远区域的交流。很长一段时间以来,有一种声音认为长城的出现封闭了中国,长城是封闭保守的象征,比如美国人盖洛关于长城隔绝文明的观点,英国人斯坦因认为长城是汉族、游牧民族之间界限的说法,以及西方长期以来视长城是中国专制、停滞的象征,等等。其实从文献记载和考古发现来看,中国西北、北方的对外经济、文化交流超出人们的固有印象。可以说,长城不是界限和阻隔,长城地带不是保守封闭的区域,不是老死不相往来的敌对区域,而是各民族文化冲突交流、融合发展的区域,更是中外文化交流融合的重要保障。这从秦汉以来这一区域中外交流、文化交融的事实就可以看得出来。汉武帝元狩年间修建令居塞,"此塞起建之目的,乃在防御匈奴南下与保卫西北通西域之路线,对于当时历史之影响,固甚重大也"[1]。实际上,汉代在西域修建长城,修筑连绵不绝的城堡和烽燧台,驻扎戍兵,既有军事防御目的,又有保障交通的考虑。"与秦长城凸显的'南北对抗'意义相比,河西的汉长城更加具有'东西交通'的意味。"[2]汉代以后,在河西走廊的许多地方,长城与丝绸之路往往相辅而行,长城甚至成了丝绸之路的一道屏障,庇护着东往西来的使团、商旅队伍。河西走廊一直以来就是西北各民族活动的集聚地区,中外各种文化交流融合之地,长城是其中重要的凭借与媒介,并由此与中原、北方草原建立

---

[1] 张维华:《中国长城建置考》,中华书局1979年版,第145页。
[2] 荣新江:《华戎交汇:敦煌民族与中西交通》,甘肃教育出版社2008年版,第19页。

政治、经济、文化上的联系。比如佛教文化的扩展传播,石窟、壁画、佛寺,经由长城一线,可以贯穿起由西向东流传演进的脉络,这是有大量的传世文献、遗迹和出土材料可以证明的。

长城保障了汉朝与西域各国的联系与交流,"汉帝国的强盛并不是在封闭环境下突然崛起的孤立奇迹,而是吸纳周边民族和外来文化后的变化"[1]。这一论断同样也适用于唐、宋各王朝。西域各国的异质文化对于中原王朝是一个极大的丰富与补充,汉武帝以后,汉朝与西域的交流极为频繁,既有政治经济往来,也有文化艺术交流。甘肃敦煌悬泉置出土了西汉宣帝、元帝、成帝时期的大量简牍,记载了楼兰、于阗、大宛、疏勒、康居、鄯善等西域国家使团进入汉朝的情况,少的几十上百人,多的达千人以上,频繁的纳贡贸易往来,不仅直接促进了汉朝与西域的交流,而且间接促进了汉朝与匈奴之间的贸易流通,匈奴提供马、羊等牲畜与皮毛,从汉朝得到丝绸、粮食、酒等物资,甚至建仓存谷、穿井筑城也都由境内的汉人来完成。"有汉一代,对外来民族从双方对峙到交流互通,逐渐凸显大国思维的自信,既吸收外来因素又坚持本位文化,改变狭隘,兼容并蓄,从而形成了一个新的包容格局。"[2]这种包容性体现在各个方面,比如有学者认为,汉代以后中国逐渐兴起的石刻之风,应该是受到了西域及北部草原的直接影响,"西汉石刻艺术仍受北方草原文化强烈影响,这在霍去病墓石雕群中表现得尤其明显"[3]。

一直到唐宋以后,长城一线仍然是中国向西北进行对外经济、文化交流的重要通路。唐代与西域地区的政治、经济、文化交流自不待言,中亚、西亚的胡商、使节络绎不绝进入长安,西方的珍禽异兽、金银珠宝、玻璃器皿、香料等物质文明,祆教、景教、摩尼教等各种宗教也纷纷传入中国,随之而来的饮食、服饰、音乐、舞蹈等影响到唐人的日常生活,长安成为沟通中外的国际性大都市。与此相应地,中原文明的代表如丝绸、造纸术等也经由河西走廊的长城一线向

---

[1] 葛承雍:《绵亘万里长:交流卷》,生活·读书·新知三联书店2019年版,第180页。
[2] 葛承雍:《绵亘万里长:交流卷》,生活·读书·新知三联书店2019年版,第194页。
[3] 林梅村:《古道西风——考古新发现所见中西文化交流》,生活·读书·新知三联书店2000年版,第156页。

西流传，影响到中亚、西亚乃至欧洲各国。20世纪70年代，在陕西西安发现的何家村窖藏珍宝，就是中西文化碰撞、交流、创新的生动体现，比如鎏金伎乐纹八棱银杯，集中了古代突厥形象的狩猎人、受印度文化影响的摩羯纹、唐代的仕女图等元素，呈现了不同文化之间的交融与文明互鉴。

明清时期，中原与蒙古地区、中亚地区、朝鲜半岛地区的交流交往，也都与长城地带有着紧密的联系。向西的沙漠之路，向北的草原之路，向东的过江（鸭绿江）之路，古老的丝绸之路一直焕发着生机，[1]沟通了中外文明，这些都离不开长城提供的通道与保障。

长城为中外经济、社会、文化的发展提供了融合交流的途径和契机，并在长城内外政治经济文化的不断交流中，推动着各民族融合的发展和文化的繁荣。在这种动态的交流过程中，"人们接受外来文化的态度不断转变，突破国家、民族、地域的限制，放弃'非我族类，其心必异'的陈腐观念，以宽容与开放的心态主动善意与各民族交往，极大地促进了中国文化新的整合和盛世辉煌的出现，也加速了东西方文明的共同发展"[2]。长城为中国统一的多民族国家的形成与发展，为中外文化的融合与交流，都作出了积极贡献。

第五节 长城国家文化公园的当代文化价值

2017年《国家"十三五"时期文化发展改革规划纲要》首次正式提出要"规划建设一批国家文化公园，形成中华文化重要标识"[3]，2019年12月，中共中央办公厅、国务院办公厅印发的《长城、大运河、长征国家文化公园建设方案》强调，以长城、大运河、长征沿线一系列主题明确、内涵清晰、影响突出的文物和文化资源为主干，生动呈现中华文化的独特创造、价值理念和鲜明特

---

[1] 李国荣：《明清时期的中国与世界——新解15—19世纪丝绸之路的八条路线》，《明清宫藏丝绸之路档案图典》总序，国家图书馆出版社2022年版。
[2] 葛嶷、齐东方主编：《异宝西来：考古发现的丝绸之路舶来品研究》，上海古籍出版社2018年版，第70页。
[3] 《国家"十三五"时期文化发展改革规划纲要》，新华网，2017-05-08。

色,促进科学保护、世代传承、合理利用。2022年8月,中共中央办公厅、国务院办公厅印发《"十四五"文化发展规划》,其中再次提出要"推进国家文化公园建设","形成具有特定开放空间的公共文化载体,集中打造中华文化重要标志"[1]。党的二十大报告明确提出,"加大文物和文化遗产保护力度,加强城乡建设中历史文化保护传承,建好用好国家文化公园"。可见,国家文化公园建设已成为我国当前及未来一段时期内需要繁荣发展的重要文化事业,其基本目的是整合我国重要的具有标志性的文化文物资源,传承弘扬中华优秀传统文化,促进中华优秀传统文化的创造性转化和创新性发展。

长城国家文化公园是国家文化公园建设的重要内容。建设好长城国家文化公园,是深入贯彻落实习近平总书记关于发掘好、利用好丰富文物和文化资源,让文物说话、让历史说话、让文化说话,推动中华优秀传统文化创造性转化、创新性发展、传承革命文化、发展先进文化等一系列重要指示精神的重大举措,具有突出的当代文化价值与现实意义。通过国家文化公园建设,深入挖掘长城文化价值、景观价值和精神内涵,推动长城精神与时代元素相结合,为新时代中华优秀传统文化传承发展提供强大动力,使之成为新时代弘扬民族精神、传承中华文明、宣传中国形象、彰显文化自信的亮丽名片,如习近平总书记所说,"更好发挥长城在传承和弘扬中华优秀传统文化中的独特作用"。

其一,传承长城文化遗产,坚定文化自信。

习近平总书记指出:"中华文明源远流长、博大精深,是中华民族独特的精神标识,是当代中国文化的根基,是维系全世界华人的精神纽带,也是中国文化创新的宝藏。""在漫长的历史进程中,中华民族以自强不息的决心和意志,筚路蓝缕,跋山涉水,走过了不同于世界其他文明体的发展历程。"提出要"深入了解中华文明五千多年发展史,推动把中国文明历史研究引向深入,推动全党全社会增强历史自觉、坚定文化自信,坚定不移走中国特色社会主义道路,为全面建设社会主义现代化国家、实现中华民族伟大复兴而团结奋斗"[2]。加

---

[1] 《中共中央办公厅、国务院办公厅印发〈"十四五"文化发展规划〉》,《中国文艺报》2022年8月17日。
[2] 习近平:《把中国文明历史研究引向深入,增强历史自觉坚定文化自信》,《求是》2022年第14期。

强长城国家文化公园建设，首先要加强对长城文化内涵的研究与阐释，进行创造性转化与创新性发展，以更好地弘扬革命文化，传承中华优秀传统文化。

长城历经两千多年，积累下丰富的文化遗产，涵盖了中华优秀传统文化的各个层面，精忠报国的爱国情怀、以民为本的治国理念、自强不息的奋斗精神、融合交流的包容精神、居安思危的忧患意识，等等，都能在长城文化中得到体现，在中华文明史和中华传统文化发展史上具有不可替代的重要价值与地位。建设长城国家文化公园，保护、利用好长城文化遗产，是增强历史自觉、树立文化自信的重要基础。

长城是中国古代继承延续两千多年的伟大建筑工程，凝聚着历代民众和工匠的心血和汗水，是古人非凡智慧与创造力的体现，是我国现存规模最大的文化遗产。长城文物和文化资源具有总体规模大、价值高、时间跨度长、分布范围广、景观组合好、展示利用潜力大等特点，长墙、城堡、墩台、烽燧等建筑遗存，与长城资源高度关联的驿传、祠庙、衙署、聚落等相关建筑，区域内历史文化街区、民居建筑、关堡城镇、村落等传统生活区域，山川、河流、田野、牧场等自然景观，丰富多彩的民风民俗、故事传说、民歌谣谚等非物质文化遗产，历代创作的文学、美术、书法、音乐、舞蹈等优秀作品，共同组成了一个历史文化遗产积淀极为丰厚的长城自然资源与人文资源宝库。

以文学作品为例。自有长城以来的两千多年里，有关长城的文学作品绵绵不断地产生，源远流长。在中国文学史上没有任何一个建筑物能够得到历代文人这样一种强烈关注，时间跨度之大，作品数量之多，主题涉及面之广，题材内容之丰富，在古代文学史上是独树一帜的。比如《饮马长城窟行》一题，从东汉的无名氏，到魏晋南北朝的陈琳、曹丕、沈约、萧统，到隋唐的杨广、李世民、虞世南、王翰，到宋金元的曹勋、赵秉文、张昱，到明清的李攀龙、胡应麟、袁宏道、黄景仁等，数十位文人都吟咏过，或写战争苦难生离死别，悬隔一方绵绵相思；或写长城修筑徭役繁重，普通百姓不胜其苦；或写瀚海阑干塞外悲风，大军进击豪迈壮烈；或写长城白骨纵横如雪，壮志未酬功名成空。内容丰富，意蕴深厚，异彩纷呈，不一而足。建设长城国家文化公园，需要充分阐释这些文学作品中蕴含的丰富文化内涵，体现出的强烈爱国主义情感和英雄主义气概，展现并弘扬以人为本、热爱和平、热爱生命的中华民族人文精神。

"要把历史文化遗产保护放在第一位，同时要合理利用，使其在提供公共文化服务、满足人民精神文化生活需求方面充分发挥作用。"[1]按照《长城、大运河、长征国家文化公园建设方案》[2]"保护优先，强化传承"的建设原则，建设长城国家文化公园，一方面要"真实完整保护传承文物和非物质文化遗产"，既要保护长城建筑形制等物质文化遗产，又要保护长城沿线长期形成的民俗、歌谣、传说等非物质文化遗产，还要保护长城景观赖以形成的地形与地貌，既要保护长城遗产文化的完整性，又要考虑到古今的衔接与融合。在这一基础上，能够使长城文化遗产的突出普遍价值得到妥善保护，为巨型线性文化遗产和系列遗产保护贡献卓有成效的"中国经验"和"中国智慧"。比如2021年7月联合国教科文组织第44届世界遗产大会上，长城被世界遗产委员会评为世界遗产保护管理示范案例，这是新时代中国文化遗产保护与活化利用的中国经验的体现。

另一方面要"突出活化传承和合理利用，与人民群众精神文化生活深度融合、开放共享"。通过加强长城文化遗产的系统研究，包括建筑遗存、自然文化景观、非物质文化遗产等，多层次、全方位深化对长城文化内涵的认知，展现并弘扬长城文化遗存所承载的优秀传统文化，能够充分彰显中华优秀传统文化持久影响力、革命文化强大感召力、社会主义先进文化强大生命力。

总之，通过建设长城国家文化公园，深入阐释长城文化精神，保护丰富多样的长城文化遗产，能够充分展现并使广大民众深入理解长城的优秀传统文化价值，有助于坚定我们的文化自信，形成一个时代一个民族的文化记忆。

其二，凝聚爱国主义情怀，提高国家与民族认同。

"爱国主义是我们民族精神的核心，是中国人民和中华民族同心同德、自

---

[1] 《习近平谈治国理政》第四卷，外文出版社2022年版，第312页。
[2] 《中共中央办公厅、国务院办公厅印发〈长城、大运河、长征国家文化公园建设方案〉》，国家文物局网，2019-12-06。

强不息的精神纽带。"①长城是中华民族的精神象征，上下两千多年，纵横十万余里，伴随和见证了中华民族的兴衰更替和荣辱，推动了中华民族形成和发展的历史，也是光辉灿烂的中国文化的厚重载体。长城国家文化公园承载的长城文化中蕴含着保家卫国、家国一体的爱国情怀，坚韧不拔、自强不息的民族精神，充分挖掘长城丰富的文化内涵，弘扬历代相传的爱国事迹，继承延续家国传统的民俗风俗，阐释爱国主义内涵丰厚的文学艺术作品，有助于凝聚民心，唤起民族认同，深蕴家国情怀。

"长城内外是故乡"，长城地带历史的发展变迁，长城南北民族文化的交流融合，使多民族统一的中华民族共同体意识深植于各民族之中，形成了统一的民族信念和精神意识，这种休戚与共、荣辱与共、生死与共、命运与共的共同体理念，这种基于民族与文化统一的爱国情怀，将成为激发中华民族实现伟大复兴的精神动力。

建设长城国家文化公园，将进一步增强长城文化遗产传承活力，深化爱国主义精神阐释和爱国主义教育，增强中华民族共同体意识。

根据不同省区市、不同点线段的长城遗存现状与遗产情况，通过建设长城文化主题博物馆、遗址博物馆、陈列馆、展览馆等，形成完善的长城文化展示体系；依托文化和自然遗产日、重大纪念日开展宣传教育，尤其面向高校与中小学校，加强长城文化遗产主题展示，弘扬推广、传承赓续长城文化。

积极探索"互联网+"模式，运用AR、VR等数字化手段，利用5G大数据，建设数字云平台，并结合元宇宙技术、理念，对长城文物与文化资源进行数字化、沉浸式展示，形成具有新时代特色的虚拟与现实相结合的综合展示体系，多渠道、多层面、多元化传播弘扬长城文化遗产与长城文化精神。

充分挖掘长城文化内涵与人文精神，将艺术创造力与长城文化价值融合起来，创新繁荣影视、歌舞、音乐、美术等文艺创作，展现长城历史之美、文化之美、山河壮丽之美，书写历代中国人爱国之情怀、奋斗之精神、创造之力量，

---

① 《凝聚起中华儿女团结奋斗的磅礴力量——习近平关于弘扬爱国主义精神重要论述综述》，《人民日报》2021年10月2日。

讲好长城故事，唱好"长城之歌"，深化全社会对长城的认识、认知，使长城成为更好构筑中国精神、中国价值、中国力量的重要源泉。

创新长城旅游整体规划，发挥不同区域长城文化遗产特色，推动文化与旅游融合发展，提升长城旅游文化内涵。让人们在旅游中感悟文化、陶冶心灵，充分领略长城遗迹的深厚博大、长城景观的自然雄浑、长城文化的悠久绵长。

基于此，才能"充分发挥长城在开展国防教育、爱国主义教育、传承弘扬中华优秀传统文化中的独特作用"[①]，使长城这一见证中华民族悠久历史的丰碑，激发当代中国人的爱国热情，树立和坚持正确的历史观、民族观、国家观、文化观，增强中华民族的归属感、认同感、尊严感、荣誉感，增强中华民族的共同体意识。这是长城国家文化公园建设的重要当代价值。

其三，加强文明交流互鉴，构建人类命运共同体。

建设长城国家文化公园，要弘扬中华文明蕴含的全人类共同价值。"交流互鉴是文明发展的本质要求。只有同其他文明交流互鉴、取长补短，才能保持旺盛生命活力。"[②]历史上，长城地带不乏多元族群、多元宗教与多元文化，但无论族群如何多元，总能因沟通交流、命运与共而融为一体；无论宗教如何多元，总能因相互包容、相互借鉴而和谐共存；无论文化如何多元，总能因交流互鉴而灿烂更新。中华文明是在中国大地上产生的有着鲜明中国特色的文明，也是同其他文明不断交流、互鉴、融合而形成的文明，是在同其他文明不断交流互鉴中形成的包容开放体系。

长城文化中的一个重要内涵，就是以物质与精神的双重存在唤起了不同地域不同族类不同语言不同肤色人们的精神共鸣。如威廉·林赛所说："作为一座建筑来说，万里长城百分之百的中国制造，但长城的故事则是长城两侧的故事，而且逐渐成为世界性的故事。"[③]长城是中国的，更是世界的。长城在崇山峻岭之中逶迤蜿蜒的雄浑壮美，在历史长河之中跌宕起伏的波澜壮阔，代表了

---

① 国家文物局：《中国长城保护报告》，国家文物局网，2016-11-30。
② 《习近平谈治国理政》第四卷，外文出版社2022年版，第469页。
③ 红树：《威廉·林赛：发现新长城 认知大中华》，《绿色视野》2016年第8期。

人类征服自然、创造历史的最高境界。长城作为世界文化遗产，具有文化交汇交融及文化多元主义相契合的精神，融合包容是长城的文化内核，也是推动构建人类命运共同体的核心价值之所在。站在人类命运共同体的大格局和大视野中，长城就是人类共同的精神财富。因此，建设长城国家文化公园，强化长城遗产保护，挖掘长城文化内涵，有助于站在全人类共同的文化财富和推动构建人类命运共同体的高度，向世界讲好长城故事和中国故事，提升中国文化的国际影响力，加强与世界文明的交流与互鉴，为人类作出更大的贡献。

第三章
CHAPTER 3

大运河国家文化公园的核心价值

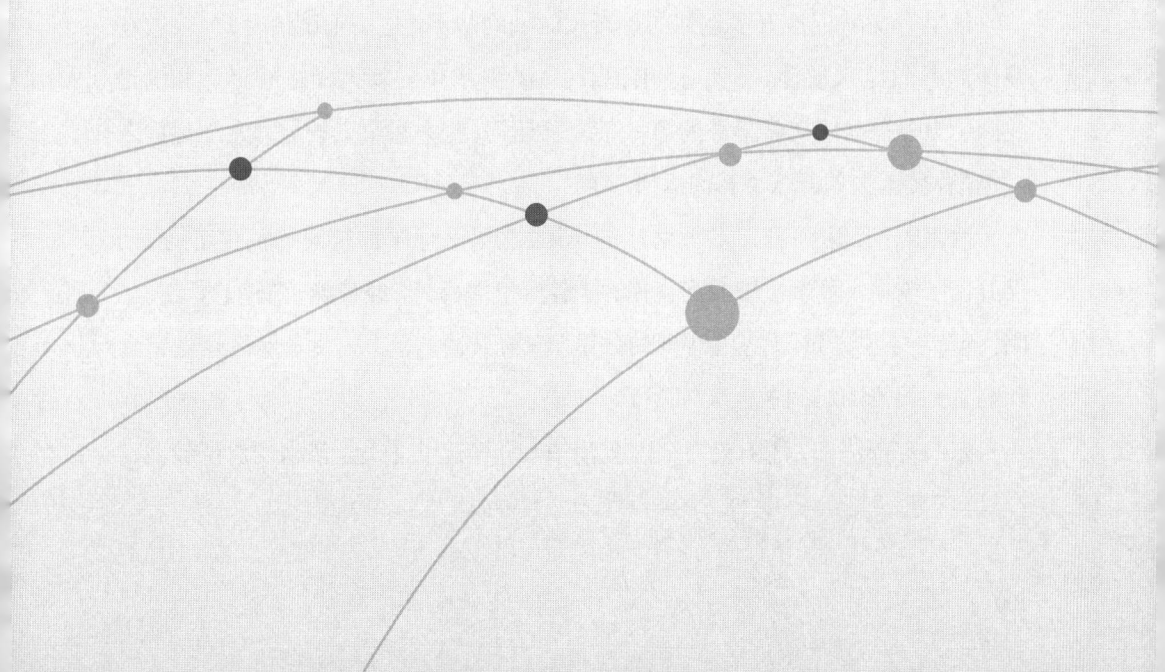

中国的天然河流基本上是由西向东的流向，大运河由南向北的开凿，将天然水道联系起来，沟通了钱塘江、长江、淮河、黄河、海河五大水系。《大运河国家文化公园建设保护规划》提出整合大运河沿线8个省市文物和文化资源，按照"河为线、城为珠、珠串线、线代面"的思路优化整体功能布局，深入阐释大运河文化价值，大力弘扬大运河时代精神。大运河国家文化公园包括京杭大运河、隋唐大运河、浙东大运河3个部分，具体地说就是北京、天津、河北、山东、江苏、浙江、安徽、河南六省二市。

第一节　千年历史的文化积淀

中国人很早就发现了水上交通比陆上交通更为省力和容易，水路运输比陆路运输的效率更高，因而中国古人从先秦时期就开始进行水运的开发。

一、大运河贯通前的人工运河

最早有文献记载开凿运河的是春秋时期的楚国。楚庄王统治时，孙叔敖在梦泽湖畔激沮水成池，《皇览》中记载："激沮水作云梦大泽之池。"[1]邗沟是我国历史中有确切文字记载的第一条人工运河，也是世界上较早的人工运河之一，据称吴王夫差开凿了邗沟运河。

西汉时期，运河开始发挥漕运的作用，为了保障国都长安的粮食运送，西汉开凿了漕渠。漕渠位于渭河南岸，与渭河相平行，流经临潼、渭南、华县、华阴，至潼关，注入黄河，全长约150公里。漕渠开凿之后，从关东地区运送粮食和物资到长安的时间被大大缩短了。

东汉定都洛阳，洛阳成为全国政治中心和漕运集散地。洛水的水位较浅，

---

[1] 刘劭：《皇览》，清嘉庆十三年（1808）沈阳孙氏刻《逸子书》本，第9页。

漕船很难通过，因而必须在洛阳附近开凿一条水渠，引入洛水，使漕船能够畅通无阻。阳渠是在洛阳西南开凿的一条新渠，它引入洛水和谷水，水量更为丰沛，船行无碍，保障了京城的粮食运输。这一时期还修浚了汴渠，属于鸿沟水系之一，是东汉时期黄河水路唯一的一条人工运河。阳渠和汴渠的存在保证了黄河与淮河之间的联系，从而形成了从洛阳经阳渠，到黄河、汴渠的新的漕运航线。

三国时期，广陵（今扬州）为当时重镇，曹操任命陈登为广陵太守。由于射阳湖风浪巨大，船只行经于此经常受损，因而陈登重开邗沟；魏文帝时，派邓艾在淮水南部整修水利，开始屯田，开凿全长150公里的广漕渠，灌溉淮南、淮北的良田，消除水害，为攻打吴国做了充分的准备。

西晋永康元年（300），会稽内使贺循开凿了一条与鉴湖湖堤平行，由西陵钱塘江边向东，经萧山、钱清、柯桥至会稽城的人工水渠，并向东延伸至曹娥江；这里还有一条曹娥江以东的人工运河。两条运河相互连接，形成了沟通钱塘江与曹娥江及浙东地区的浙东运河。此后浙东运河一直为南方政权所使用和维护，到南北朝时期，逐渐形成了从杭州向东到钱塘江再到萧山直通宁波的运河体系，沟通了姚江、甬江、钱塘江、曹娥江等自然河道。

经过春秋以来1000多年的开凿和营建，在隋朝建立之前，贯通南北的全国性运河的雏形基本上形成了，这些人工运河成为隋唐大运河的重要分支，为大运河的开凿、整治、疏浚、贯通奠定了基础。

二、隋唐大运河的贯通

隋朝在统一中国的过程中，特别需要南方经济富庶的地区为其军事活动提供粮食和给养，因而水路交通和运输对其非常重要。隋朝建国后，开凿运河，疏通旧有河道，成为帝国政府的重要工作。隋朝先后开凿了通济渠、永济渠，疏通了邗沟，整修了江南运河和浙东运河，从而第一次实现了南北运河的全线贯通。

（一）整开邗沟

隋文帝开皇七年（587），"于扬州开山阳渎，以通运漕"[1]。这是隋文帝杨坚建国后的诸多重要举措之一。山阳渎就是古代的邗沟，宋代乐史《太平寰宇记》中记载，淮阴的山阳渎，"即古之邗沟，昔吴王夫差将伐吴，北霸中国，自广陵掘江连淮以通粮运。旧水道屈曲，多诸梁埭，隋文帝重加修掘通利焉"[2]。这条运河由扬州茱萸湾向东至宜陵镇，北达樊汊入高邮和山阳河，最终到达射阳。后江淮运河自扬州直达淮安，因其北起山阳县而得名山阳渎。

（二）开通济渠、永济渠

通济渠自河南郑州市荥阳的板渚出黄河，经鸿沟、蒗荡渠、睢水，沟通淮河，全长650公里。隋大业元年（605），为了加强洛阳与南方的经济联系，隋炀帝下令开通济渠。隋朝的通济渠是在前代汴渠的基础上，沟通黄河与淮河的运河。《隋书》载："辛亥，发河南诸郡男女百余万，开通济渠。自西苑引谷、洛水达于河，自板渚引河通于淮。"[3]通济渠全渠共分三段：西段从洛阳西苑，引谷水、洛水，向东注入黄河；中段从洛口到板渚；东段由板渚因黄河水向东注入淮河。通济渠宽60~80米，保证了大的漕运船通航。

608年，隋炀帝为了打通黄河以北、太行山以东的粮食通道，利用当年曹操开凿的白沟旧有河道，修筑了永济渠。永济渠南引沁水入黄河，北到涿郡。"大业四年春，正月乙巳，诏发河北诸军男女百余万众，穿永济渠，引沁水，南达于河，北通涿郡。"[4]永济渠可分为两段：南段自沁河口向北到达天津；北段自天津折向西北，经武清，到达涿郡。

通济渠与永济渠开通后，基本上形成了由永济渠经黄河、通济渠、淮河、邗沟，再经江南运河至杭州，贯通南北的大运河。这是中国历史上第一次形成的贯通南北的大运河，大运河成为沟通中国南北经济的大动脉；它的贯通既对维

---

[1]　（唐）魏征等：《隋书》卷1《高祖》，中华书局1973年版，第25页。
[2]　（北宋）乐史：《太平寰宇记》卷124，中华书局2002年版，第2462页。
[3]　（唐）魏征等：《隋书》卷3《帝纪》，中华书局1973年版，第63页。
[4]　（北宋）司马光：《资治通鉴》卷181《隋纪五》，中华书局1956年版，第2177页。

护大一统中央集权的政治格局起到了巨大的作用，也为运河两岸的经济繁荣、人民交通往来作出了巨大的贡献。

三、唐宋时期大运河的保护和利用

唐代大运河的主要河段基本没有发生大的变化，朝廷对于运河主要是进行修缮、疏通和维护，同时在运河行经之地建立运河维护及漕运行政体系。唐代通过大运河建立了发达的运河交通网络，并通过运河将唐帝国的政治与经济中心紧密联系起来，从而使唐帝国成为一个稳固的整体，为大唐盛世的到来做好了充分的准备。

北宋时期运河体系以汴河为中心进行了疏浚和整修，这时的汴河为通济渠的一部分。首都汴京（今开封）附近的水力资源非常丰富，除了汴河之外，还有向南通往淮河流域的惠民河和向东的五丈河，以及向西通往荥阳的金水河，形成了以汴河为主的京城水系系统，对汴京的繁荣起到了巨大的作用，同时也为北宋漕运的发展作出了巨大的贡献。

南宋时期为了保证都城临安（今杭州）和北方战区的粮食供给，对东南的运河进行了治理和疏浚。南宋主要治理了江南运河和浙东运河，保证了都城和北方的粮食供给，对南方经济发展起到了巨大的促进作用。南宋通过对南方运河的治理，将陆地上的贸易延伸至东南沿海，扩大了海上贸易，进一步刺激了江南经济的发展，从而使都城临安成为经济发达、人民富庶，且具有国际影响的世界级大都市。

四、大运河在元代的第二次大贯通

元代定都大都（今北京），元政府为了保证南方对北方经济的供给，再次将整修运河提上了日程。隋代的大运河运输由杭州至镇江，北上进入淮河，再由黄河到中滦，然后陆运，再转入御河，经直沽进入白河，最后达通州，再陆运至大都。不仅水路曲折，而且水陆交错，增加了运输的困难。基于此，1289年元朝朝廷组织开凿了会通河。元代的会通河比较短，从山东的东平到临清，与御河相连，全长250公里。会通河的开凿使大运河不再流经洛阳，形成了南北直行的路径，避免了绕道，缩短了航程。

元至元二十九年（1292），郭守敬主持开凿通惠河，第二年完成，元世祖忽必烈将其命名为通惠河。通惠河自北京昌平县白浮村神山泉始，经昆明湖至积水潭、中南海，再由崇文门外向东，在朝阳区杨闸村向东南折，至通州张家湾村入潞河，全长82公里。通惠河的开通解决了原来由通州到大都需陆路通行的问题，漕运的船只可以由通州直达积水潭，积水潭成为大运河的终点。

元代会通河与通惠河的开凿，直接贯通了北京与江南的内陆水利运输，从而形成了大运河的第二次贯通。形成由通惠河（大都到通州）、北运河（通州到直沽）、南运河（直沽到临清）、会通河（临清到济州）、泗水（济宁到淮安）、黄河、淮扬运河（淮安至扬州），经长江、江南运河（镇江到杭州）的一条南北贯通的水系。这条水系贯穿了山东、江苏全境，沟通了黄河、海河、长江、淮河、钱塘江五大水系，从形式到规模都已经形成了现今意义上的京杭大运河。

五、明清之际对大运河的利用

明清北京是国家政治中心，为了保证京城物资的需求，漕运必须畅通无阻，因而明清下大力气对大运河河道进行整修和疏通。明朝主要的运河工程是南旺枢纽工程，南旺枢纽不仅有利于漕运，而且对当地的农业灌溉和水力资源都起到了巨大的作用，被称为"北方的都江堰"。

清代开凿了与黄河平行的中河，解决了在黄河中行船，给船只带来危险的问题，从而使运河不再依靠自然河道航行，大运河成为真正的人工水系。这时的运河不仅沟通了南北，而且便利的水上交通，带来了沿岸城市的崛起，促进了沿岸城市的发展和商业活动的繁荣。

清朝后期，国家内忧外患，影响到对运河的整修和利用。加之清政府改变了上交漕粮的制度，以折银替代纳粮，漕运基本停止，沟通南北的大运河也陷于中断，多条河流被壅塞，只有地方性的河流还在使用。

六、新中国对大运河的整治与利用

新中国成立后,国家着手对大运河进行修复和整治。1953年9月江阴船闸建成,这是连通江苏沿江经济带与环太湖经济圈的水路主枢纽之一,承载着苏南地区与山东、河南、安徽以及长江中上游地区能源、矿建等大宗散货物资的水运物流。这条船闸在使用了63年后于2016年完成了历史使命被关闭。1958年天津杨柳青西合闸枢纽建成,它是海河支流子牙河下游段的控制枢纽,主要建筑物包括节制闸、船闸和拦河土坝,其主要功能为泄洪、排涝、蓄水。1959年之后,结合南水北调工程,整修了徐州至长江400公里的运河。

今天,大运河山东济宁以南至杭州的河段一直保持着畅通,成为连接山东、江苏、浙江三省,沟通淮河、长江、太湖、钱塘江水系的主要通道,发挥着交通、防洪、运输、灌溉等重大作用,仍然是最为繁忙的运输航道。

大运河具有悠久的历史,从春秋至今2000多年的时间,大运河从早期的一小段一小段的河流,不断扩展,到隋朝大运河初具规模,唐宋之后又历经不断的修治、疏浚,再到元朝会通河与通惠河的开凿,终于形成了贯通南北的大运河。明清时期,政府不断地对大运河进行整修,从而使大运河能够发挥它的作用。到了清朝末年,大运河宛如一个垂垂老矣的老人,到处壅塞,行将就木。新中国成立之后,大运河才真正地焕发青春,经过不断地整修、加固、完善,大运河又重新成为集泄洪、蓄水、运输、航行、旅游为一体的、贯通南北的水利工程。当前,国家又将大运河国家文化公园的建设提上了日程,2017年1月中共中央办公厅、国务院办公厅发布了《关于实施中华优秀传统文化传承发展工程的意见》,提出了规划建设一批国家文化公园,使之成为中华文化重要标识的意见。2017年5月《国家"十三五"时期文化发展改革规划纲要》中提出"依托长城、大运河、黄帝陵、孔府、卢沟桥等重大历史文化遗产,规划建设一批国家文化公园,形成中华文化重要标识"。2019年2月中共中央办公厅、国务院办公厅进一步发布了《大运河文化保护传承利用规划纲要》,为大运河文化的创造性转化和利用,创新发展,建设大运河文化带、生态带、旅游带,提出了总体思路和步骤路径。2019年12月又出台了《长城、大运河、长征国家文化公园建设方案》，为建设大运河国家文化公园，将大运河打造成为中华文化的重要标志提出了具体的要求。2021年8月出台的《大运河国家文化公园建设保护规划》，系统阐释了大运河国家文化公园建设的工作原则，分阶段明确了发展目标，部署了重点任务，明确了大运河国家文化公园的建设，是在保护优先、增强文化自信的基础上，高质量地推进大运河文化保护传承利用。

第二节　沟通南北的大一统文化观念

大运河是中国唯一的一条沟通南北的人工运河。这条运河是适应当时国家的经济需要而产生的，对于沟通南北的作用非常巨大。秦汉统治者建立了大一统、中央集权的国家制度。为了维持和巩固王朝的对内统治、对外防御，中央政权必须有大量的物资支撑；北方边疆由于要阻挡北方少数民族的进攻和侵扰而成为军事中心，需要从南方运送大量的军需物资。因而，各个朝代为了抵御外敌入侵，保障京城的皇室及百姓的生活需要，必须依靠南方提供的物资和粮食，漕运也就应运而生。漕运是一种将全国各地征收的粮食、财物经水路输往京师或其他地方的制度，这种制度自秦代形成后延续了2000多年。

一、漕运对大一统国家形成的意义

历代王朝对都城的选择首先考虑的是国家政权的稳定，因而都城不一定选在经济发达地区，但是都城集聚了庞大的消费群体，各种生活物资都依靠漕运提供。漕运将物资经运河运输到各地，对国家的政治稳定、军事安全、交通畅通、区域开发等诸多方面都起到了巨大的功用；漕运还是社会的调节器，对社会动荡、社会失衡等问题起到平息和制衡的作用，促进社会安定。此外，漕运还起着促进商业发展、城市繁荣，促进商业性农业发展，加强各地经济文化交流的作用。运河在中国长期的专制主义中央集权的社会中，不仅是交通的载体，在客观上还起到了加强、巩固和维护国家统一的作用。

秦代为了保证关中咸阳的供应，利用战国以来形成的鸿沟运河，在运河与黄河之间的敖山建立了国家级的粮仓——敖仓，从而巩固了统一的秦王朝。后来国家又开凿了灵渠，沟通了湘江和西江的水运。

西汉初年，经过文景七十年的休养生息，臻于盛世，运河的漕粮功德匪浅。西汉中央朝廷的财政支出，包括国防军事和戍守的边民衣食等费用，皆有赖于漕运，运河对于汉王朝统治之巩固起着十分重要的作用。汉武帝时期的对外战争，北定匈奴的军需物品也皆靠运河输送。由此可见，汉朝国家统一、北定匈奴，经济的发展、社会的安定，皆仰仗运河漕运之力。

隋朝文帝和炀帝开凿南北大运河，对巩固王朝的统一，加强中原王朝与南方地区的联系，起到了非常重要的作用。隋炀帝大业四年（608）开始开通济渠，运河通到涿郡，运输从全国各地征集的兵员、军械、粮食及物资，为保卫北方、征伐高丽做好了准备。南北大运河的开通不仅有利于王朝的统治，对百姓的赈济、抵御自然灾害等方面也功不可没。

唐朝时整个国家的经济都依靠江南的支撑，朝廷每年仰赖东南漕运数百万石粮食来维持国家的正常运转。安史之乱后，各州县多为藩镇割据，贡赋不入朝廷，中央府库耗竭，运河通畅对于唐王朝的命运更是至关重要。王夫之认为，安史之乱后唐朝能够延续统治，大运河起了决定性的作用，"唐终不倾者，东南为之根本也"[①]。大运河的漕运对于唐朝的价值是非常巨大的。

北宋定都汴梁（今开封），地处黄河下游平原，地势平坦，无险可守，在此定都的原因与大运河的关系密切。这里有发达的水系资源，诸多河流中，汴河对于京城尤为重要，"岁漕江、淮、湖、浙米数百万，及至东南之产，百物众宝，不可胜计。又下西山之薪炭，以输京师之粟，以赈河北之急，内外仰给焉。故于诸水，莫此为重"[②]。北宋对于漕运的依赖更重，皇室贵戚、富商大贾以及京城的几十万禁军都依靠运河漕运的供给。除了京师之外，北宋时期河北作为边防

---

① 王夫之：《读通鉴论》卷26《唐宣宗九》，中华书局1975年版，第818页。
② （元）脱脱等：《宋史》卷93《河渠志第四十六》，中华书局1977年版，第2316—2317页。

之地，驻扎了大量军队，这里的物资供应也依靠运河漕运提供。正因为有了运河的存在，才保证了北宋的统治存续了一百多年。

元代定都大都，作为全国的政治中心，其日用供给，如粮食、丝绸及其他货物，都需要从经济发达的江南运送，《元史·食货志》中记载："元都于燕，去江南极远，而百司庶府之繁，卫士编民之众，无不仰给于江南。"而运送的方式主要依赖于海运和京杭大运河漕运。尤其是至元三十年（1293）开凿通惠河以后，运至大都的粮食大为增加，每年在三百万石以上。

明朝初期，成祖朱棣迁都北京，恢复了元代的京杭大运河，朝廷对于运河的依赖更甚，国家的财政赋税基本上都仰赖于东南地区。大运河是京城与江南唯一的交通运输线，也是京城百姓生活的依赖，漕运成为重要的经济支柱。

清代对漕粮的需求超越前代，清代京城的统治机构庞大，京师驻扎的八旗军，以及皇亲国戚、官员家属，皆依靠国家供给粮米。每年征收的粮食经运河运抵京通粮仓达三百多万石，对解决京师的粮食方面起到了重要的作用，"东南岁漕四百万石，转输天庾，关系军国第一大事"[①]，已经成为朝野一致的共识。有了运河的存在，在经济上才能支撑起整个北方，更为重要的是，为王朝统治提供了足够的经济支持，保证了政权的稳定。因而漕运成为维持国家经济、巩固统治者政权的重要条件。

二、漕运对大一统国家形成的价值

漕运是大运河带来的中国社会的特殊现象，也是中国历史发展的独特产物。《说文解字》解释说："漕，水转谷也。"其本意就是通过水路转运谷物的意思。漕运是一个历史的概念，专指历代封建政府将所征粮食运至京师或其他指定地点，是我国历史上一项重要的经济制度。[②]由秦朝至晚清，漕运一直是封建国家保障粮食供给的重要方式。

---

① （清）林起龙：《请宽粮船盘诘疏》，见贺长龄、魏源等《清经世文编》卷46《户政》，中华书局1992年版，第1111页。
② 吴琦：《漕运的历史演进与阶段特征》，《中国农史》1993年第4期。

（一）漕运保证了京城和北方的粮食供给

中国的封建社会长期保持着自给自足的自然经济形式，国家很难通过买卖和其他市场行为获得粮食，因而国家只能通过行政手段统一征收粮食，提供给中央政府及官吏。由于征收和运输的粮食数量很多，在生产力水平低下、交通运输条件有限的情况下，陆路运输需要耗费大量的人力、物力，而且运输的沿途还可能遇到一些安全问题。相比于陆路运输，水路是相对快捷而且省力的运输方式。由于中国的政治中心和军事中心多集中于北方，南方则是粮食和物资的主要产地，因而漕运成为供给北方京城和军事基地的重要途径。

隋炀帝开通永济渠和通济渠之后，京杭大运河正式贯通了。这个"丫"字形的大运河将南方的重要农产区与中原地区的洛阳及北方的军事中心涿郡（今北京南郊）连接起来，从而成为南北交流的大动脉。从此运河开始由东西向转向东南西北向，漕运也成为联通南北东西的经济体系。唐朝漕运粮食的数量逐年增加，唐高祖至太宗时期，每年运粮一二十万石；开元中期，官府机构扩张，加上府兵制的瓦解，国家对粮食的需求大增，天下漕粮依赖于江淮，每年运输百余万石江淮粮食北上；天宝年间，由于安史之乱，国家对漕粮的依赖进一步增加，全国各处的漕粮总数达400万石。唐代宗时期，漕粮锐减，每年也有40万石。

北宋定都汴京，汴河、黄河、惠民河、广济河（合称漕运四河）流经这里，交通十分便利。京师的粮食主要靠汴河运输，北宋运往京师的粮食有722万石，其中汴河运输600万石，占总量的83%。据《宋史·食货志》记载，"汴河岁运江淮米三百万石，菽一百万石"[1]，共计四百万石；至道初年（995），"汴河运米五百八十万石"[2]，大中祥符二年（1009）达到七百万石。

元明清时期，运河二次开凿，去弯取直，整个大运河变成了连通北京和南方经济中心的一条直线，满足了漕运的基本需求。明代的漕运发展到了新阶段，这时征运的漕粮有南直隶、浙江、湖广、河南、山东等地。明太祖定都北京

---

[1] （元）脱脱等撰：《宋史》卷175《食货志》，中华书局1977年版，第4251页。
[2] （元）脱脱等撰：《宋史》卷175《食货志》，中华书局1977年版，第4251页。

后，漕运的地位迅速提升，400万石为漕运的定额标准，最高运量达到500多万石；宣德时期更是达到674万石；成化八年（1472），规定岁运400万石，主要征自南直隶和浙江，约占全国漕粮的60%。除漕粮外还有白粮，为白熟精糯米，主要供给宫廷和宗室，产自苏州、松江、常州、嘉兴和湖州五府。

清代的漕运规模很大，据《清会典·事例》记载，清初漕运达到408万多石，其中直接运抵北京的漕粮达到330万石，运至通州的漕粮70万石，江浙的白粮8万多石。

（二）粮食储运技术的发展，保证了粮食的储备和供应

隋朝统一之后，定都于长安，洛阳为东都。洛阳成为漕运的重要中心，几条运河都流经东都洛阳。隋朝的漕运方法是在漕运沿岸的重要河段设置仓库，把漕运分成不同的段，最后将粮食运往京师。《隋书·食货志》记载隋朝刚建立的时候，京师仓廪空虚，因而政府在关中和山东水运沿线修建了仓廪，专门转运粮食。开皇三年（583）在黄河沿岸开凿仓库，有卫州的黎阳仓、洛州的河阳仓、陕州的常平仓、华州的广通仓等。大业二年（606）又设置了洛口仓、回洛仓，形成了隋朝的六大官仓。仅洛口仓就有3000个粮窖，每窖可容纳8000石粮食，可储米2400万石。唐代杜佑《通典》记载隋朝的仓储，"多者千万石，少者不减数百万石"[1]，《旧唐书·马周传》提到隋朝积累的粮食，"隋家贮洛口仓，而李密因之；东都积布帛，而世充据之；西京府库，亦为国家之用，至今未尽"[2]。可见隋朝的漕运物资不仅供给东都，也运到都城长安。即使隋朝灭亡20年后，长安的粮食布帛依然没有用尽，说明当时隋朝通过漕运积累的财富之多。

唐代对漕粮运输进行了相应的改革，其中以裴耀卿和刘晏主持漕运时期的改革为代表。裴耀卿主持漕运，改"长运法"为"转般法"，按照江南船只不入黄河、黄河船只不入洛口的原则，在沿河建设仓库，水势大时行船运粮，水浅时将粮食存储在仓中。这种方法大大增加了漕运的效率，3年时间运粮达到

---

① （唐）杜佑：《通典》卷7，北宋刻本，第124页。
② （五代）刘昫：《旧唐书》卷74《马周传》，中华书局1975年版，第2617页。

700万石。

刘晏在广德元年（763）主持漕政，对漕运进行了一系列的改革，疏通汴河；以盐利雇人运漕粮；沿河驿站设置防援以保卫漕运安全；创立纲运法，即10船为一纲，每纲300人，武官押运；根据江南船不入汴，汴船不入河，河船不入渭的原则，改革了裴耀卿的转般法；根据不同航道的水深状况，造运粮船，训练漕卒。通过这一系列的改革，漕运的效率大大提升，解决了唐朝政府对粮食的需求。

（三）漕运机构的设立，保证了漕运的正常运行

历代王朝对漕运非常重视，设立了很多漕运的管理机构。宋代的漕运制度逐步完善，北宋时期设置京畿东路发运使、随军转运使以及江淮水路发运机构等。在北方设置三门白波发运司，负责管理陕西、河东地区供应京师的漕运事务。在东南事务的管理上，宋政府对东南发运司与三司和东南六路转运司的工作进行分工。

元代的漕运机构有军储所、漕运所和漕运司。至元十九年（1282），元政府将漕运司扩充为京畿都漕运使司和江淮都漕运使司。江淮都漕运使司主管江南物资北运到中滦（今河南封丘南），京畿都漕运使司主管从中滦至北京大都的漕运任务。

明代的漕运较前代规模扩大，机构上更加严密和完备。明太祖时设京畿都漕运司，设漕运使正四品。景泰二年（1451）设漕运总督，与漕运总兵共同管理全国漕务。漕运总兵和漕运总督两个衙门都设于淮安城。为了加强对漕运的管理，在京师设立总督仓场公署，以专官挂户部尚书或侍郎衔充总督，全盘管辖北京、通州两地各仓场，总督下设专门负责接收粮食的部门为"坐粮厅"，以户部员外郎主管。在淮安的漕运总督部院作为漕运事务的总督官署一直沿用至清代。

清代延续了明代的漕运方式，但也进行了诸多变革。比如将漕运总兵和漕运总督合二为一，形成漕运总督领导下的各省漕官体制。

（四）漕运促进了其他商品的流通，加速了贸易的发展

漕运除了运输粮食以外，还运输其他的物资。宋代漕运物资非常丰富，包括金银、香药、犀象、百货、皮革、茶叶、布匹、丝绸、绫罗、锦绮、绢布、绸锦、马匹、漆器等。明朝运河成为全国最主要的水路商品流通干线，除漕运外，商船也很多。明代后期，运河上的商品流通量已经超过漕运的总数。大运河为江南提供了所需的棉花、布匹，江南的丝织品也由大运河运抵北方，茶叶、纸张、瓷器、铁器等其他商品也通过大运河运输。

清代的漕船北上携带大量南方的手工业品和南货特产。在德州、临清、北京等市场中，大量的棉、丝等手工业品和南方的食品都随着漕船运输而来。北方的瓜、果、枣、核桃等食品，小麦、黄豆等粮食，棉花、煤炭等也运到南方，有些船只还携带国家严控的私盐进行贩卖，牟取暴利。

这些物资的运输不仅满足国家对粮食的需求，也使得南北的物资得以沟通，促进了经济的发展和南北的融合。

漕运在沟通南北经济、加强国家统一的过程中起到了重大的作用，大运河漕运的存在，既保证了物资的南北流通，也维护了封建中央集权的国家。

第三节　协同共生的民族智慧

大运河不仅带来了商品和技术，而且给沿岸的百姓带来了流动的意识，改变了千百年来农业社会所形成的安土重迁的观念。中国南北方的经济差距较大，同时南北方经济互补性较强，客观上有经济往来的愿望。漕运不仅是漕粮的转运，也带来了商品的转运和运河沿岸商业城市的繁荣和这些城市人口的流动。大运河对城市影响的另一类代表就是商业城市的崛起。大运河开凿的目的是满足城市的经济需求，在客观上起到了将北方的政治中心与南方的经济中心联系起来的作用。因而大运河最先实现的是商业目的，大运河流经的沿岸城市，依靠运河逐渐发展成为商业中心，扬州、苏州、杭州就是这样发展起来

的城市。

运河沿岸的城市受到大运河的滋养迅速崛起，这些城市依水而建，靠水而生，遇水而兴。在运河与城市的互动中，彼此共生，相互促进，形成了多个文化空间。这些城市宛如镶嵌在运河上的一颗颗明珠，至今依然熠熠生辉。

一、依水而生：大运河对城市的滋养

大运河始终在与城市的发展和互动中不断完善。从隋朝大运河全线贯通开始，唐、宋、元、明、清每个朝代运河沿岸城市的崛起，都与大运河相依而行。大运河滋养了城市，城市也反哺于大运河。城市与大运河相依相伴，共生共长，几乎每一座城市的兴起都离不开大运河的滋养。

北京在历史上有多个称谓。古称为蓟，武王灭商后，又成为召公的封地，被称为燕都。两汉、魏晋、唐代，属幽州。从隋朝大运河的贯通开始，开辟了从江南直达涿郡的运河水道，解决了漕运的需要，北京也提升为地区的政治、经济、军事中心。1272年元定都于北京，称为大都，这是北京第一次成为国家政治经济中心，是北京在城市发展史中的一次飞跃。元朝以积水潭为中心，对大运河进行了一次次的整修和开发，把北京与南方经济区联系在一起，由此奠定了大运河的基本走向。明朝建立后，洪武元年（1368）改大都为北平，明成祖夺取帝位后，开始大规模建设北京城，并在永乐十八年（1420）迁都于此，改称京师，直至清朝入关定鼎北京，基本延续了明代的整体规模。明清继续以大运河作为连接南北的重要通道，粮食、木材、铜、铁等物资源源不断地运来，因而北京有"漂来的城市"之称。大运河沟通南北，连接黄河、长江两大流域，促进了北京的经济发展和繁荣。

洛阳处于洛水之北，是河洛文明的重要组成部分。洛阳在古代地处东南西北的交通要道，水陆交通发达，史书说洛阳"河山拱戴""形胜甲天下"，素有"九州腹地""十省通衢"之美称。历史上先后有东周、东汉、曹魏、西晋、北魏等九个朝代建都于此，被称为"九朝古都"。隋炀帝和武则天时期更是取代长安成为实际上的都城。洛阳的巨大发展始于隋朝时大运河的贯通，洛阳处于大运河南北枢纽，城市内部水环境非常优良，有洛水、瀍水、谷水、伊水等多条水道。洛水是贯通东西的主要水道，大运河穿城而过，不仅为洛阳提供了粮食和物资，而且带来了工商业的空前发展，使洛阳经济发达，文化昌盛。这一时期东西方交流也很频繁，洛阳成为丝绸之路东端的起点之一，隋唐时期洛阳是全国的经济中心和对外贸易中心。洛阳的人口达百万以上，规模在世界首屈一指。城内外商贾云集，手工业发达，城内市场大于长安。安史之乱发生后，洛阳遭到破坏，漕运受到很大影响，全国的经济中心开始南移。唐代之后，由于大运河河道的改变，洛阳失去了政治经济核心地位，逐渐衰落下去。

扬州也是依靠大运河发展起来的城市。隋唐大运河开通后，扬州作为运河连通南北的重要枢纽，成为漕运重要集散地。每年漕运达200万石，中唐后更是达到250万石，占全国稻米赋税的一半以上。北宋时通过运河经扬州到达京城的漕粮达400万石，占漕粮总量的70%以上；宋高宗时在扬州修了粮仓，储量达到200万石。明代漕运继续发展，扬州依然是重要的漕运码头。

宋元之时，扬州的商业著称于世。沈括记录当时的盛景："百州之迁徙贸易之人，往还皆出其下，舟车南北日夜灌输京师者居天下之七。"[1]明清时期，扬州的经济和文化再度出现空前的繁荣。扬州集中了大量的盐商和资金，成为全国金融中心，因而有"扬州富甲天下"的说法。扬州除了盐业外，米行、木行、造船、南北货物、铜器、茶叶、刺绣、漆器等也闻名于世。清代康熙、乾隆皇帝数次南巡都以扬州为驻跸之地，在此修建了宫殿、园池、园林等，对扬州城市建设起了重大的作用。扬州兼有漕、盐、河"东南三大政"之利，从而成为东南的一大都会。扬州得运河之利，成为富甲一方的大都市，也是达官贵人、富商士绅、豪门云集之地，各种商铺鳞次栉比，服务业非常发达，园林名胜甲天下，从而成为真正的"淮左名都"。

杭州的兴起也得益于大运河的发展。隋唐大运河的南北贯通，特别是江南运河与钱塘江以及浙东运河的连通，使得杭州迅速成为重要的商业贸易的都

---

[1] （北宋）沈括：《平山堂记》，杨洵修、徐銮纂：《万历扬州府志》卷27，明万历刻本，第880页。

会。北宋时期，运河两岸迅速发展起来，成为城市的商业中心。元祐年间，新市街与运河相连的部分成为非常繁华的街市，沿河商铺林立，成为具有江南水乡特色的街市。北宋时期的杭州非常繁荣，商店鳞次栉比，行人摩肩接踵，灯光辉煌璀璨，街市中有各种各样的表演活动，这时的杭州城已经具有大都市的气象。

南宋时期运河沿岸的商业迅速发展，形成了商业中心，货物在此流通，很多商铺进行贸易，吸引了大量的消费者。城市的繁荣带来了服务业和娱乐业的发展，临安城的娱乐市场丰富多彩。有走街串巷表演说书、杂技和歌舞的，有在固定场所表演的，这一场所被称为"瓦子"，是专门的娱乐场所，专业的艺人会集于此，进行各种娱乐表演。

元明清时期，杭州得到进一步发展。元代杭州成为一个开放的国际大都市，城内运河两岸商铺林立，大的市场在运河周边，市场的面积和规模非常大，长达半英里，可见其繁华程度。《马可·波罗游记》中详细地描述了杭州城中的桥梁、船只、街道等状况。大运河不仅促进了城内的商业发达，也使城外的市镇呈现了繁荣的景象。明代之后，杭州作为大运河的重要城市，依旧保持着繁华景象。尤其是万历之后达到鼎盛，商店沿街长达几十里，百物辐辏，商贾云集，千帆竞渡，往来不绝。清代乾隆时期，杭州成为中国三大丝织业中心，其他的棉纺织业、制伞、剪刀等也非常著名。

运河沿岸崛起的城市还有许多，比如天津、开封、商丘、淮安等，依靠运河的滋养，城市的商业、娱乐业迅速发展，百姓的生活也迅速得到提升，为千万百姓带来了福祉。

二、促水成长：城市对运河的反哺

运河沿岸的城市兴起之后，都会对运河进行整修和营建，使运河能够更好地满足城市生活的需要，运河也正是在这样的不断修缮和营建中越来越完善的。

隋炀帝在营建东都洛阳的同时开凿了通济渠，自西苑引洛水、黄河构成通济渠的西段。通济渠可以将东南等地的漕粮运到含嘉仓再转运到长安。东都的营建者宇文恺利用黄道渠将谷水和洛水与通济渠相连通，将通济渠延伸到了皇城，这就最大限度地发挥了通济渠的作用。丰富的水资源给洛阳增加了城市水体和风景，流经西苑的谷水被引入上阳宫，形成丰富的景观；在洛河上筑堤，引水北流建成了魏王池，从而形成了"水鸟翔泳，荷芰翻覆"的景象。为了解决河流两岸的交通问题，隋朝在洛河之上修筑天津桥、中桥和利涉桥。《大业杂记》载："出端门百步，有黄道渠，渠阔二十步，上有黄道桥三道，过渠二百步至洛水，有天津浮桥跨水，长一百三十步。桥南北有重楼四所，各高百余尺。过洛二百步，又疏洛水为重津，渠阔四十步，上有浮桥。津有时开阖，以通楼船入苑。重津南百余步有大堤，堤南有民坊。"[1]洛水在端门之南分别是黄道桥、天津桥、重津桥。其中天津桥规模最宏大，用木船连接成浮桥，天津桥的建成使洛河两岸的交通更为便利，到唐代，天津桥被改成了石柱桥。《唐六典》卷7《尚书工部》记载："凡天下造舟之梁四，石柱之梁四，木柱之梁三。"[2]天津桥是隋唐时期洛河上第一座桥，也是最长的、最宽的桥梁，桥体坚固，桥面平坦，是连接宫城和坊间大道的枢纽，是洛阳城南北交通命脉。

唐代诗人徐凝有"天下七分明月夜，三分无赖是扬州"[3]的句子，杜牧也有诗句曰："二十四桥明月夜，玉人何处教吹箫？"[4]扬州处于大运河与长江的交汇处，春秋时期吴王夫差开挖的古运河邗沟，就在扬州。从此古运河孕育了扬州城，影响着扬州的城市发展，大运河给扬州带来了经济的繁荣。隋唐大运河开通后，扬州作为运河连通南北的重要枢纽，成为漕运重要集散地。历任管理杭州的官员都非常注重水利建设，其中较有代表性的是中唐时期的李泌开六井和白居易筑湖堤。李泌开六井，保证了井内充足的淡水资源，解决了城内居民的用水问题。白居易做杭州刺史时，发现西湖旧堤年久失修，影响百姓生活和农业生产，修建了新湖堤，增高了堤坝，增加了西湖的蓄水量。西湖与运河互相

---

[1] （唐）杜宝：《大业杂记辑校》，韦述、杜宝：《两京新记辑校·大业杂记辑校》，三秦出版社2006年版，第3—4页。
[2] （唐）李林甫等：《唐六典》卷7《尚书工部》，明刻本，第115页。
[3] （唐）徐凝：《忆扬州》，《全唐诗》卷474，中华书局1980年版，第5377页。
[4] （唐）杜牧：《寄扬州韩绰判官》，冯集梧注：《樊川诗集注》，上海古籍出版社，第282页。

沟通，使运河有了稳定的水源，水上交通更为便利。在唐代，杭州的城区有了拓展，出现了"路溢新城市，农开旧废田"的局面，杭州城的城市格局有了新变化，里坊制度被打破了，在运河的南北端出现了草市，城南江干地区成为对外贸易的码头。五代时期，吴越王钱镠对杭州城及水利事业极为重视，他在唐代的基础上，多次开拓城垣，扩大城市范围，奠定了后来杭州的城市空间格局。除了扩大城市，钱镠还积极地治理水患，他采用"运巨石盛以竹笼，植巨材捍之"[①]的方法，用石头、竹木和细沙筑塘，抵御潮水。钱镠建成海塘，在阻隔潮水的同时，也成为城市内河与江海沟通的屏障。钱镠又修建了龙山闸和浙江闸，龙山闸是龙山河的通江船闸，浙江闸在柳浦，这两座闸的修建不仅阻挡了江潮，还方便了船只的进出。龙山闸和浙江闸的修缮使船只进出码头更为便捷，也形成了商贸活动中心，促进了当地的经济发展。苏轼做杭州知州的时候，也对运河进行了维护和疏浚，保证了航运的顺利，解决了居民的用水问题。

南宋时期，宋高宗赵构定都临安，非常重视运河的治理，这一时期杭州城内有四条运河：清湖河、市河、盐桥河、茅山河，城外的运河有：下塘河、前沙河、下湖河、新开运河、外沙河、子塘河、余杭塘河、奉口河、宦塘河、菜市河、龙山河、后沙河、赤岸河、蔡官人塘河、施何村河、方兴河、真珠河，运河可谓兴盛一时。宋高宗以运河为核心营建了临安城，城内四条南北运河构成了城市南北发展的基本骨架，进而形成了错综复杂的水陆交通网。

杭州因运河而兴，运河也在城市的护翼下不断地发展。城市有了运河迅速发展起来，运河因为城市的建设和整修，越来越大地发挥着它的作用。

第四节　勤劳勇敢的民族精神

在大运河2500多年的历史中，无数人为大运河的开凿航行作出了贡献，这其中既有帝王将相，比如最早开凿运河的吴王夫差、开辟鸿沟的魏惠王、开创

---

① （清）范垌：《吴越备史》卷2，四库全书本，第61页。

漕运的秦始皇、首通大运河的隋炀帝,也有普通的百姓,据《资治通鉴》记载,隋炀帝大业元年(605),"发淮南民十余万开邗沟,自山阳至扬子入江。渠广四十步,渠旁皆筑御道,树以柳"[①]。隋朝所开的邗沟,与以前以人工运河连接自然河湖的做法不同,皆以人工开凿而成,体量较大,规制统一,因而耗费的人力也较多。古人用自己的勤劳智慧,书写着大运河的生命之歌、发展之歌。

在漫长的历史中,普通民众的勤劳和智慧往往被湮没于历史的硝烟中,而那些为大运河修建和贯通作出巨大贡献的人物,他们所展现出的睿智和坚持不懈的精神,影响到了一代又一代的人,激励着他们为建设自己的家园而不懈努力。

一、勇于开拓、锐意进取的探索精神

中国的自然河流基本上是东西走向的,而从军事和经济角度而言,南北走向的河流更有利于南北的沟通。因而开凿运河,使南北沟通是中国古人的天才设想。邗沟是我国历史中有确切文字记载的第一条人工运河,也是世界上较早的人工运河之一,据称是吴王夫差开凿了邗沟运河。夫差从父亲阖闾手中继承王位后,一直野心勃勃,想要建立自己的霸业。夫差将目光对准了北方的齐国,当时的春秋五霸之一。《水经注》记载:"吴将伐齐,霸中国,自广陵阙江通淮。"[②]杜预《春秋经传集解》记载:"于邗江筑城穿沟,东北通射阳湖,西北至末口入淮,通粮道也,今广陵韩江是。"[③]吴王夫差修建邗沟是为了进攻北方,邗沟的修建使他的目的顺利达成,运河在军事进攻中起到了决定性作用。吴国开通邗沟运河的第二年派军队北伐,由于水上的通道开辟,吴军势如破竹,很快灭了陈国,打败了齐国,击退了楚国的进攻,取得了巨大的胜利。吴王夫差开凿邗沟在客观上将长江、淮河、黄河、济水四条水系串联起来,使长江流域、淮河流域和黄河流域联系起来,为这些地域的水上交通作出了巨大的贡献。

三国时期的曹操同样是一位锐意进取的统治者。曹操在官渡之战后,为了

[①] (北宋)司马光:《资治通鉴》卷181《隋纪四》,中华书局2009年版,第2169页。
[②] (北魏)郦道元:《水经注》卷30,陈桥驿、王东注,中华书局2022年版,第2487页。
[③] (魏晋)杜预:《宋本春秋经传集解》第7册(影印本),国家图书馆出版社2017年版,第107页。

一举歼灭袁绍统一北方,亲率大军渡过黄河,准备攻打邺城。为了解决军粮运输和补给的问题,曹操截断了淇水引入白沟。《水经注·淇水》记载:"白沟又东北迳罗勒城东,又东北,漳水注之,谓之利漕口。"[①]而据杨守敬《水经注图》,罗勒城在今河北馆陶县城之西南,利漕渠的地理位置是在邺城的东北方。曹操将淇水、洹水引入白沟,解决了军队的粮食运输问题。

尽管这些统治者开凿运河是为了自己的政权稳固,或者是为了军事活动的需要,但是他们开拓进取的精神,他们前无古人的开创性,给后人留下了宝贵的精神财富,激励着后代积极进取,不断开拓出新的人生路径。

二、沟通南北、泽被后世的人文精神

京杭大运河约2700公里,大运河申遗确定的58处遗产点分布在27座城市。大运河的开通可谓利在千秋,这份功绩虽然不能完全归功于隋炀帝,但是隋炀帝在大运河贯通的过程中所起到的作用是不能被抹杀的。

605年,隋炀帝当政的第一年就颁布了开凿运河的诏书,最先开凿的是通济渠,这条渠水将洛阳和坐落于淮河岸边的泗州相连,并向南与长江岸边的古渠道相连。610年,隋炀帝又下令开凿长江以南至杭州湾顶端的运河,河道全程270公里,也是沿着原有河道开凿建造的。

在所有运河中,最长的一条是永济渠,工程开始于608年,招募了百余万劳工,《资治通鉴》中说:"男丁不供,始役妇人"[②],这条河渠是沿着古运河开凿的。由于永济渠的修造,再加上自然水道,保证了隋朝能够从沿岸最富饶的地区获得资源,使得隋朝粮仓充足,成为隋朝统一中国的重要物资保障。

隋炀帝组织开凿了通济渠、疏通了邗沟、开凿了江南运河和永济渠,第一次贯通了大运河,建立了以洛阳为中心,南至余杭、北到涿郡的水上交通运输线,后来又通过浙东运河延伸至会稽(今绍兴)、宁波,这样一条横贯整个东部地区的内陆水上运输通道,对整个隋朝以及后代的经济发展起到了至关重要

---

① (北魏)郦道元:《水经注》卷9《淇水》,陈桥驿、王东注,中华书局2022年版,第800页。
② (北宋)司马光:《资治通鉴》卷181,中华书局2009年版,第2177页。

的作用。

　　大运河将钱塘江、长江、黄河、淮河、海河五大水系联系在一起,解决了南粮北运的问题,沟通了隋朝统治的不同地域。同时也给两岸城市经济带来了发展,使大运河沿岸的城市迅速崛起。唐代的繁荣在很大程度上依靠对于大运河水系的继承和改善。

　　总之,大运河在发展过程中,对促进南北经济、文化的交流,维护国家的统一起到了巨大的作用。尽管隋炀帝以杀兄弑父篡位在历史中一直有负面评价,但是他在位后组织修建的大运河一直沿用了一千多年,造福了沿岸的百姓。隋炀帝作为贯通大运河第一人,其功绩不可忽视。皮日休在《汴河怀古》中对隋炀帝有"若无水殿龙舟事,共禹论功不较多"[①]的评价,对其兴修水利工程的功绩是给予肯定的。

三、忧国忘家、造福百姓的民生精神

　　虽然历代治水都是国家行为,但是治水的成果都是造福百姓。水利工程的修筑对于农田灌溉、减少自然灾害、保证水土等方面起到了非常重大的作用。在历史中,很多地方官员都非常注重对于水利工程的建设,尤其是大运河这样的水利工程,对百姓造福更多。

　　三国时期的陈登有勇有谋,因在击败吕布的战役中有功被封为伏波将军。曹操任用他为广陵太守,建安二年(197),当地的射阳湖风波太大,船只经常损坏,于是重开邗沟,把河道改为由樊梁湖穿白马湖,由射阳湖入淮。这次重开邗沟,将原来弯曲的水路,变成了直道,从而缩短了航路,这条水道也成为隋朝大运河邗沟段的线路。

　　陈登修筑的水利工程,著名的有扬州"五塘",指陈公塘、勾城塘、上雷塘、下雷塘和小新塘五个人工湖塘,这"五塘"对两千余年来扬州的经济、文化、城市发展作出了贡献。"五塘"中最著名的是陈公塘,又名爱敬陂,在今江苏省仪

---

① (唐)皮日休:《汴河怀古》,《全唐诗》卷615,中华书局1980年版,第7099页。

征市东北蜀冈南麓,与扬州市相接,宋乐史《太平寰宇记》卷123《淮南道》扬州江都县载:"爱敬陂在县西十五里。魏陈登为广陵太守,初开此陂,百姓爱而敬之,因以为名,亦号陈登塘。"[1]可灌田千余顷,缓解了仪扬山区的干旱灾荒。今天塘址遗迹还依稀可见,当地人称其为"龙埂"。

除了陈登兴修扬州水利之外,中唐时期白居易在杭州修建白堤,北宋时苏轼修筑苏堤,都对西湖进行了整治和疏浚。这些古代官员对大运河及沿岸水利工程的整修,体现了他们造福百姓、服务社会的民生精神,功绩也一直影响到了后世。

四、精益求精、严谨务实的科学精神

大运河的兴修,不仅需要大量的人力和物力,更需要水利工程师的专业知识。水利工程师们有严谨的科学态度、务实的实践精神,只有这样才能够在当时生产力水平较低的情况下,完成非常艰难的任务,并且使大运河的伟大工程能够保留至今。

唐朝水利专家姜师度曾在蓟门筑渠。他在曹操开白沟的基础上,连接大海,开凿了平虏渠,从此停止了海运,用这条水道运粮,缩短了路程。707年,他在贝州经城县开张甲河排水,不仅用于泄洪灌溉,而且造福于百姓。唐玄宗时期,他任同州刺史,又引洛水灌溉朝邑、河西二县,堵截黄河水灌入通灵陂,使周围的土地得到灌溉,荒弃田地二千顷成为上等良田,促进了关中地区的粮食生产和漕运。姜师度还在沧州开凿了人工河,减少了因永济渠淤塞滹沱河、漳水而造成的水患。姜师度主持的水利工程使河北地区在开元天宝时期成为繁荣富庶的地区。元代的南运河就是以他所开凿的运河为基础修筑的。

北宋科学家沈括被誉为"中国整部科学史中最卓越的人物",以"求知不教一疑存"的态度从事科学研究,对水利情有独钟。据史料记载,沈括在王安石变法期间,参与了疏浚河道、淤泥造田、兴修湖泊、开垦荒地等多项工程。为了

---

[1] (北宋)乐史:《太平寰宇记》卷123《淮南道》,中华书局2002年版,第2446页。

治理汴河，他亲自测量了汴河下游从开封到泗州淮河岸840多里河段的地势，运用"分层筑堰测量法"，发明了"隙积木"和"会圆术"等数学理论，测出了河南开封上善门至泗州淮口直线距离420公里之内，水平高差为63.3米。沈括是现存世古文献中最早记录水平高程测量的方法、过程和结果的科学家，这项技术的发明比西方早700多年。他在施工中采用了筑梯级拦河坝，每坝层层矗立，"相齿如街陛"等方法，不仅疏通了渠水，重新沟通了京城、洛阳和东南运河，同时还防止了水土流失，可谓一举三得。这项水利工程修筑，不仅疏通了河道，使各地向京城运输畅通无阻，而且有利于当年各地百姓的生活，"江淮扁舟四时上下，昼夜不绝，至今公私便之"[①]，是这项水利工程兴修的写照。

元代大运河贯通的主要设计者郭守敬是著名的天文学家、数学家、水利工程专家。郭守敬一生治理河渠沟堰几百处，其中修复宁夏引黄灌渠和规划沟通京杭大运河最为著名。至元元年（1264），郭守敬在张文谦的支持下，奉命修浚西夏境内的唐来、汉延等古渠。郭守敬对宁夏河套平原地区的正渠、支渠的数量、长度、溉田亩数等进行详细的调查，深入了解当地的地势、水情、水利灌溉历史和治水、治淤的经验。经过实地勘查，郭守敬提出建滚水坝以减弱水势，在渠道引水处筑堰以提高水位，建渠首进水闸以保证渠道有充足的水量，建退水闸以调节流量等技术方案。在他的指导下，元初在宁夏河套地区的水利建设中，普遍采用了新的工程技术，修筑水渠、堰、陂、塘，大多使用了调节水量的牌堰，即水坝和水闸（斗门）。水坝和水闸起到了控制水流、水量的作用，旱则开闸引水入田，以收灌溉之利；涝则关闭闸门，以避泛滥之灾，使整个灌溉系统具有很好的灌溉和防洪效益。至元二十六年（1289），郭守敬主持疏通了京杭大运河山东境内的会通河，在会通河上修建了三十余座石闸，每闸都设计巧妙，不仅雄伟壮观，而且科学实用，故人们称之为"闸河"。会通河的疏通，使大运河的漕运直达通州，为通惠河的疏通和漕运奠定了基础。

郭守敬在中国科技史上作出了重大的贡献，他对通惠河的开凿和修建，使

[①] （南宋）李焘：《续资治通鉴长编》，中华书局1992年版，第7226页。

其成为对运河第二次贯通起决定作用的人物。1981年在郭守敬诞生750周年的时候，国际天文学会以他的名字命名了月球上的环形山。

在历史上，这些优秀的水利专家为运河的贯通作出了巨大的贡献，而在大运河的长期建设中，更为重要的是，隐藏在这些杰出人物背后的无数劳动人民，是他们用勤劳的双手，辛勤努力地工作，甚至为大运河的建造献出了生命，最终使大运河成为贯通南北的河道，生生不息。

第五节　泽被后世的民生价值

水运连着国运，治水推进国家的治理。大运河沟通南北，为国家长治久安作出了巨大的贡献；货流的通畅，给百姓的生计带来了希望；水利的灌溉，帮助区域经济繁荣发展。在历史上，大运河极大地促进了地区间的人员、物资、技术、文化的交流。《晏子春秋》中说："权有无，均贫富"[1]，大运河的文化基因中，流淌着中华民族历史悠久的共同富裕思想，体现出古人走向大同理想社会的追求。大运河的千年文脉滋养了中华民族，其泽被后世的人文精神，至今闪烁着理性的光辉。

水是大运河的灵魂，岸是大运河的经络，城是大运河的明珠。大运河沿线，分布着大量历史文化名城名镇名村，它们各有特色，各有独特的发展脉络，生动地反映了大运河对地方经济发展的促进作用。同时大运河也带领民众走出去，参与到世界的经济互通和文化交流中，从而成为世界贸易的重要通道，也成为中外文化交流的重要渠道。

一、运河岸边的产业发展

（一）大运河催生了纺织业的发展

大运河极大地改变了沿线人民的生活，从饮食到服饰，再到生活习俗，发

---

[1] （春秋）晏子：《晏子春秋》卷3，汤化译注，中华书局2011年版，第191页。

生了极大的变化。就纺织业的发展而言，春秋战国时期，运河一带纺织业就非常发达。齐地的服饰行销天下，有"冠带衣履天下"的声誉。西汉时期，丝绸的生产多在运河流域沿线，襄邑、临淄等地都有大规模的纺织作坊，种桑养蚕、缫丝、织帛，是纺织品的重要生产地。隋唐时期，纺织业非常发达，大运河贯通后，丝织品通过永济渠和通济渠运往全国各地。在这一时期，通济渠附近的宋州、汴州、深州都是重要的纺织品产地。唐朝南方的纺织业兴盛，广陵郡出产锦，丹阳郡出产绫锦缎，晋陵郡出产折造官端绫绣，会稽郡出产罗绫、吴绫、绛纱，吴郡出产方文绫等，都是丝织上品。安史之乱后，南方纺织业发展超过北方，江南的丝织品从运河运入京城，取代了黄河流域的丝织品，成为专供皇室和官僚的奢侈品。随着江南运河沿岸的丝织品发达，丝绸也成为当地平民的服饰。

宋元时期，运河流域纺织业发达，形成了规模经营，出现了机户。《马可·波罗游记》中对运河区域的丝织品记载很多，其中对于苏州的记载："居民生产大量生丝，制成绸缎，不仅人人都穿上绸缎，而且还行销其他市场。"[①]不仅苏州，其附近的吴州也同样以丝织业著称，"这里生产的绸缎质量最优良，行销全省各地"[②]。

元朝代表性的纺织技术进步是棉纺织业。黄道婆在崖州居住了40年，跟当地黎族妇女学会了织布技术，回到家乡松江府乌泥泾改进织布技术，使这里成为棉织中心。从此运河沿岸的棉花种植业和手工业生产发展起来，河南成为重要的棉花产地，松江地区成为重要的棉纺织中心，棉纺织品不仅数量多，而且质量好。元代棉纺织技术的提升，带动了运河沿岸的多个城市。苏州府的棉纺织生产很发达，商品化的程度相当高。太仓和昆山都是产布之地，以出产斑布和棋花布而著称。

明代江南运河沿线城市苏州、杭州、嘉兴和湖州等都是纺织业发达地区。苏州从事纺织业的工人达到数千人，以织造为业者的机房主要集中在城东。杭

---

① [意]马可·波罗：《马可·波罗游记》，远方出版社2003年版，第168页。
② [意]马可·波罗：《马可·波罗游记》，远方出版社2003年版，第169页。

州从事丝织业的机户集中于西城运河岸边,出现了很多拥有20余张织机、富至万金的工厂主。明代中晚期的小说"三言""二拍"之中记载了很多织户以及他们的经商活动,反映了这一时期资本主义萌芽的状况和运河沿岸商业活动的繁荣。

清代运河区的纺织业规模更大。商人和资本间形成了牢固的雇佣关系,苏州、杭州的工匠和布坊都增加了,苏州形成了"类多雇人工织,机户出(资)经营,机匠计工受值"的雇佣关系。如清代江南运河区流行蓝靛印花布,主要是以手工织布为材料,以蓝色靛蓝为染料,形成蓝白相间的花布,成为运河沿线人们服装、床单等日常生活的主要面料。

(二)大运河促进了造船业的发展

水上运输发达,推动了造船业的发展。隋炀帝下扬州的船队规模宏大,不仅船只数量众多,而且装饰精美,可见当时造船业的发达。北宋时期造船技术有大的发展,北方的东京、相州,南方的杭州、明州、温州、广州等地,都设有官营船厂,民营船厂也十分发达。南宋的造船业比北宋更发达,造船中心在临安、建康、平江三地。清初的漕船有1万多只,雍正四年(1726)的时候减少到6000多只,此后一直保持在这一数量。清代的漕船规模能够装载500石的漕米,使用期限为10年,在淮安清江船厂建造。

造船业较有代表性的是扬州。春秋时期,夫差伐齐就在扬州造船。魏文帝曹丕率军渡淮水,所乘之船是广陵(扬州)造的,隋炀帝南巡所乘的水殿龙舟也是在扬州监造的,第三次南巡所乘之船也都是在扬州新造的。扬州的造船业在唐朝进一步发展,有很多官办船厂,所造之船很大,造价达百万,可载漕粮千石。唐后期,刘晏任盐铁转运使,在扬州设立了10个造船厂,造千石大船。唐代扬州不仅能造漕船、盐船、竞渡船,甚至可以造航海的船。除了官营船厂,民间私营的船厂更多。

二、运河沿岸的水上交通新形式

大运河贯通极大地改善了人们的交通状况,"以船为车,以楫为马"的水乡的交通方式在大运河上广泛应用。宋应星《天工开物》中说："四海之内,南资舟而北资车。"①除了漕船以外,大量运输货物的船只,如商船、民船、客船都航行在大运河上,大运河成为非常繁忙的水道。

隋朝大运河贯通后,隋炀帝曾乘坐龙舟下江南,据《资治通鉴》记载："八月壬寅,上行幸江都,发显仁宫,王弘遣龙舟奉迎。乙巳,上御小朱航,自漕渠出洛口,御龙舟。龙舟四重,高四十五尺,长二百丈。上重有正殿、内殿、东西朝堂,中二重有百二十房,皆饰以金玉,下重内侍处之。"②龙舟规模宏大,可见当时运河交通之盛。

大运河承担了漕运的功能,除了漕船将南方的粮食运送到北方之外,大量的商船也在大运河中航行。宋代张择端《清明上河图》中汴河虹桥下面有货船、有商船、有客船,说明大运河承担了货运、客运和旅游等功能。船的种类繁多,有漕船、湖船、河船、海船等,航行在运河上的船只达数十种之多,《梦粱录》中记载:"浙江乃通江渡海之津道,且如海商之舰,大小不等,大者五千料,可载五六百人;中等二千料至一千料,亦可载二三百人;余者谓之'钻风',大小八橹或六橹,每船可载百余人。"③"江岸之船甚多,初非一色;海舶、大舰、网艇、大小船只、公私浙江渔浦等渡船、买卖客船,皆泊于江岸。盖杭城众大之区,客贩最多,兼仕宦往来,皆聚于此耳。"④可见当时运河上船舶的状况和繁忙程度。

除了商业活动的船只,大运河上还有客船和游船。早期客船较多,人们乘坐客船来往于河上,唐代诗人孟浩然、李白、杜甫等人都有乘船游历的诗作。孟浩然的《宿桐庐江寄广陵旧游》:"山暝听猿愁,沧江急夜流。风鸣两岸叶,月照一孤舟。建德非吾土,维扬忆旧游。还将两行泪,遥寄海西头。"⑤桐庐江为钱塘江的上游,向下与钱塘江相连,经大运河,可到达扬州。李白《横江词》其二:

---

① (明)宋应星:《天工开物》卷中,明崇祯十一年(1638)刻本,第114页。
② (北宋)司马光:《资治通鉴》卷180,中华书局2009年版,第2170页。
③ (南宋)吴自牧:《梦粱录》卷12,浙江人民出版社1984年版,第111页。
④ (南宋)吴自牧:《梦粱录》卷12,浙江人民出版社1984年版,第112页。
⑤ (唐)孟浩然:《宿桐庐江寄广陵旧游》,《全唐诗》卷160,中华书局1980年版,第1635页。

"海潮南去过浔阳,牛渚由来险马当。横江欲渡风波恶,一水牵愁万里长。"①这里横江指的是横江浦,它在扬子津渡对面,是中唐时期著名的渡口。除了客船,还有游船,《梦粱录》中提到南宋京城临安,"彩舟画舫,款款撑驾,随处行乐。此日又有龙舟可观,都人不论贫富,倾城而出,笙歌鼎沸,鼓吹喧天"②。南宋时期江南运河沿线的游船增多,"杭州左江右湖,最为奇特,湖中大小船只,不下数百舫。有一千料者,约长二十余丈,可容百人。五百料者,约长十余丈,亦可容三五十人。亦有二三百料者,亦长数丈,可容三二十人。皆精巧创造,雕栏画栱,行如平地"③。清代沈复《浮生六记》多次记自己往来于邗江之上,其卷四《浪游记快》多写乘船旅行于运河之中的情形。

三、运河滋养下的南北文化发展

(一) 大运河影响下的戏剧发展

中华文明发祥于北方的黄河流域,东晋时期中原士大夫南渡,使南方的经济得到发展。然而南北经济和文化存在很大的差异,魏征《隋书·文学传序》:"江左宫商发越,贵于清绮,河朔词义贞刚,重乎气质。气质则理胜其词,清绮则文过其意。理深者便于时用,文华者宜于歌咏。此其南北词人得失之大较也。"④注意到了南北文化的差异。在这些差异的基础上,魏征认为"若能掇彼清音,简兹累句,各去所短,合其两长,则文质彬彬,尽善尽美矣"⑤。表达了南北文化互相交融、取长补短、互补发展的美好期待。这种南北文化的交融在大运河贯通之后成为可能。中唐诗人刘禹锡就因"永贞革新"被贬到南方荆楚、岭南、巴蜀一带,其贬谪途中多走水路,途中多数路径依靠运河航行,被贬十年后,他又回到长安,后又旅居洛阳,这些地域都与大运河关系密切。

---

① (唐)李白:《横江词》,瞿蜕园、朱金城校注:《李白集校注》,上海古籍出版社2018年版,第616页。
② (南宋)吴自牧:《梦粱录》卷2,浙江人民出版社1984年版,第12页。
③ (南宋)吴自牧:《梦粱录》卷12,浙江人民出版社1984年版,第110页。
④ (唐)魏征等:《隋书》卷76《文学传序》,中华书局1973年版,第1730页。
⑤ (唐)魏征等:《隋书》卷76《文学传序》,中华书局1973年版,第1730页。

1. 大运河对元杂剧发展的滋养

元杂剧的传播也与大运河关系密切，"元代杂剧戏班的流向主要有四条路线，分别是以山东、河南为主的黄河中下游一带；以平阳为中心的汾河一带；以扬州、苏州等为活动中心的大运河一带；以及以湖南湖北部分地区为中心的长江中游一带"[1]，赵山林《中国戏曲传播接受史》中提到元杂剧传播较有代表性的城市：大都、真定（正定）、东平、平阳、开封、洛阳、顺天、扬州、金陵、松江（上海）、杭州等，多在大运河沿线。

大都是元代的都城，这里是文化中心，也是重要的娱乐中心。元人熊梦祥《析津志辑佚》中记载："钟楼之制，雄敞高明，与鼓楼相望。本朝富庶殷实莫盛于此。楼有八隅四井之号。盖东、西、南、北街道最为宽广……西斜街临海子，率多歌台酒馆，有望湖亭，昔日皆贵官游赏之地。"[2]海子即积水潭，它是南北大运河的终点，是运输繁忙的码头，当时海子上船只来往频繁，岸上的斜街则是"车马杂沓，绣毂金鞍，珠玉璀璨，人乐升平之治，官无风尘之虞"[3]。大都是当时全国杂剧活动的中心，众多的演员聚集在这里，著名的元杂剧作家关汉卿、王实甫都是大都人。《青楼集》中记载当时著名演员张怡云的活动场所就是海子，他与赵孟頫、高克恭、姚燧、阎复都有很多交往。

山东东平是运河沿岸的重要城市，其境内黄河、大运河、大汶河三河交汇。大运河东平段，沿线闸坝、渡口及周边文化遗迹89处，其中国家级文物保护单位4处，省级13处，市级24处，具有较高的历史、艺术和科学价值。特别是东平湖、戴村坝、古州城，对于研究京杭大运河文化遗产，提供了重要的实物资料，"运河之心"戴村坝被列为世界文化遗产。东平在蒙古王朝时期就是人文荟萃之地，曲阜就位于东平辖区。"金亡，士人多流寓东平，……故东平一时人才多于他镇。"[4]1238年，元太宗降旨将亡金礼乐旧人及其家属迁至东平，《元史·礼乐志》中记载："（中统）二年（1261）秋九月，敕太常少卿王镛领东平乐

---

[1] 常嘉容：《杂剧在元代的传播研究》，兰州大学硕士学位论文，2018年。
[2] （元）熊梦祥：《析津志辑佚》，北京古籍出版社1983年版，第123页。
[3] （元）熊梦祥：《析津志辑佚》，北京古籍出版社1983年版，第256页。
[4] （清）毕沅：《续资治通鉴》第169卷，清嘉庆六年（1801）冯集梧等递刻本，第3439页。

工，常加督视肄习，以备朝廷之用。"①元宫廷中的乐人来自东平，杂剧作家和杂剧艺人也集中于东平，《录鬼簿》中记载了当时的剧作家高文秀、张时起为东平人，南戏《错立身》中杂剧班子也来自东平，说明东平在当时是戏曲活动非常活跃的城市。

元杂剧一路顺着大运河传播出去，扬州是运河与长江交汇的重镇，南北交汇的枢纽，至元十三年（1276），扬州设置江淮行省，下设有教坊司，总领江南乐工。元代杂剧作家睢景臣就是扬州人，著名杂剧作家白朴、关汉卿、侯克中、乔吉等都到过扬州。当时著名的杂剧艺人珠帘秀在扬州活动，李翠娥、李楚仪是扬州人，其他的一些艺人像于四姐、朱春儿等也活跃在江淮之间，有时也到扬州表演。元代杂剧《一百二十行贩扬州》《东堂老劝破家子弟》《杜牧之诗酒扬州梦》等写的都是扬州的故事，说明当时杂剧已经沿着大运河传到了扬州，而且演出和创作的活动都极为活跃。

元代的松江为今天的上海，是大运河沿线的重要城市，在元代松江也有元杂剧表演的记载。据陶宗仪《南村辍耕录》卷24记载："至元壬寅夏，松江府前勾栏邻居顾百一者，一夕梦摄入城隍庙中，同被摄者约四十余人，一皆责状画字。时有沈氏子，以搏银为业，亦梦与顾同，郁郁不乐，家人无以纾之，劝入勾栏观排戏。独顾以宵梦匪贞，不敢出门。"②"至元"应为"至正"之误，至正壬寅年应为至正二十二年（1362），这时松江地区有元杂剧的表演，说明最迟在1362年元杂剧已经随着运河传到了松江，具体的时间可能更早。这一时期松江的杂剧演员有顾山山等人。

杭州是大运河的终点，也是元朝中后期元杂剧的中心。杭州经济繁荣，戏曲演出非常繁盛，元人徐士荣《新街曲》中有"东街南曲声婉扬，西街北曲声激昂。佳人唱曲不下楼，楼下白马青丝缰"③的句子，诗中"新街"为杭州闹市区的街坊名，位于融和坊北，是南宋中期从融和坊与太平坊之间分出的一条街，

---

① 宋濂等：《元史》卷68《礼乐志》，中华书局1976年版，第1692页。
② 陶宗仪：《南村辍耕录》卷24，元刻本，第382—283页。
③ （明）偶桓辑：《乾坤清气》，清初抄本，第185页。

名为新街坊。此地多酒楼、饭馆,夜市极盛。吴自牧《梦粱录》卷20记载:"筵会或社会,皆用融和坊、新街及下瓦子等处散乐家,女童装末,加以弦索赚曲,祗应而已。"①此坊位于御街当中,坊内中"瓦子"是杭城最著名的商业区和游乐场之一。到了元代,新街依然是杭州最繁华的商业和游乐中心。元朝后期杂剧创作和演出中心随着运河移到了杭州,杂剧作家郑光祖是山西平阳人,曾任杭州路吏,长期在杭州从事戏曲演出活动。曾瑞是河北大兴人,自北来南,"喜江、浙人才之多,景物之盛,因家焉"②。乔吉、范居中、施惠、沈拱、萧德祥则是杭州本地人,他们以西湖为中心进行创作。《录鬼簿》也记录了当时著名的艺人小玉梅、小天然、李真童等人在杭州一带演出,《青楼集》中众多的戏曲作家和演员都在杭州居住,说明元杂剧的中心已经从大都迁移到了杭州,而迁移的路径显然是沿着大运河进行的。

2. 大运河对明清戏剧传播的影响

与元杂剧由北向南的传播不同,明清时期四大声腔昆山、弋阳、海盐、余姚腔产自南方,它们的北传与大运河有着密切的关系。

《中国戏曲志》认为,到明代万历时期,北杂剧已经衰落,由京杭大运河北上的昆山腔和弋阳腔开始崛起。此时,作为贯通南北的京杭运河,其流域商品经济繁荣,流动人口众多,是良好的传播途径,对昆山腔和弋阳腔的北传起到了重要作用。

京剧是清代运河戏剧的代表,它的产生和繁荣与清代四大徽班沿运河进京有密切的关系。三庆、四喜、启秀、霓翠、和春、春台等戏班相继乘船沿运河北上进京,这些戏班以安徽籍艺人为主,故名徽班。后来这六个戏班合成四个,称为四大徽班进京。他们进京途中在大运河沿岸重镇临清停留,培养了很多京剧爱好者,临清也因此被称为京剧之乡。徽班顺着运河北上巡演,吸收各地民间戏曲的精华,形成了以皮黄为主,兼容昆腔、吹腔、拨子、罗罗腔等于一体的新戏种,这就是后来的京戏。

---

① (南宋)吴自牧:《梦粱录》卷20,浙江人民出版社1984年版,第192页。
② (元)钟嗣成:《录鬼簿》,上海古籍出版社1978年版,第33页。

（二）大运河滋养下的中国诗词

大运河承载了中国千年文脉，沿线积淀了丰富的文化资源。大运河贯通之后成为中国南北交通重要的水上交通道路，无数的商人、仕人往来于这条水道之上，无数的文人墨客留下了中国的文学记忆。

1. 唐诗中的奇美大运河

从盛唐到中唐再到晚唐，崔颢、岑参、刘禹锡、卢仝、韩愈、贾岛等诗人行走在汴河上，留下了大量吟咏汴河或以汴河为形象的诗篇，这些诗篇从不同层面反映了唐代社会的历史岁月与风貌，具有很高的审美和艺术价值。李白、杜甫、白居易、刘禹锡、贺知章、杜牧、苏轼等人都在大运河沿线留下了不朽的诗篇。李白《送王屋山人魏万还王屋》："遥闻会稽美，且度耶溪水。万壑与千岩，峥嵘镜湖里。秀色不可名，清辉满江城。人游月边去，舟在空中行。"[1] 会稽是今天绍兴的古称。绍兴是历史文化名城，春秋时期属越国，后归于楚国。运河穿绍兴城而过，在李白的诗中美如画卷。对于会稽到广陵的这段路线，李白魂牵梦萦，反复吟咏，《别储邕之剡中》："借问剡中道，东南指越乡。舟从广陵去，水入会稽长。竹色溪下绿，荷花镜里香。辞君向天姥，拂石卧秋霜。"[2] 这一段运河是绝美的佳处，在李白的诗里宛如画中一样。李白的《黄鹤楼送孟浩然之广陵》："故人西辞黄鹤楼，烟花三月下扬州。孤帆远影碧空尽，唯见长江天际流。"[3] 这是从黄鹤楼到扬州的一段景象，这段运河风光绮丽，帆影摇曳，长江水波涛汹涌。杜甫大部分时间生活于北方，后期生活在四川，他的诗中也不乏运河的身影，在《解闷》第二首中说："商胡离别下扬州，忆上西陵故驿楼。为问淮南米贵贱，老夫乘兴欲东流。"[4] "西陵"是今杭州西兴镇，在钱塘江南岸，为浙东运河西端与钱塘江衔接处，隔江与杭州城遥遥相对，东向越州（今

---

[1] （唐）李白：《送王屋山人魏万还王屋》，瞿蜕园、朱金城校注：《李白集校注》，上海古籍出版社2018年版，第1127页。

[2] （唐）李白：《别储邕之剡中》，瞿蜕园、朱金城校注：《李白集校注》，上海古籍出版社2018年版，第1093页。

[3] （唐）李白：《黄鹤楼送孟浩然之广陵》，瞿蜕园、朱金城校注：《李白集校注》，上海古籍出版社2018年版，第1106页。

[4] （唐）杜甫：《解闷》，谢思炜校注：《杜甫集校注》，上海古籍出版社2015年版，第2420页。

绍兴)、明州(今宁波),通往大海,连接海上丝绸之路。因而商人下扬州,去西陵,从事商业活动。中唐诗人白居易的《长相思》描绘了大运河对人们生活带来的影响:"汴水流,泗水流,流到瓜洲古渡头,吴山点点愁。"①汴水与泗水都是大运河的重要水路,当时男人乘船离家,在运河中航行,带给家中思妇的是无限的离愁,"思悠悠,恨悠悠,恨到归时方始休,月明人倚楼。"②运河给旅人带来了交通的便利,而留给家中思妇的则是无限的离愁和相思。那缠绵的水路与离愁缠绕在一处,绵远而悠长。

唐代诗人张祜早年生活在苏州,曾往来扬州、杭州等地,晚年寓居淮南等地,他的诗多写江南风光,《纵游淮南》:"十里长街市井连,月明桥上看神仙。人生只合扬州死,禅智山光好墓田。"③扬州在他的诗里是神仙所居之地。晚唐著名诗人杜牧多次歌咏大运河上的重要城市扬州,如"二十四桥明月夜,玉人何处教吹箫","二十四桥"是扬州瘦西湖的著名景点,美丽的女子在月夜吹箫,运河畔的景色在诗人笔下是如此美丽,而再美的诗句又怎能比得上运河沿岸的美丽风景,又怎能比得上春风十里的扬州呢?"春风十里扬州路,卷上珠帘总不如。"④徐凝的《忆扬州》更是将天下美景全集于扬州了,"天下三分明月夜,二分无赖是扬州",这是多么令人神往的地方。我们可以想象着烟花三月,古人乘船沿着大运河顺流而下,到达扬州的时候正是明月当空,远处传来有缘的笛声,天下美景尽在于此!

2. 宋词烟柳画船中的大运河

在现存作品的300多位宋词作家中,最著名的词人如欧阳修、柳永、周邦彦、张先、苏轼、李清照、米芾、陆游、黄庭坚、辛弃疾、姜夔等,大多数是运河人或者有运河生活经历。北宋开封、南宋杭州以及扬州等都是典型的运河城市,这些运河城市不仅是词人荟萃之地,也对推动词体形成,促进词作的繁荣,影响词作内容与形式起到了重要的作用。

---

① (唐)白居易:《长相思》,《白居易诗集校注》,中华书局2006年版,第918页。
② (唐)白居易:《长相思》,《白居易诗集校注》,中华书局2006年版,第918页。
③ (唐)张祜:《纵游淮南》,《全唐诗》卷510,中华书局1980年版,第5846页。
④ (唐)杜牧:《赠别》其一,冯集梧注:《樊川诗集注》,上海古籍出版社1962年版,第311页。

大运河沿岸的城市是宋代著名词人重点吟咏的对象。运河是南北水上交通的必由之路,当文人士子途经或者居住于运河城市时,仕途浮沉、离愁别绪、情感得失等心理体验,再加上运河城市丰富的人文古迹、美丽风景的陶冶,浸润着文人士子感情的词也加诸了运河文化特色。欧阳修、柳永、秦观、姜夔等对所处的运河城市作了审视,汴州、苏州、杭州、扬州等处的繁华在宋词中得以体现,我们也因此得以窥见运河城市昔日的繁荣与风情。如果说扬州是"小桥流水人家"的小家碧玉式的柔美,那么杭州则是气魄恢宏的壮美,有着大家闺秀的恢宏气度。柳永《望海潮》专写杭州:

东南形胜,三吴都会,钱塘自古繁华,烟柳画桥,风帘翠幕,参差十万人家。云树绕堤沙,怒涛卷霜雪,天堑无涯。市列珠玑,户盈罗绮,竞豪奢。重湖叠巘清嘉。有三秋桂子,十里荷花。羌管弄晴,菱歌泛夜,嬉嬉钓叟莲娃。千骑拥高牙。乘醉听箫鼓,吟赏烟霞。异日图将好景,归去凤池夸。[①]

坐落于大运河畔的杭州城,有着悠久的历史,景色优美,经济发达,人口富裕,据说当年金主完颜亮读到"有三秋桂子,十里荷花",产生了挥鞭南下之志,北宋时期杭州的富裕繁华可见一斑。而这一切,大运河起着非常重要的作用。

运河城市对于词的世俗化和市民化传播也起到了巨大作用。运河城市的繁荣为词的发展营造了极其广阔的社会环境与文化环境。繁荣的城镇、便利的交通、秀丽的山水风光和普遍较高的文化水准使得运河区域成为大量词作产生和消费的中心。

(三)大运河滋养下的中国小说

如果说中国古人的诗歌中对于大运河及其沿岸城市的歌颂还不是那么明晰和具体,那么元明清及近现代的小说作家及作品与大运河的关系则非常

---

① (北宋)柳永:《望海潮》,《乐章集》,上海古籍出版社2016年版,第519页。

密切。

1. 大运河与古典小说

明清时期四大名著几乎都与大运河有关系，不同的是有的只是间接的关系，有的却是直接在小说中提到了运河。

元代中期，社会的经济、文化重心开始由北方转移到了南方。南宋的京都杭州不仅成为人口云集、商业发达的繁华城市，也成为戏剧演出和"说话"艺术发展的重要中心。不少北方的知识分子、"书会才人"都先后搬到了杭州等地。

身为小说兼杂剧作家的罗贯中，祖籍山西，后也成为这类南迁作家中的一个。大约在公元1345—1355年间，罗贯中来到了杭州。许多说话艺人在这里说书，一些杂剧作家也在这里活动，罗贯中与志同道合者为友。至正二十六年（1366），罗贯中又再次回到杭州，《三国志通俗演义》的写作，当在该年以后。这时，他已是五十多岁的人了，对历史、对人生都有了比较成熟的看法，完全具备了创作《三国志通俗演义》的条件。他的人生轨迹和创作轨迹与大运河密切相关，尽管罗贯中的作品中没有直接提到运河，但是他长期生活在江南的运河城市中，受当地的"说话"等民间艺术的影响是肯定的。他小说中对于东吴的描写与他在当地的生活也是密切相关的。罗贯中写作《三国志通俗演义》期间，施耐庵从苏州迁移到兴化，在洪武三年（1370）去世。罗贯中完成《三国志通俗演义》之后，加工、增补了施氏的《水浒传》。

《水浒传》的成书与大运河密切相关。《水浒传》的作者施耐庵一直在苏州、淮安、无锡（今江阴）、湖州（今吴兴）、杭州等京杭运河南端城市生活。他是江苏兴化人（一说是浙江钱塘人）。元至顺二年（1331）考中进士。曾任钱塘县尹，后辞官闭门著书，收集并整理关于梁山泊宋江等英雄人物的故事，最终创作出《水浒传》。《水浒传》重要故事发生地在济宁和泰安一带，这一带在元代京杭运河贯通后成为漕运的重要节点，官漕商货往来其间，《水浒传》中很多故事都发生在北方运河城市，书中的回目就出现了十余个北方运河城市地名：第八回沧州、第十二回汴京、第二十七回孟州（今焦作）、第五十二回高唐州（今聊城）等等。这其中水浒文化与大运河的交汇在古郓州,元代初年大运河穿郓州地区;水泊梁山是大运河水系的一部分,梁山泊处于济水和汶水交汇处。元代运河再次贯通,山东西部运河沿线成为信息的交汇点,水浒中很多人物的故事也随运河的水流,通过船上传播开来,因而《水浒传》打上了大运河的烙印。宋江归宿"蓼儿洼"就是淮安城外的水泊,淮安为运河之都,是大运河重要流经地,漕运总督府就设于此,施耐庵在淮安写作了《水浒传》。

《西游记》的作者吴承恩是淮安人,号"射阳居士",射阳就是古邗沟重要湖泊,今属淮安。淮安地处南北之中,因大运河而兴,文化兼收并蓄。吴承恩笔下的《西游记》根植于大运河文化,是大运河文化的瑰宝。《西游记》的主角孙悟空居住在连云港的花果山。吴承恩笔下的人物和大唐都城长安的联系主要是依靠大运河,淮安是其中一个主要节点。《西游记》第66回:

行者纵起筋斗云,躲离怪处,直奔盱眙山。不一日,早到。细观,真好去处:南近江津,北临淮水。东通海峤,西接封符。山顶上有楼观峥嵘,山坳里有涧泉浩涌。嵯峨怪石,磐秀乔松。百般果品应时新,千样花枝迎日放。人如蚁阵往来多,船似雁行归去广。上边有瑞岩观、东岳宫、五显祠、龟山寺等,钟韵香烟冲碧汉;又有玻瑞泉、五塔峪、八仙台、杏花园,山光树色映螺城。白云横不度,幽鸟倦还鸣。说甚泰嵩衡华秀,此间仙景若蓬瀛。①

这里所写的"盱眙山",现位于江苏省淮安市盱眙县城区北部,是运河岸边的淮安城的重要景点。

《红楼梦》的作者曹雪芹与大运河的关系也非常密切。曹雪芹高祖曹振彦为顺治朝两浙盐法道,官署设在杭州,上任走的就是京杭大运河;曹振彦之子曹玺于康熙二年(1663)被任命为江宁织造,在任达二十二年。任职期间,两次沿大运河进京述职。曹玺之子曹寅随父在江宁官署生活,后又回京任康熙帝侍

---

① (明)吴承恩:《西游记》第66回,人民文学出版社1955年版,第798—799页。

卫。曹玺在江宁官署病逝后，曹寅赴江宁办父丧事，又料理江宁织造事务。后来又任苏州织造、江宁织造、两淮盐政等职务，曹寅去世后其子继任江宁织造。曹家四代五人在江南任职，曹家回北京后，于乾隆年间"家道复初"，曹雪芹成人后从北京沿大运河南下，在大运河与长江交汇处的瓜洲滞留过。曹家与运河关系如此之密切，因而曹雪芹饱含激情地书写大运河文化。

《红楼梦》的很多情节都以大运河为背景，人物也跟大运河有千丝万缕的联系。林黛玉的父亲林如海任扬州巡盐御史，林黛玉从扬州到北京，走的就是京杭大运河。贾宝玉出家在毗陵驿拜别父亲，地点在常州的老西门古运河北岸。贾雨村为运河城市湖州人氏，甄士隐是江南运河城市姑苏一乡宦。黛玉、妙玉等是苏州人，薛宝钗、史湘云等是南京人，贾母称王熙凤为江南辣子。

书中的故事发生在大运河沿线城市姑苏、湖州、维扬、江宁、临安、扬州一带。故事开篇"地陷东南，这东南一隅有处曰姑苏，有城曰阊门者……"，可见"梦"自苏州，且在运河上重要码头——阊门，结束在常州老西门古运河北岸的"毗陵驿"，是京杭大运河上数十座驿站之一。故事中多处提及大运河原点城市——扬州，回目上有两回标有"扬州"，说明扬州是故事的重要之地。故事以荣国府为主线，在大运河畔的四大家族中展开，白玉为堂金作马的贾家，珍珠如土金如铁的薛家，金陵史家和金陵王家，这四大家族被本省"护官符"所列，这里的"本省"应该就是金陵所在之省，大运河流域之省。此外，书中保留了很多南京方言、苏州方言、扬州方言，可见大运河沿岸的语言特色，其中像有一搭没一搭、小小巧巧、不敢龇牙、心里突突等，这类方言到如今也一直在使用。

除了"四大名著"之外，《金瓶梅》与大运河之间的关系也非常密切。《金瓶梅》一书对运河城市风情、官商的运河往来、运河治理、运河码头等作了全面而详尽的反映和描写。比如《金瓶梅》中写了临清这座城市。临清是大运河边的名城，城市富庶，商业都会，市井文化繁荣。临清是南粮北调总的中转站和粮食储运中心，没有大运河就没有临清，没有临清就没有《金瓶梅》。书中许多地名、情节都跟运河有关，如运河钞关、沙河、狮子街等，另如第68回写道：

"……今又承命修理河道，当此民穷财尽之时，前者皇船载运花石，毁闸折坝，所过倒悬，公私困弊之极……皆毁坏废圮，南河南徙，淤沙无水，八府之民，皆疲弊之甚。又兼贼盗梗阻，财用匮乏，大覃神输鬼役之才，亦无如之何矣。"[①]第100回又写了徐州河道淤塞，挑夫清除塞淤泥沙。

2. 大运河与当代小说

当代的运河作家生活在运河沿岸，他们的创作往往从书写当地特色的运河风情出发，反映运河某一段的地域风情。京杭大运河分为通惠河、北运河、南运河、鲁运河、中运河、里运河、江南运河等不同区段，大运河横跨南北，每一位运河作家都呈现出不一样的运河风情。

（1）大运河之子——刘绍棠

刘绍棠被称为"大运河乡土文学体系"创立者。他的运河小说《运河的桨声》《瓜棚柳巷》《蒲柳人家》《豆棚瓜架雨如丝》都非常有名。刘绍棠的小说创作以京东北运河风光为背景，通过儿童的视角展现京东北运河的独特风情。他小说中的儿童形象很多，比如何满子、龙抬头、摸鱼儿、伏天儿等。中篇小说《蒲柳人家》中借何满子这个儿童的形象展现了京东北运河农家的独特风光。北运河农家的房屋多是"泥棚茅舍"，院子里都是柳枝编成的篱笆，篱笆上结着豆角秧，院子里有杏树、桃树、山楂树，这些景致彰显出北运河农家生活的浓郁色彩。对于运河的描写经常出现的"河汊""苇塘""柳棵子地""青纱帐""瓜田"等景象，构成了京东北运河风情的重要组成部分。对于运河风情的表现更多的是选取北运河沿岸农家常见的景色，具有浓厚的乡土气息。刘绍棠自己曾在农村生活多年，作品中常见的就是北运河农家的景象：枣树、榆树、杜梨树、瓜田等。小说中常出现的"老龙腰河柳"，是运河岸边最常见的树木，在隋朝修建的运河岸边就已栽种了柳树，他笔下的运河水、运河风景以及与运河结伴而生的"柳树"体现了浓郁的人文气息。瓜田也是刘绍棠小说中常出现的意象，在《瓜棚记》《绿杨堤》《荇水荷风》等作品中多次出现，成为京东北运

---

① 兰陵笑笑生：《金瓶梅词话》第68回，香港太平书局1982年版，第1917页。

河风光不可或缺的组成部分。

（2）水乡作家——汪曾祺

汪曾祺生活在淮阳运河边的高邮市，高邮是运河沿岸的重要城市，是古邗沟渠的重要部分，"地当广陵，连水交衢，两京通津"[①]，因运河流经这里，自古市井繁华，市民文化发达。《马可·波罗游记》中说其"范围很大，很繁华"，高邮的商业非常繁荣，城市交通便利。这样的水乡历史风气养育了汪曾祺的人格，给他的小说提供了大量的故事和细节。他在散文《我的家乡》中说："我的家乡是水乡，我是水乡长大的，耳目所接，无非是水，水影响了我的性格，也影响了我作品的风格。"因而他称运河为"圣境"。汪曾祺的小说展现了一个清澈开阔生机勃勃的水乡风景世界，"大淖是一片大水，由此可至东北各乡即下河诸县。水边的人家处亦称大淖。这是个很动人的地方，风景人物皆有佳盛处。"（《鸡鸭名家》）"淖中央有一条狭窄的沙洲。沙洲上长满了芳草和芦荻。春初水暖，沙洲上冒出很多很多紫红色的芦芽和灰绿色的蒌蒿，很快就是一片翠绿了。"（《大淖记事》）这是高邮水乡独特的景色，与北运河有很大的不同。水边人家的生活也与北方不同，《受戒》中小英子家三面临水，像一个小岛，这里花草杂陈，树木相间，瓜豆蔬菜，四季不缺，鸡鸭成群，牛不生灾，一家四口怡然自得，其乐融融。风景与人相得益彰，和谐共处。这是汪曾祺眼中高邮水乡的生活，像一幅风景画，堪比人间仙境。

其他的运河作家还有很多，周祥《运河滩上儿女情》、重阳《运河伊人》、张宝玺《大河惊梦》、王梓夫《梨花渡》、刘凤起《永远的大运河》、徐则臣《北上》、顾坚《运河逐梦》、刘仁前《香河》等，对大运河的历史文化以及运河区百姓的生活景象的描述，成为大运河形象的生动记录。

四、作为中外交流大动脉的大运河

中国古代贸易有两条线路，分别是陆上丝绸之路和海上丝绸之路。陆海丝

---

① 杨宜伦修，沈之本纂：《乾隆高邮州志》卷11上，清嘉庆二十五年（1820）刻本，第743页。

绸之路是中国古代与世界进行经贸与文化交流的大动脉,大运河是国内中东部地区的大动脉,对外的两条动脉是通过大运河连接起来的,连接点是洛阳、扬州、明州等著名的运河城市。

唐代海上丝绸之路新开辟了登州、扬州至朝鲜、日本,广州至西亚、欧洲的海上通道。"自扬、益、湘南至交、广、闽中等州,公家运漕,私行商旅,舳舻相继。"[1]中唐之后,随着西北陆上丝绸之路相对弱化,经济中心南移,海上丝绸之路成为主要的对外贸易和文化交流通道。贸易的范围逐渐扩大,瓷器取代丝绸成为主要商品。

元朝通过大运河和海上丝绸之路与东南亚、南亚、东非、欧洲等诸多国家保持着经济贸易往来。《马可·波罗游记》记载,中国与亚洲、西方的僧人、官员、商人、传教士、旅行家使团等频繁由运河南来北往中国内地,并经由海上、欧洲交通,形成了古代中国与亚洲、欧洲等广泛的政治、经济、文化联系,促进了古代世界的沟通与交流。

英国学者吉恩斯1890年出版的《世界各国的水道和水运》提到了大运河,在1895年出版的《时代世界地图集》中载有中国大运河的地图。1912年10月美国《国家地理杂志》中刊登了《中国的运河,人类的奇迹》论文,对江南运河地区进行了介绍。早期的传教士利玛窦、金尼阁、理雅各都是经过大运河到达北京的。

作为中国具有重要价值的交通廊道,大运河促进了中国运河沿线文化相互融合,也促进了中外文化交流沟通。中华民族的文化是多元一体的文化。中国地域广阔,由于各个区域地理环境不同,经济发展水平不同,生活习俗不同,带来了文化的差异,而大运河的贯通促进了南北文化和中外文化的大交流,使各种地域文化和外来文化相互交流融合,形成了独具特色的运河文化。大运河最初的功能定位虽然是运输,但运河的船只载着文化、技术和人才资源,播撒到运河沿岸,无形中沟通南北,起到了文化交流传播的作用。

---

[1] (唐)李吉甫:《元和郡县图志》,中华书局1983年版,第137页。

第六节　大运河国家文化公园的当代文化价值

　　从大运河文化带到大运河国家文化公园，可以看出国家对大运河文化建设的重视程度。2017年6月，习近平总书记对大运河文化带建设作出重要指示：大运河是祖先留给我们的宝贵遗产，是流动的文化，要统筹保护好、传承好、利用好。2019年《大运河文化保护传承利用规划纲要》提出了"打造继古开今的璀璨文化带、山水秀丽的绿色生态带和享誉中外的缤纷旅游带"三大功能定位。2019年12月的《长城、大运河、长征国家文化公园建设方案》提出到2023年底基本完成大运河国家文化公园的建设，最终形成具有特定开放空间的公共文化载体，集中打造中华文化重要标志。2021年3月全国人大通过《中华人民共和国国民经济和社会发展第十四个五年规划和2035年远景目标纲要》，纲要中提出了建设长城、大运河、长征、黄河等国家文化公园。2021年7月，国家发展改革委牵头会同有关部门出台了《大运河文化保护传承利用"十四五"实施方案》，确立了"四梁八柱"的顶层设计方案。"四梁"指的是国家发展改革委联合国家文物局、水利部、生态环境部、文化和旅游部分别编制的文化遗产保护传承、河道水系治理管护、生态环境保护修复、文化和旅游融合发展4个专项规划，为大运河文化保护传承利用各专项领域工作提供全局性、支撑性指引。"八柱"指的是国家发展改革委指导大运河沿线北京、天津、河北、山东、河南、安徽、江苏、浙江等省市编制的8个地方实施规划，作为各地推动大运河文化保护传承利用的具体实施依据。在此基础上，国家发展改革委进一步凝练和挖掘大运河文化内涵，推动系统性遗产保护，动员社会力量参与大运河国家文化公园共建共治共享。2021年8月又出台了《大运河国家文化公园建设保护规划》，系统阐释了大运河国家公园建设的工作原则，分阶段明确了发展目标，部署了重点任务。

　　从这些文件和规划中可见，党和国家对于大运河的建设不仅非常重视，而且有切实可行的规划。就具体的建设而言，从大运河文化带到大运河国家文化公园，大运河的建设有了新的发展和飞越。因而在当今时代，探讨大运河的精神内涵，挖掘大运河国家文化公园内在的文化价值，具有继往开来的历史与现实意义。

一、开发大运河的历史文化价值，凸显中国文化的自觉与自信

2014年6月22日，在第38届世界遗产大会上，中国大运河项目成功入选世界文化遗产名录，成为中国第46个世界遗产项目。《大运河文化保护传承利用规划纲要》指出，打造大运河文化带，深入挖掘大运河丰富的历史文化资源，保护好、传承好、利用好大运河这一祖先留给我们的宝贵遗产，是新时代党中央、国务院作出的一项重大决策部署，强调要以大运河文化保护传承利用为引领，统筹大运河沿线区域经济社会发展。

大运河是农业文明体系下，运河工程所能达到的巅峰杰作。在大运河的保护、开发、利用中，如何保护和利用大运河的文化遗产成为当前重要的工作之一。

从物质文化遗产的角度来看，大运河的修筑，解决了在严峻自然条件下修建长距离运河面临的诸多问题，比如地形高差、水源供给、水深控制、会淮穿黄、防洪防灾、系统管理等难题，保证了大运河长期持续通航。大运河的梯级船闸解决了北运河、会通河比降（坡度）过大的问题；南旺济运分水工程解决了运河山东段水源问题；中运河开凿解决了运河航道规避黄河之险的问题；高家堰洪泽湖大堤和清口的"蓄清刷黄"枢纽工程解决了黄河在运口淤塞倒灌的问题；洪泽湖大堤上的减水坝工程和淮扬运河上归江水道工程解决了里下河地区的防灾问题。

大运河一系列独特的工程实践：单闸、复闸、梯级船闸、升船斜面、弯道工程能够维系船只在不同高程水平面的通过。江南运河上的长安闸建于1068年，是世界最早的复闸实例，复闸是大运河工程史上的重大发明。会通河是13世纪

前跨越地形高差最大的越岭运河，其通过水源工程、梯级船闸工程，成功解决了越岭运河的水源调配与水道水深控制问题。

历史上大运河两次大贯通，所形成的时空跨度，使其成为人类历史上开创时间较早、沿用最久、空间跨度最大的运河，大运河代表了人类农业文明时代运河技术发展的最高水平。为了保持水源、保持航道水深，大运河有吞吐水量的水柜、引河、堤坝、水库、泄水闸等工程；为了保障安全，大运河有夯土险工、埽工护岸、土石堤防等工程，这些成为运河修造史上具有典范意义的技术实例。

从遗产保护区而言，大运河的遗产保护区有31处遗产区，85个遗产要素，这些是历史留给后人的宝贵文化遗产。仅就北京一地而言，北京大运河就有两个文化遗产区：通惠河北京旧城段和通惠河通州段。通惠河北京旧城段包含了元明清时期中国大运河的北方终点段——什刹海，以及通往什刹海的玉河故道。其遗产要素包括：通惠河北京旧城段（玉河故道）、澄清上闸、澄清中闸、什刹海，遗产要素都属于运河水工遗存，包括河道（考古遗址）、施工设施、湖泊等。通惠河通州段位于通惠河与北运河交汇的节点位置，是明清两代大运河漕运转运的关键节点。遗产要素包括通惠河通州段，遗产类型属于运河水工遗存（河道）。

什刹海位于北京城区内，包括前海、后海、西海等三个自西向北排列的弓形湖泊。元代什刹海是大运河北方的终点，是北京城内重要的漕运码头，属于利用湖泊水系建成的水库港。元代什刹海又称积水潭，积水潭码头是舳舻蔽水之地，来自全国的物资集散于此地，码头东北岸的斜街和钟楼成为城中最繁华的闹市。元代之后积水潭码头被废，水量减少。

通惠河上的澄清闸是为了调节通惠河河水的水位高差，便于船只出入什刹海而修建的。13世纪在通惠河靠近什刹海的地方设置了澄清上闸和澄清中闸。澄清上闸分为闸门、闸墙、闸基三个部分。目前，除木质闸板腐朽之外，闸墙和闸基依然坚固，保存完好；闸体东侧的万宁桥仍然在使用。澄清中闸是漕船进入什刹海的必由之路，是通惠河重要的水工设施。明朝皇城外扩，玉河故道失去行船功能，澄清中闸废弃。澄清中闸南部为东不压桥，始建于元代前，目前只留有遗址。

这些文化遗产的保护和开发，有利于推动优秀传统文化的保护和传承。大运河的文化遗产类别多，文化价值高，历史与现实交融性强，其中蕴含了深厚的精神内涵，也承载了丰富的时代价值。因而，建设大运河国家文化公园，加强对大运河所承载的丰厚优秀传统文化的保护、挖掘和阐释，有利于传承弘扬中华民族优秀传统文化的价值内核，推动大运河文化与时代发展相融合，使古老的大运河焕发出新的生机活力，为新时代中华优秀传统文化的传承发展提供强大动力。同时大运河文化遗产的保护和传承，也有利于展示中华文明，增强文化自信。大运河承载了厚重、壮美和辉煌的中国历史文化，是中华文明源远流长的见证者，它的建设充分体现了中华民族的勤劳智慧和不屈不挠的文化精神。

大运河国家文化公园的建设是大运河文化保护传承利用的重要举措。通过大运河国家文化公园的建设，能够进一步增强我们的文化自信，促进社会主义文化繁荣兴盛，弘扬和践行社会主义核心价值观，更好地凸显中国精神、中国价值、中国力量，为提升国家文化软实力，实现中华民族伟大复兴提供重要的物质和实践支撑。

二、开拓大运河的旅游价值，促进区域创新融合协调发展

国家发展改革委编制的《大运河文化保护传承利用"十四五"实施方案》提出：到2023年，大运河相关世界文化自然遗产保护水平迈上新台阶，有条件的河段实现旅游通航，绿色生态廊道初具规模，大运河旅游精品线路和品牌初步创立，大运河国家文化公园建设保护任务基本完成。到2025年，大运河沿线各类文化自然遗产保护实现全覆盖，分级分类展示体系基本形成，力争京杭大运河主要河段基本实现正常来水年份有水，绿色生态廊道基本建成，大运河文化和旅游实现深度融合，"千年运河"统一品牌基本形成，大运河国家文化公园成为向世界传播中华文化的重要标志。在大运河历史价值、文化价值的基础上，大运河的旅游价值也越来越被关注。

大运河是中国古代重要的漕运通道和经济命脉，运河沿岸的寺庙、佛塔、古桥、街道、老店、古街，当地百姓的生活，像《清明上河图》的历史长卷一样，生动鲜活地呈现了运河沿岸的各种生态文化。明清时期运河沿岸出现的经济发达、商贾云集的诸多城镇成为当时经济繁荣的标志。但是由于晚清黄河改道、运河淤塞、漕运停止等原因，导致运河河道干涸，相应地，运河沿岸的文化生活受到了影响，戏曲、民间传说、民俗和运河故事等萎缩减少。2017年2月，习近平总书记视察大运河沿岸生态环境时指出，"保护大运河是运河沿线所有地区的共同责任"，"要古为今用，深入挖掘以大运河为核心的历史文化资源"。旅游开发有利于更好地保护大运河遗产，大运河的旅游开发不仅能够保护大运河遗产，而且有利于大运河焕发新的生机和活力。

大运河的旅游开发对于大运河文明的传承与保护非常有利。作为黄金水道的大运河，它集中体现了中华民族人定胜天、善于开拓和不屈不挠的民族精神，折射出中华民族努力进取、劈山通海的勇气。运河是融合、沟通、流动的文化，它体现了中华民族"天人合一"的思想精髓。运河文化源远流长、博大精深，融合了吴越文化、齐鲁文化、燕赵文化、荆楚文化、中原文化、秦晋文化等不同地域文化的精华，并融为一体。运河沿岸的历史文化遗存和丰富的文化资源、文化传统是巨大丰富的文化宝库。因此对于大运河进行旅游开发，不仅有利于继承和发展这些优秀文化资源，而且有利于增强中国文化的包容性，增强对中国文化的自信力。

大运河沿岸不同区域纷纷对大运河的旅游资源进行设计和开发，不同城市根据各自的特点提出了不同的方案，比如江苏、杭州、北京等地区。

（一）江苏的规划与发展

在大运河文化带和国家文化公园的建设方面，江苏构建了"1+1+6+11"的规划体系，23个核心展示园，26条集中展示带，153个特色展示点，形成空间展示体系，江苏省的大运河主题展示区、文旅融合区以及"三种空间形态"的建设等，在大运河国家文化公园的建设方面取得了成功的经验。

在文化遗产保护方面，江苏省建立了省级大运河文化遗产监测管理平台，建成了大运河江苏段水文化遗产数据库,将淮安水闸、扬州隋炀帝墓等运河遗产纳入国家保护单位;让江南水乡、古镇的保护、申遗,古城沿线的村镇保护等工作系统地进行。

在生态保护上,实施"一河一策"行动计划,遥感监测常态化,推进南水北调东线工程、清水廊道、江淮生态大走廊等重大工程建设。

在城市文化建设上,扬州三湾夜游、苏州"运河十景"、淮安里运河文化长廊、无锡运河外滩休闲街区,成为新时代的城市文化探索地。无锡滨湖区是苏南运河无锡段流经的核心区域之一,这里带动了以创意设计、影视广播、数字内容为主体的新兴业态的发展,打造了如溪南公馆、运河外滩这一批全新的文化消费网红打卡地。

在文化上,编撰首部《中国大运河志》,拍摄歌剧电影《运之河》等文艺作品;在扬州建设"中国大运河博物馆",在淮安建设"中国水工程博物馆"。

"十四五"期间,江苏还将统筹推进大运河文化带江苏段文化遗产保护、生态环境保护提升、文化旅游融合发展、名城名镇保护修复、运河航运转型提升和岸线空间资源优化,打造走在全国前列的先导段、示范段、样板段。

(二)杭州的规划与发展

大运河(杭州段)是中国大运河沿线二十七个城市中唯一兼具京杭大运河、隋唐运河、浙东运河三类运河的河段,也是千年的南方漕运枢纽。杭州大运河国家文化公园规划涉及十一条河道:一是世界遗产河道"杭州塘、上塘河、中河、龙山河、西兴运河";二是历史运河主河道"余杭塘河、西塘河、东苕溪";三是现代运河主河道"运河三堡段、杭甬运河、运河二通道"。杭州的运河河道总长度261千米,涉及拱墅区、上城区、临平区、余杭区、西湖区、滨江区、萧山区等七个运河沿线中心城区。

大运河(杭州段)的独特之处在于,它是城河相依、活态传承、南北经济动脉、多元交融之所、国际交流之窗。正因为如此,《杭州大运河国家文化公园规划》对杭州大运河的建设和开发提出了规划和设计。

首先是覆盖面更大。杭州段建设范围覆盖大运河沿线7个城区,杭州大运河国家文化公园将重点建设管控保护、主题展示、文旅融合、传统利用四类功能区。管控保护区是大运河国家文化公园的基础资源空间,由大运河世界文化遗产的遗产区和缓冲区,与大运河相关的全国重点文物保护单位的保护范围和建设控制地带,以及新发现发掘的大运河相关文物遗存临时保护区组成。主题展示区是大运河国家文化公园的主要实体空间,由具备开放参观游览条件、地理位置和交通条件相对便利的特色文物和文化遗产资源,周边与之文脉关联、风貌统一的区域环境,以及其他布局分散但具有特色文化意义和体验价值的资源点组成。主题展示区重点打造核心展示园,构建特色集中展示带,优化布局特色展示点。文旅融合区是大运河国家文化公园的价值延展空间,由主题展示区及其周边就近就便和可看可览的历史文化、自然生态、优质文旅资源组成。传统利用区是大运河国家文化公园的重要支撑空间,由管控保护区、主题展示区、文旅融合区之外的城乡居民、企事业单位、社团组织所在的传统生活生产区域组成。

其次是多元化的建设。杭州大运河国家文化公园的十大核心展示园包括:拱宸桥运河文化群落核心展示园、塘栖江南运河名镇核心展示园、上塘古韵寻踪核心展示园、浙东诗路启程核心展示园、浙东官河复兴核心展示园、皇城宋韵核心展示园、大运河世界文化遗产公园核心展示园、运河西部水乡粮仓核心展示园、江河汇现代运河核心展示园、武林运河繁华商旅核心展示园。这其中既包括传统运河文化的核心展示区,也包括现代运河文化的展示园。

整个项目预计到2023年底基本建成,2025年底在大运河文化公园范围内,将实现各类文化遗产资源保护全覆盖,基本形成分级分类展示体系。

(三)北京的规划与发展

北京2021年10月出台了《北京市大运河国家文化公园建设保护规划》,规划提出北京市将全面打造管控保护、主题展示、文旅融合、传统利用四个功能分区,积极推进保护传承、研究发掘、环境配套、文旅融合、数字再现五个重点工程,推出一批标志性项目,以线串珠,以珠带面,延续壮美运河千年神韵,打造具有首都标准、北京特色、时代气象的北京市大运河国家文化公园,使大运河成为文化之河、生态之河、发展之河、民生之河、融合之河。具体的就是依托大运河资源，将通州区向旅游业转型。北京在面临运河生态保护与修复以及如何保护与合理利用运河物质文化遗产和非物质文化遗产等问题时，也提出了相应的解决方案。

运河文化作为北京城市副中心文化大厦的奠基石，保护好现存的通州古城历史空间格局，深入发掘历史遗存等工作，很多都是围绕运河展开的。因此，通州区政府在恢复运河文化历史文化遗迹方面开展了许多工作，比如保护"三庙一塔"、修复通州古迹大光楼、恢复和整理"通州八景"等。

目前，在原运河区已经建成运河文化广场、运河奥体公园、通州运河公园、运河生态公园等以运河为主题的场所。通过在这些地方举行与运河文化相关的文化活动或者庙会等民俗活动，唤起通州人民对运河的历史记忆。

大运河沿线分布有不少运河古镇，但发展水平参差不一。通州对运河古城、古镇的保护与开发利用亦具有一定借鉴意义，其境内有四大运河古城、古镇，分别为通州古城区、张家湾古城区、漷县古城区和路县故城遗址区。通州古城区主要是通过原运河遗址遗存的修复、复原提升城市副中心文化活力与内涵；张家湾古城区的重点是发掘通州的漕运文化渊源；漷县古城区则是借追溯皇家游猎文化，开展漷县延芳淀湿地建设工程，同时改善当地的生态环境；路县故城遗址区是加强考古发掘、历史研究与保护展示，通过建设路县故城考古遗址公园创建历史文化展示窗口。以上四个运河古镇、古城根据规划打造出不同模式、不同主题的运河特色小镇。大运河沿线其他运河古镇古城可以根据各自的特点制定适宜的发展模式。

习近平总书记指出，"保护大运河是运河沿线所有地区的共同责任"，强调"通州有不少历史文化遗产，要古为今用，深入挖掘以大运河为核心的历史文化资源"。运河文化节作为弘扬运河文化的盛会，自2020年举办以来，受到了国内外运河城市、广大市民群众的高度认可和热烈欢迎，成为首都北京亮眼的文化品牌之一。

为了保存物质文化遗产和非物质文化遗产，一批博物馆出现在大运河文化带。截至2022年7月底，大运河沿线七区共有备案博物馆165家，2021年以来新增备案博物馆10家。北京大运河博物馆正式定名成立，2023年底向公众开放。

总之，不同地域依据不同自然景观，结合自身城市特点，在不断开发建设各地运河旅游资源的同时，又结合国家文化公园建设的总体思路，将各地的分步建设统一融合在一处，从而完成大运河国家文化公园整体构想，成为体现大运河自然风貌，融合历史、人文特色的全方位的城市公园的新模式。

大运河是贯通南北的文化长廊，也是联系不同区域的重要经济动脉和生态廊道，拥有极为丰富的文化、生态、航运资源。打造大运河文化带，紧密结合国家重大区域协调发展战略，统筹大运河相关资源的合理开发利用，推进文化旅游和相关产业融合发展，以文化为引领，促进区域经济高质量发展与当地社会的和谐繁荣，为新时代区域创新融合协调发展提供示范样板。

三、深化国内外文化交流与合作，讲好中国故事

习近平总书记强调，"讲好中国故事，传播好中国声音，展示真实、立体、全面的中国，是加强我国国际传播能力建设的重要任务"。新时代的中国正在经历着历史上最为广泛而深刻的社会变革，尤其是在构建人类命运共同体的今天，中国与世界的联系更加密切。坚持在中国文化的根基下，与世界文化协同发展，是人类文明融合和发展的重要途径。

大运河是全国各民族各地区交融互动的关键纽带之一，同时它处于中外文明交流互鉴的前沿地带，大运河的拓展对中外文明发展产生了深远影响，成为中华民族留给世界的宝贵遗产。在中外文化交流中，大运河成为中外城市交流的一个重要方面。据统计，全球有500多条运河，300多个运河城市，分布于世界各大洲51个国家，运河成为这些国家文化交流的重要名片。2009年全球运河国家在扬州成立了世界运河历史文化城市合作组织，每年举办世界运河城市博览会或者运河城市论坛，推动了大运河的国际交流与合作。2018年中国与欧美运河古镇开展世界运河古镇联盟交流合作。2019年举办世界运河大会，向世界

推荐大运河及运河文化,把大运河文化的中外交流由文化交流向城市建设、经济发展、社会治理等领域发展,打造交流新话题,开辟交流新境界。

在中外文化交流中,对于大运河传奇故事的讲述,梳理文化源流,凸显中国的文化特质,具有特别重要的意义。因此,在交流中互鉴,再现大运河包容开放的天然属性,将为新时代讲好中国故事,更好展现真实、立体、全面的中国提供重要平台。

第四章
CHAPTER 4

长征国家文化公园的核心价值

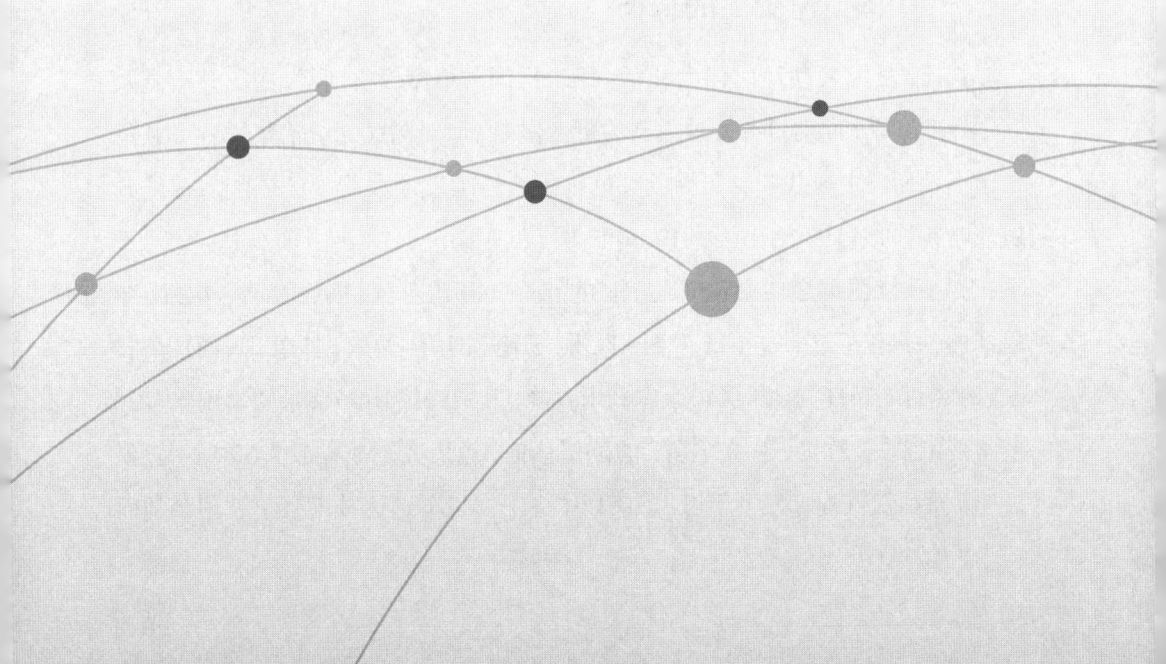

第一节 中国革命史诗的文化记忆

如果问中国共产党领导的中国革命事业是如何从一个胜利走向又一个胜利，最终建立了社会主义新中国的，答案会有很多种，但其中最为重要的一条，就是中国共产党的领导，以及在中国共产党领导下，中国人民和人民军队在艰苦卓绝的斗争中所凝聚成的中国共产党人精神谱系，成为党领导人民克服各种艰难险阻、不断取得胜利的精神力量。长征——这一人类历史上的伟大壮举，为中国共产党和其领导的人民军队筑牢了思想、凝聚了精神、塑造了文化、锻炼了干部、积蓄了力量，为日后的革命胜利奠定了坚实的基础。而长征中凝结成的长征精神作为中国共产党人红色基因和精神谱系中的重要组成部分，已经深深融入中华民族的血脉和灵魂，成为鼓舞和激励中国人民实现中华民族伟大复兴新的伟大征程新胜利的强大精神动力。而建设长征国家文化公园，正是深入挖掘长征红色资源，弘扬伟大长征精神，使红色基因代代相传的重要举措和重大决策。

一、中国革命史上的长征

长征，是惊天动地的伟大壮举。第二次国内革命战争期间，中国共产党及其领导的红军，面对日本帝国主义的野蛮侵略、面对国民党统治集团置民族危亡于不顾而向中国共产党领导的红色根据地连续发动大规模"围剿"，被迫开展战略转移。从1934年10月到1936年10月，红军第一、二、四方面军和第二十五军，分别从江西瑞金中央苏区、湘鄂川黔苏区、川陕苏区、鄂豫皖苏区出发，穿越江西、福建、广东、湖南、广西、贵州、云南、四川、西康、甘肃、陕西11个省区，跨越近百条江河，翻越40余座高山险峰，其中海拔4000余米的雪山就有20余座，穿越了被称为"死亡陷阱"的茫茫草地，经历大小战役战斗600多次，仅红一方面军就行程二万五千里，最终以中央主力红军到达甘肃会宁胜利会师而宣告长征的结束。

长征，是一部壮丽的革命史诗。长征，无论是参与的人数、行进的里程、自然环境的恶劣程度，还是革命斗争的残酷性，在人类历史上都是罕见的，在半殖民地半封建的社会形态下，本来生活条件和战斗条件就非常恶劣，又在国民党军队和地方军阀势力以及土匪的围追堵截之下，红军官兵在没有现代交通工具、缺少有效后勤保障的情况下，靠着坚定的理想信念、必胜的决心和顽强的意志、钢铁般的纪律，边行军、边战斗，靠两只脚板走出了历史奇迹、走出了革命的胜利。

长征，是一座历史的丰碑。长征途中，英勇的红军，血战湘江、四渡赤水、巧渡金沙江、强渡大渡河、飞夺泸定桥、鏖战独树镇、勇克包座、转战乌蒙山，击退上百万穷凶极恶的追兵阻敌，征服空气稀薄的冰山雪岭，穿越渺无人烟的沼泽草地，在红一方面军二万五千里的征途上，平均每300米就有一名红军牺牲。长征这条红飘带，是用无数红军的鲜血染成的。

在土地革命战争时期，长征是一次伟大的战略转移；对全民族抗日战争来说，长征是一次战略力量的保存和积蓄；对于新中国的革命、建设和改革开放、实现中华民族伟大复兴新征程来说，长征是一种精神昭示和传承。

二、史料与文艺作品中的长征

长征作为一种精神符号、一种历史传奇被党史专家、军事专家深入研究，成为中外军事教材中的经典案例和军事思想的重要内容。2006年3月中共党史出版社出版了由力平、余熙山撰写的《中国工农红军长征简史》；2011年1月军事科学出版社出版了由军事科学院军事历史研究所编著的《中国工农红军长征全史（全5册）》；2016年4月中共党史出版社出版了由中共中央党史研究室第一研究部编著，郭德宏、张树军、韩钢、徐占权等著名党史军史专家撰写的《红军长征史》；2016年8月解放军出版社编辑出版了《中国工农红军长征史料丛书》……这些既有纪实性又有研究性的图书资料出版面世，对于中国共产党党的建设、军队建设、军事理论、战略思想以及长征精神的研究都起到了巨大的作用。

除了党史和军事研究之外，长征还通过文学作品等形式广为传播，使长征成为一种文化现象。最早以文学作品形式记述长征的是美国记者埃德加·斯诺，1936年6月斯诺访问陕甘宁边区，写了大量通讯报道，成为第一个采访红区的西方记者。1937年10月他撰写的纪实性文学作品《红星照耀中国》（《西行漫记》）在英国伦敦公开出版，在中外进步读者中引起极大轰动；1938年2月，中译本又在上海出版，让更多的人看到了中国共产党和红军的真正形象。此后，又有很多以长征为主题的报告文学、小说、采访纪实等文学作品问世，最让大家熟知的有：美国作家、全美作家协会主席哈里森·埃文斯·索尔兹伯里于1986年10月完成并在美国出版、三年后被译成中文在中国出版发行的纪实文学《长征——前所未闻的故事》，1987年由作家赵蔚撰写、中国青年出版社出版的长篇历史小说《长征风云》，1987年由著名作家魏巍创作、人民文学出版社出版的长篇小说《地球的红飘带》，1995年由作家李镜撰写、解放军出版社出版的长篇纪实文学《大迁徙》，2006年9月由军旅作家王树增撰写、人民文学出版社出版的长篇小说《长征》，以及解放军文艺出版社的《红军长征记》《我的长征——寻访健在老红军》、四川人民出版社的《中国工农红军长征亲历记》、山西人民出版社的《亲历长征》、上海人民出版社的《二万五千里》等一批文学作品。

长征故事长征精神还以影视歌舞剧等艺术形式广泛弘扬，其中影视作品有《万水千山》《祁连山的回声》《草地》《突破乌江》《四渡赤长》《长征》《大渡河》《大磨坊》《马蹄声碎》《红叶铺满小路》《六盘山》《红鹰》《金沙江畔》《山寨火种》《金沙水拍》《彝海结盟》《冰山雪莲》《勇士》《伟大的转折》等，以及歌剧《长征》、京剧《长征》、大型历史史诗《长征组歌》等。

三、新世纪新的长征

为了进一步弘扬长征精神，永远铭记革命先烈的丰功伟绩，彰显中华优秀传统文化的持久影响力、革命文化的强大感召力，不断增强人民群众的"四个自信"，2017年初，中共中央办公厅、国务院办公厅印发的《关于实施中华优秀传统文化传承发展工程的意见》提出"规划建设一批国家文化公园，成为中华文化重要标识"，长征文化公园作为首批建设的国家文化公园被摆上重要日程。2019年7月，中央全面深化改革委员会审议通过了《长城、大运河、长征国家文化公园建设方案》，国家文化公园建设进入"快车道"，并明确提出到2023年底国家文化公园建设基本完成。长征国家文化公园，以中国工农红军第一方面军（中央红军）长征线路为主，兼顾红二、四方面军和红二十五军长征线路。涉及福建、江西、河南、湖北、湖南、广东、广西、重庆、四川、贵州、云南、陕西、甘肃、青海、宁夏等15个省区市。长征国家文化公园建设，无疑是彰显长征精神、弘扬长征文化的又一鼎力之举。

今天，长征的历史、长征的故事、长征的精神、长征的文化，无论以什么方式传颂和弘扬都是极其必要的，也是"功在当代、利在千秋"的事情。站在迈进新时代的历史交汇点上，面对实现中华民族伟大复兴的历史使命，我们耳边又响起共和国领袖们的声音。

毛泽东同志曾告诫我们："夺取全国胜利，这只是万里长征走完了第一步。"[1]尽管我们实现了中华民族从站起来到富起来，再到强起来的历史巨变，但在新的长征路上，我们仍旧"只是万里长征走完了第一步"。

在纪念红军长征胜利80周年大会上的讲话中，习近平总书记指出："前进道路上，我们要大力弘扬伟大长征精神，激励和鼓舞全党全军全国各族人民特别是青年一代发愤图强、奋发有为，继续把革命前辈开创的伟大事业推向前进，在实现'两个一百年'奋斗目标、实现中华民族伟大复兴中国梦新的长征路上续写新的篇章、创造新的辉煌！"[2]

---

[1] 《毛泽东选集》第四卷，人民出版社1991年版，第1438页。
[2] 《习近平谈治国理政》第二卷，外文出版社2017年版，第57页。

第二节　不怕牺牲、永不言败的价值信仰

长征是20世纪最能影响世界前途的重要事件之一,是世界战争史上最为惨烈也最为雄壮的战争范例,是充满革命理想和献身精神、用意志和勇气书写的红色史诗,是用生命和热血铸就的党魂军魂,是不怕牺牲、永不言败的英雄气概和革命精神的铸就和彰显。

"为有牺牲多壮志,敢教日月换新天。"长征正是中国共产党人及其领导的人民军队在逆境中敢于奋斗、在绝境中敢于牺牲价值信仰的完美诠释,是压倒一切敌人而不被任何敌人所压倒、征服一切困难而不被任何困难所征服的英雄气概和革命精神的完美呈现。正如习近平总书记在纪念红军长征胜利80周年大会上的讲话中指出的那样:"长征向全中国、向全世界庄严宣告,中国共产党及其领导的人民军队,是用马克思主义武装的、以共产主义为崇高理想和坚定信念的。长征路上的苦难、曲折、死亡,检验了中国共产党人的理想信念,向世人证明了中国共产党人的理想信念是坚不可摧的。"[1]

一、不怕牺牲、永不言败的价值信仰源于崇高的革命理想

长征的胜利是共产党人崇高理想信念的胜利,是革命真理在战火和苦难中的检验。长征中所历经的战火、雪山、草地、缺衣、缺粮、少药等艰难困苦是革命理想的试金石,也是革命意志的"磨刀石",那些理想信念不坚定者如大浪淘沙般被清除,而革命意志坚定者经过长征这一苦难的洗礼,信仰变得更加坚定。他们就靠着"相信党、相信红军,为穷苦人打天下"这么朴素的感情,执着地、顽强地与国民党反动派斗争,与残酷的自然环境斗争,直至长征胜利、中国革命胜利。2019年5月21日,习近平总书记在江西南昌市主持召开推动中部地

---

[1] 习近平:《论中国共产党历史》,中央文献出版社2021年版,第142页。

区崛起工作座谈会时动情地说:"他们靠的就是坚定的革命理想信念。最重要的信念就一条,就是相信共产党,相信红军,相信跟着红军走就是有前途,相信共产党做的事情就是为穷苦老百姓好,相信共产党说的就是真理。""当时的情况下,红军有可能成功,也有可能不成功,比如红军无法渡过湘江、乌江、大渡河,过不了雪山草地,三大红军主力最后无法会合。但是,星星之火可以燎原。理想信念之火一经点燃,就永远不会熄灭。只要理想信念在,党的事业一定会成功。这是历史的必然。也正因如此,党和红军才一次次绝境重生,愈挫愈勇,创造了难以置信的奇迹。"[①]

长征的胜利启示我们,没有牢不可破的理想信念,没有崇高理想信念的有力支撑,长征是不可能胜利的。在中国特色社会主义进入新时代,在实现中华民族伟大复兴新的征程中,我们仍然要树立起远大的共产主义理想和坚定的中国特色社会主义共同理想,用长征精神中所形成的不怕牺牲、永不言败的价值信仰坚定意志,去战胜我们前路上的大渡河、娄山关、腊子口。

二、不怕牺牲、永不言败的价值信仰源于对党和人民的忠诚

长征是中国共产党人及其领导的人民军队在艰苦战争环境下创造的一项历史奇迹,长征的胜利是革命理想的胜利,也是正确革命道路的胜利,而能够实现这种胜利的原因是中国共产党人及其领导的人民军队对党和人民的绝对忠诚。无论在什么情况下,作为一名党员、作为一名军人,只有明确了政治方向,只有坚定了政治方向,才能够一往无前、不怕牺牲、敢于胜利。另外,长征乃至中国革命的胜利启示我们,不怕牺牲、永不言败的价值信仰源自对人民的忠诚。早在长征结束后,毛泽东同志在总结第二次国内革命战争而形成的《中国革命战争的战略问题》中就明确指出:"中国共产党是英勇坚决地领导了中国的革命战争,在十五年的长岁月中,在全国人民面前,表示了自己是人民的朋友,每一天都是为了保护人民的利益,为了人民的自由解放,站在革命战争的最

---

① 摘自新华社南昌2019年5月22日社论。

前线。"①正是明确了"为了谁"的问题,才有了正确的政治方向,中国共产党才能带领人民群众不断取得革命和建设的伟大胜利,也正如习近平总书记带领新一届中央领导集体瞻仰上海中共一大会址和浙江嘉兴南湖红船时讲话所指出的:"'其作始也简,其将毕也必巨。'96年来,我们党团结带领人民取得了举世瞩目的伟大成就,这值得我们骄傲和自豪。同时,事业发展永无止境,共产党人的初心永远不能改变。唯有不忘初心,方可告慰历史、告慰先辈,方可赢得民心、赢得时代,方可善作善成、一往无前。"②

长征的胜利启示我们,在新的长征路上,我们也必须明确方向、坚定方向,牢记"为什么人、靠什么人"的问题,始终把人民立场作为根本政治立场,把人民利益摆在至高无上的地位,不断把为人民造福的伟大事业推向前进。

三、不怕牺牲、永不言败的价值信仰源于铁的纪律

"加强纪律性,革命无不胜。"党领导的人民军队经过"三湾改编"后形成了党对军队的绝对领导,为人民军队增强纪律性提供了坚强的组织保障;而在井冈山斗争中又形成了"三大纪律六项注意"("三大纪律八项注意"的雏形),则为人民军队增强纪律性提供了制度保证;古田会议的召开,为人民军队加强纪律性提供了思想保障。因此在长征中,正是有了铁的纪律,红军才能实行统一的领导、执行统一的号令,才能在危难关头不断修正错误而取得胜利。在长征中,严格纪律不仅体现在军队的领导体制上,还体现在红军的作风上,更体现在军民的关系上:遵义会议等一系列会议充分体现了红军领导体制上的民主集中制原则和"党指挥枪"的基本原则;湘江战役、突破乌江、四渡赤水、飞夺泸定桥、夺取娄山关、攻打腊子口等战斗则体现了红军战士遵守纪律、不怕牺牲、紧密团结、顾全大局的优良作风;而正是红军战士严格遵守"三大纪律六项注意",长征途中才会有老百姓愿意为红军带路、愿意把自家门板拿出来给红军搭浮桥、愿意将自己仅有的一点粮食拿出来为红军做军粮……正如邓

---

① 《毛泽东选集》第一卷,人民出版社1991年版,第184页。
② 《习近平谈治国理政》第三卷,外文出版社2020年版,第498页。

小平同志曾指出的那样："过去我们党无论怎样弱小，无论遇到什么困难，一直有强大的战斗力，因为我们有马克思主义和共产主义的信念。有了共同的理想，也就有了铁的纪律。无论过去、现在和将来，这都是我们的真正优势。"[①]

长征的胜利启示我们，在实现中华民族伟大复兴的新长征道路上，我们必须要以铁的纪律作保证，坚持党对各项工作的全面领导，深刻把握"两个确立"，切实做到"两个维护"，坚决做到听从以习近平同志为核心的党中央的号令，闻令而动、令行禁止，进一步发扬"不怕牺牲、永不言败"的优良作风，夺取新时代新目标新的伟大胜利。

第三节　国家文化公园与新时代红色文化的传承

长征是一首震撼古今中外的历史长歌，长征是一条永远飘扬在中华大地的红色飘带，长征是推动实现中华民族伟大复兴的精神动力。正如习近平总书记在纪念红军长征胜利80周年大会上的讲话中指出的那样："蓝图已绘就，奋进正当时。前进道路上，我们要大力弘扬伟大长征精神，激励和鼓舞全党全军全国各族人民特别是青年一代发愤图强、奋发有为，继续把革命前辈开创的伟大事业推向前进，在实现'两个一百年'奋斗目标、实现中华民族伟大复兴中国梦新的长征路上续写新的篇章、创造新的辉煌！"[②]

建设长征国家文化公园，弘扬伟大的长征精神，就要让一辈辈人不断重温长征那段可歌可泣的光辉历史，让长征留给我们的遗迹、遗址等重要的物质财富不断转化为激励我们不断前行的精神财富，让长征精神升华为中华民族的文化象征不断固化。

---

① 《邓小平文选》第三卷，人民出版社1993年版，第144页。
② 习近平：《论中国共产党历史》，中央文献出版社2021年版，第157页。

一、建设长征国家文化公园，留住中华民族伟大复兴的根脉

2017年初，中共中央办公厅、国务院办公厅印发的《关于实施中华优秀传统文化传承发展工程的意见》首次提出"规划建设一批国家文化公园，成为中华文化重要标识"。2019年7月，中央全面深化改革委员会审议通过了《长城、大运河、长征国家文化公园建设方案》。自此，国家文化公园建设在中央的直接关心和指导下进入了"快车道"。长征国家文化公园的建设，对坚定文化自信，彰显中华优秀传统文化的持久影响力、革命文化的强大感召力具有重要意义。

从《长城、大运河、长征国家文化公园建设方案》可以看出，长征国家文化公园，以中国工农红军第一方面军（中央红军）长征线路为主，兼顾红二、四方面军和红二十五军长征线路，涉及福建、江西、河南、湖北、湖南、广东、广西、重庆、四川、贵州、云南、陕西、甘肃、青海、宁夏等15个省区市。

建设方案发布后，长征沿线各省区市积极响应，纷纷开展国家文化公园建设的考察论证工作，江西、贵州、四川等省先行先试，探索建设经验。中央红军集结出发地江西省于都县，一座长征国家文化公园正加紧建设。2021年6月，四川、贵州、云南三省文物局在四川古蔺县签署战略合作协议，成立"长征国家文化公园四渡赤水红色联盟"，约定加快推进川滇黔长征国家文化公园建设。同年8月，《云南长征国家文化公园建设保护规划》获国家文化公园专家咨询委员会审议通过，其他相关工作稳步推进。贵州遵义制定的总体布局是，建设"十六展示园，遵义为中心；十一展示带，环廊为重点"，建立以"长征干部学院"为品牌的长征红色教育培训体系，依托长征历史步道建设打造"千里红军路"，串联沿线"百个红军村"等。甘肃长征国家文化公园建设的主体思路是"三线、三区、八节点"，即：北上会师、奔向边区和西路军征战河西3条主线，北上胜利会师、红色革命根据地和血沃河西3个片区，以及俄界会议——腊子口战役、哈达铺会议、榜罗镇会议、会宁红军会师、南梁革命根据地、两当红色革命、洮州会议、临泽——高台红西路军旧址8个保护节点。

长征国家文化公园的建设，线路长、跨越省区多、自然资源和文化传承差

异大,因此必须建立中央统筹、省区负总责、分级管理、分段负责的工作格局,通过强化顶层设计、跨区域统筹协调,健全工作协同与信息共享机制推动国家文化公园建设步伐。

二、建设长征国家文化公园,推动文旅融合和地区经济发展

长征国家文化公园建设,就是要加强长征革命文物保护、利用、传承,加强长征文化、长征精神的挖掘、研究、宣传,形成较为完整的长征革命历史文物保护利用展示体系,讲好长征故事,传承好红色基因,打造长征红色文化传承创新新模式。

(一)挖掘、保护和利用好长征革命文物,进一步讲好长征故事

长征胜利已经近90年了,随着时间的推移,很多历史遗迹已经不复存在了,当时参加长征的老红军、帮助红军长征的老乡大多数都已经作古了,但是历史是不能磨灭的,要根据历史记载运用现代科技,进一步对长征时期的遗物、遗迹进行收集整理和挖掘保护,尽可能还原90年前的历史场景,通过博物馆、纪念馆、档案馆等载体,将历史人物、历史故事全面、真实、立体地进行呈现。

(二)国家文化公园建设要与旅游、休闲、经济发展有机结合起来

《长城、大运河、长征国家文化公园建设方案》明确,要坚持保护优先、强化传承,文化引领,彰显特色,总体设计、统筹规划,积极稳妥、改革创新,因地制宜、分类指导,根据文物和文化资源的整体布局、禀赋差异及周边人居环境、自然条件、配套设施等情况,重点建设管控保护、主题展示、文旅融合、传统利用4类主体功能区。国家文化公园建设要结合当地的群众生活和经济发展,发挥出文化教育、公共服务、旅游观光、休闲娱乐、引领发展的独特功能,特别是通过国家文化公园建设,带动沿线经济落后地区脱贫致富,让更多老百姓享受到国家文化公园建设的红利,实现经济富裕、精神富足双丰收。

(三)"红""绿"交织进一步加强生态环境建设

"红"就是要进一步发挥主题公园的作用,通过合理规划和布局,分级分类建设完善爱国主义教育基地和博物馆、纪念馆、陈列馆、展览馆等展示体

系，建设完善一批教育培训基地、社会实践基地、研学旅行基地等，发挥"沉浸式""体验式""实践式""研究式"文化教育功能。"绿"就是通过统一规划，修复国土空间环境，发挥自然生态系统修复治理和水土流失治理、水污染防治项目作用，加强城乡综合整治，维护人文自然风貌，让红军长征沿线的自然生态环境得到有效治理和永续发展，进一步探索经济发展、生态环境保护、长征精神传承相得益彰、多方共赢的新路子。

（四）加强国家文化公园管理，打造文化旅游新地标

长征国家文化公园建设立意高远、思路超前、规模宏大、意义重大，只要下定决心就能很快建设完成，但真正需要做的工作是文化公园的管理，需要在文化公园建立之初就能够编制好规划、制定好法律、做好工作协调、形成好管理机制。长征国家文化公园建设工程是政治工程、文化工程、民生工程，要将长征国家文化公园建设打造成享誉世界、惠及子孙的文旅新地标，因此要加强后期的管理，正如北京第二外国语学院中国文化和旅游产业研究院邹统钎教授等指出的那样，在长征国家文化公园建设中要完善管理运营机制，在准入、评价、数字化管理、人才保障、监督举报等方面建立一系列保障和监督机制，促进公园可持续发展。

三、进一步利用好长征国家文化公园，弘扬长征精神

长征国家文化公园要保护、利用、研究、传承并举，特别是要利用好长征国家文化公园独特的红色资源、红色基因，研究和传承好长征精神，让中国人民特别是青少年在实现中华民族伟大复兴的伟大征程上不忘初心、传承好红色血脉，凝聚起走好新长征路的强大精神动力。

（一）进一步加强长征文化研究，特别是对长征精神的新时代阐释

长征是历史的偶然，更是历史的必然。历时一年之久的长征，不仅改变了红军的命运，更改变了中国的命运，实现了中央红军的战略转移，确立了北上抗日的战略目标，而且实现了中国共产党将马列主义基本原理同中国革命实际的相结合，是中国共产党独立自主地开展革命运动的开始。长征为我们留下了丰

富的历史经验和文化遗产，利用长征国家文化公园的丰厚资源开展长征文化和长征精神的深入挖掘研究意义重大。

（二）进一步强化长征国家文化公园的教育功能，弘扬长征精神

长征时期的苦难岁月已经远去了，不再有敌军的围追堵截，不再有湘江、娄山关、大渡河、腊子口的艰苦鏖战，不再有草山雪地的恶劣环境和吃不饱、穿不暖、缺医少药的艰苦环境，但长征精神却依然是我们走好新长征路的精神动力，是我们战胜各种新的艰难险阻的保障和财富。要发挥国家文化公园特殊的教育功能，加强长征文化和长征精神的宣传，通过纪念碑、纪念馆、红色遗迹等红色资源以及长征人物、长征故事等精神资源，通过开展专题文化游、红色教育游、主题夏令营等多种形式，大力开展长征文化和长征精神的宣扬，实现育人铸魂功能，让红色基因融入中国人民的血脉。

（三）创新长征文化的展示方式，实现长征文化的现代转化

长征离现代生活已经较为久远了，人们更多的是从书本、影视作品中去感悟长征的历史生活。长征国家文化公园建设，就是要让人们有沉浸式的体验，有切身的体悟，从而加深对长征文化和长征精神的理解和把握。长征国家文化公园建设过程中要尽可能采用现代科技成果，比如通过数字化技术、VR等新媒体传播手段，将现实和虚拟场景相结合，让人们有身临其境的感觉，从而增强教育的效果。同时长征国家文化公园建设还要适应现代人的需要，增加长征文化的时代感，用现代话语体系阐释长征文化和长征精神，从而增强长征文化与长征精神的传播力和感召力。

第五章
CHAPTER 5

黄河国家文化公园的核心价值

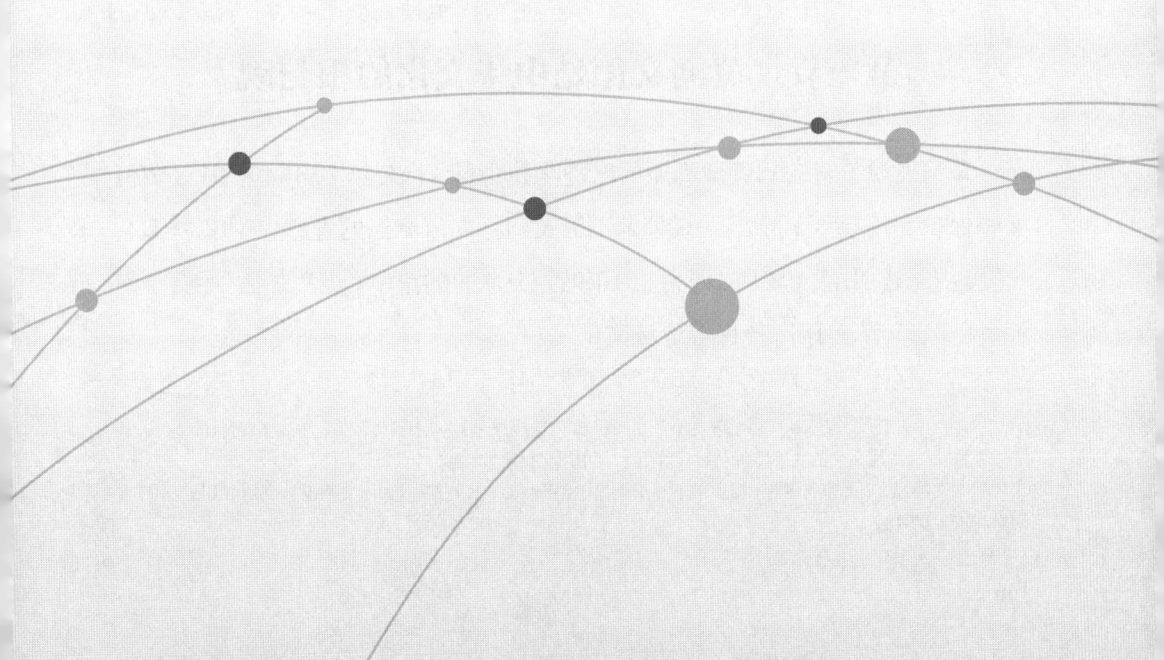

中华文明起源于黄河文化。以黄河文化为滥觞的经济基础、政治制度、道德观念、文化特质，为中华文化的绵延注入了灵魂，并提供了主体性支柱。2019年9月18日，习近平总书记在郑州主持召开"黄河流域生态保护和高质量发展座谈会"，并提出将黄河流域生态保护和高质量发展作为重大国家战略。保护、传承、弘扬黄河文化是这一重大国家战略的重要着眼点。

中共中央办公厅、国务院办公厅印发《"十四五"文化发展规划》中提出："加强黄河流域历史文化遗产调查认定和系统保护利用，发挥黄河青海、甘肃、内蒙古、河南、山东段重点建设示范引领作用，其他省份同步推进，加强黄河文化系统研究和宣传推介，建设黄河文化遗产廊道和文化旅游带。"[1]黄河文化因其"根源性、灵魂性、包容性、忠诚性、原创性、可持续性"[2]等特征，而具有重要的历史价值与时代价值。黄河国家文化公园为推进黄河文化遗产的系统保护提供了载体，赓续黄河文化所蕴含的民族文化认同，从而讲好"黄河故事"，延续历史文脉，坚定文化自信，为实现中华民族伟大复兴的中国梦凝聚精神力量。

第一节　黄河文化是中华文化的根与魂

黄河发源于青海省青藏高原的巴颜喀拉山脉，干流全长5464公里。《黄河文物保护利用规划》指出："规划范围为黄河干支流流经的青海、四川、甘肃、宁夏、内蒙古、山西、陕西、河南、山东9省（区）的69个市（州）"，且"孕育了河湟、关中、三晋、河洛、齐鲁等地域文化"。[3]

---

[1] 中共中央办公厅、国务院办公厅印发《"十四五"文化发展规划》，《中国文艺报》2022年8月17日。
[2] 张占仓：《黄河文化的主要特征与时代价值》，《中原文化研究》2021年第6期。
[3] 国家文物局、文化和旅游部、国家发展改革委、自然资源部、水利部：《黄河文物保护利用规划》，国家文物局，2022-07-18。

世界四大文明古国的起源都与大河流域息息相关,而黄河流域正是中华文明和中华文化的发祥地。中华文明起源于黄河流域,其在历史过程中所生成的价值趋向、精神追求、文化认同等,均与黄河文化一脉相承。正如习近平总书记所指出:"黄河文化是中华文明的重要组成部分,是中华民族的根和魂。"[1]

一、考古中的中华文明之源与黄河文化

(一)新石器时代文明与黄河文化

在新石器时代,裴李岗文化、仰韶文化、龙山文化等相继出现在黄河流域。20世纪50年代以来,河南新郑陆续出土了石斧、石铲、石磨盘、石磨棒等器物。自1977年考古发掘与研究裴李岗文化以来,学者普遍将裴李岗文化的下限界定在公元前5000年左右,且科技考古数据表明,以贾湖为代表的裴李岗文化已经初具物质与精神文明,研究者指出:"制陶(石、骨)和酿酒工艺展现了他们发达的技术水平,骨笛、龟甲(龟腹石子)、骨叉形器以及陶、石、骨器上的契刻符号显示他们懂音律、明数卜、知天文、晓祭祀,逐渐形成了先进的知识体系和发达的原始宗教文化。"[2]同时,学者将裴李岗文化的上限界定在公元前7000年到公元前6000年之间,这意味着,实际上在比公元前5000年更早的时期,黄河流域就已经成为我们民族从事原始农业、手工业等生产与生活的聚居区,亦即中华民族文明史的起始年代应比公元前5000年更早。

"中华文明起源与早期发展综合研究"(简称"探源工程")作为国家科技攻关项目,自2002年起开始开展相关研究工作。"探源工程"具有"多学科、多角度、全方位"的研究理念,该项目是"对各个区域的文明化进程、环境背景、生业形态、社会分化、相互交流、中华文明多元一体格局的形成过程、模式与机制、道路与特点进行多学科综合研究"。在兼顾其他古老文明进化进程与特点的同时,依据我国的实际材料与情况,学者提出了判断进入文明社会标准的中国方案:"生产发展,人口增加,出现城市;社会分工和社会分化不断加

---

[1] 习近平:《在黄河流域生态保护和高质量发展座谈会上的讲话》,人民网,2019-09-18。
[2] 秦存誉、袁广阔:《科技考古视野下的裴李岗文化研究及相关问题》,《江汉考古》2022年第1期。

剧,出现阶级;权力不断强化,出现王权和国家。以国家的出现作为进入文明社会的标志。"按照此标准,"探源工程"提出:"在距今5500年前,在黄河中下游、长江中下游和辽河流域等地的社会上层之间,形成密切交流,形成了对龙的崇拜、以玉为贵的理念,以某几类珍贵物品彰显持有者尊贵身份的礼制。"①诸如以上研究,均是以科学的实证形式证明了中华文明可以上溯至5000年以前。这无疑有助于我们重新认识和理解古代中国的历史社会,理解以黄河流域、黄河文明为代表的中国的前世今生。

(二)仰韶文化与兼容并包的中华文化属性

仰韶文化作为新石器时代农业文化的重要代表,于1921年在河南省渑池县仰韶村首次被发现。至今,已有上千处仰韶文化遗址被发现,它们主要分布在黄河中游地区。除了农耕活动外,渔猎活动同样是人们获取生存资料的重要来源。最为后人所赞叹的是,此一时期不仅制陶工艺趋近成熟,而且彩陶器物样式精美,体现了人们更加富足的精神生活与更加高超的制作工艺。考古研究表明:"距今6000年前后仰韶文化庙底沟类型的强力影响使黄河流域乃至更广的范围联系成相关的文化共同体,形成'庙底沟时代'。'庙底沟时代'的社会复杂化程度已相当高,环壕聚落比较普遍,也出现了城垣,人类已经站在文明社会的门槛上,此时期奠定了中华文明的文化根基。"②而随着考古的不断开展,仰韶文化中的玉文化也为人所广泛关注,研究者发现,仰韶文化玄玉种类少、色深黑、形简素等特征被认为影响了此后龙山文化玉器的审美与制作,夏代玉礼器牙璋(或玄圭)的材质选择同样可溯源于此。③而在龙山文化时期,则出现了青铜器和文字,这是文明时代的重要标志。同时,仰韶文化向龙山文化的过渡阶段,被视为黄河流域文化的重大转型时期。

黄河流域的考古材料不仅为我们展现了传世文献中难以证明的历史遗迹,更为我们进一步认知、解读、阐释、传播中华文明提供了不可估量的有力材

---

① 王巍:《"中华文明探源工程"及其主要收获》,中国社会科学网,2022-05-30。
② 侯卫东:《考古视野中的黄河文化》,《黄河文明与可持续发展》2020年第2期。
③ 张天恩:《仰韶文化玄玉的认定及意义》,《中原文化研究》2022年第10期。

料。自新石器时代之后，多元文化因素进入中原地区，黄河文化展示出兼容并包的文化特质。这种兼容并包的文化气度也成为中华文化的重要属性。黄河流域在此后所生成的礼乐精神、道德精神等，无不展现了这种高度包容性的文化属性。无论是司马迁"究天人之际，通古今之变，成一家之言"，还是盛唐所展现出的中华文化的包容性与开放性，抑或是宋儒民胞物与的家国观照，诸如此类都展现了中华文化的天下情怀。而这种天下情怀正肇始于新石器时代的黄河文明。

二、古籍中的中华文明之源与黄河文化

我国古代典籍中，也有诸多有关黄河流域早期人类活动的记载。这些文献可与我们依据科技手段的研究形成互参与互证。先秦典籍《韩非子》中就有黄河流域早期人类代表——有巢氏、燧人氏的相关记载。根据《韩非子·五蠹》所记载："上古之世，人民少而禽兽众，人民不胜禽兽虫蛇；有圣人作，构木为巢，以避群害，而民悦之，使王天下，号之曰有巢氏。民食果蓏蚌蛤，腥臊恶臭而伤害腹胃，民多疾病；有圣人作，钻燧取火，以化腥臊，而民说之，使王天下，号之曰燧人氏。"[①]在这段文献记载中，有巢氏"构木为巢"，即以树木、树枝等来搭建早期人类的居所，解决了人类区别于动物的聚居区问题；燧人氏"钻燧取火"，在很大程度上解决了早期人类火源的问题。同时，值得注意的是，有巢氏与燧人氏因为其所作出的贡献而"王天下"，正如前文所言，"探源工程"提出"权力不断强化"是判断人类进入文明社会的重要标准，而此处的"王天下"正是黄河流域早期人类已经进入文明社会的明证。

（一）古籍中的炎帝部落与黄河文化

炎帝是现今可见的我国古籍中所记载的黄河流域最早农业部落的首领。据《帝王世纪》记载："位南方主夏，故曰炎帝。作耒耜，始教民耕农。尝别草木，令人食谷以代牺牲之命，故号神农，一号魁隗氏，是为农皇。"[②]这表明此

[①] （清）王先慎撰，钟哲点校：《韩非子集解》，中华书局2019年版，第483页。
[②] 皇甫谧撰，宋翔凤、钱宝塘辑，刘晓东点校：《帝王世纪》，辽宁教育出版社1997年版，第3页。

一时期农业已经得以创立。人们不仅已经懂得利用天时地利,能够制作农事生产工具,并且以农业生产所获得的食物已经能够代替通过采集、狩猎所获得的食物,这为先民走向更高程度的文明提供了物质基础保障。正如《白虎通义》中所记载:"古之人民,皆食禽兽肉。至于神农,人民众多,禽兽不足,于是神农因天之时,分地之利,制耒耜,教民农作,神而化之,使民宜之,故谓之神农也。"[1]同时,炎帝部落生产力不断发展。《商君书》中所谓"神农之世,男耕而食,女织而衣"[2],也在一定程度上表明此一时期社会分工的出现。正反映了"探源工程"所提出的人类进入文明社会标志中所谓"社会分工和社会分化不断加剧,出现阶级"。

(二)古籍中的黄帝部落与黄河文化

黄河流域在中华文明史上的另一重要部落,即黄帝部落。黄帝部落崛起于今河南新郑。据《论衡》记载:"黄帝与炎帝争为天子,教熊罴貔虎以战于阪泉之野,三战得志,炎帝败绩。"[3]炎、黄二帝大战于阪泉,炎帝败于黄帝后转而与黄帝结盟,炎、黄以其同盟在涿鹿大败蚩尤。此战之后,黄帝便取代了炎帝的地位。这种权力意识与对权力的争夺,也正是"探源工程"所提出的进入文明社会的标准之一。根据《说文解字》记载:"黄帝之史官仓颉,见鸟兽蹄远之迹,知分理之可相别异也,初造书契。"[4]发明文字,这是黄帝部落的一大贡献,也是中华文明史中的重大事件。此外,黄帝部落还发明五谷、筑成城池等。黄帝部落在此过程中所展现出的"开拓创新精神""以民为本精神""崇德弘道精神""勤劳节俭精神""协和天下精神"[5]也融入中华民族的血液,为中华文明的推进作出了重要贡献。前辈学者研究,黄帝部落的后裔可参见下表[6]:

---

[1] 陈立撰,吴则虞点校:《白虎通疏证》,中华书局1994年版,第51页。
[2] 商鞅等著,章诗同注:《商君书》,上海人民出版社1974年版,第57页。
[3] 黄晖:《论衡校释》,中华书局1990年版,第78页。
[4] 许慎撰,徐铉校定:《说文解字》,中华书局2013年版,第316页。
[5] 徐光春:《黄帝文化与黄河文化》,《中华文化论坛》2016年第7期。
[6] 李学勤、徐吉军主编:《黄河文化史》,江西教育出版社2003年版,第80页。

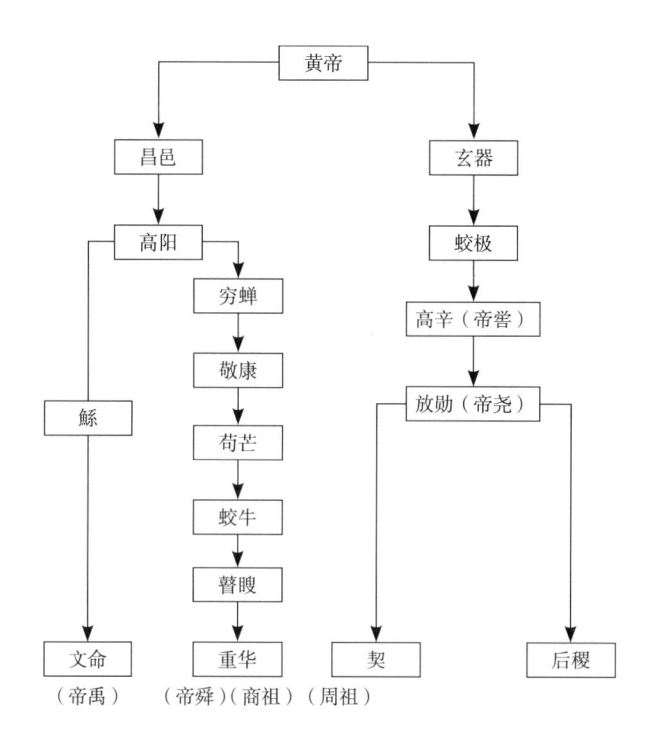

```
                    黄帝
          ┌──────────┴──────────┐
         昌邑                   玄嚣
          │                     │
         高阳                   蛟极
     ┌────┤                     │
     │   穷蝉                 高辛（帝喾）
     │    │                ┌────┤
     │   敬康              │   放勋（帝尧）
    鲧    │                │
     │   苟芒              │
     │    │                │
     │   蛟牛              │
     │    │                │
     │   瞽瞍              │
     │    │                │
    文命  重华             契           后稷
   （帝禹）（帝舜）（商祖）（周祖）
```

由此可见，夏朝、商朝、周朝的始祖均是黄帝的后裔。同时，正如学者所指出："黄河流域城市的早期经验及价值取向，深刻影响了中华文明价值体系构建和中国城市精神性格养成。"[1]从这个意义上说，黄河流域孕育了中华文明。

第二节 华夏历史与文明演变的不朽书写

自新石器时代以来，历经夏、商、周各代直至明清，黄河流域见证着中华文明的发展与演变。习近平总书记强调："中华文明源远流长、博大精深，是中华民族独特的精神标识，是当代中国文化的根基，是维系全世界华人的精神纽带，也是中国文化创新的宝藏。"[2]

---

[1] 刘士林：《黄河流域城市的历史起源与变迁》，《光明日报》2022年7月9日。
[2] 习近平：《把中国文明历史研究引向深入 推动增强历史自觉坚定文化自信》，《新华每日电讯》2022年5月29日。

一、上古历史与文明中的黄河文化

(一)先秦文明与黄河文化

夏王朝存在与否,这个问题此前一度存在争议。近年来,有学者论证以神话研究古史的合理性,进而为夏王朝的存在找到了神话学依据。[1]同时,也有学者通过对以"刑天""夏耕"为中心的神话内涵进行深入分析,进而提出:"商人为彰显其政权合法性,在卜辞中对夏王朝进行了刻意贬抑和遮蔽;以'有夏'自称的周人则在金文和文献中延续了夏王朝的信仰和传统。夏朝的真实性,可通过商周两代政权对待夏的不同态度上得到求证。"[2]殷商甲骨文是我国最早的文献之一,王国维等学者通过将《史记·殷本纪》与甲骨卜辞中所见殷商先公、先王进行对比考察,证明了《史记·殷本纪》的可信性,从而证实了商代的存在。甲骨卜辞因其未经后人加工而保持了当时记事的原貌,也为我们了解真实的商代社会生活提供了文字材料。甲骨卜辞是商代人沟通天人的方式,也为文化的传承提供了物质保障。周代实行分封制,正如《诗经·小雅·谷风之什·北山》所言:"溥天之下,莫非王土。率土之滨,莫非王臣。"[3]相比于夏代、商代而言,周代的这种分封制也在某种程度上利用天子、诸侯、大夫、士的社会组织结构使得王权的形式更加丰富,王权也更加集中。孔子所谓:"郁郁乎文哉,吾从周。"商周的礼乐文化不仅在当时巩固了社会秩序,更为此后几千年来中华民族的礼乐文明奠定了基础。

春秋战国时期,铁器、牛耕的出现极大促进了生产力的发展。郑国渠的修建、都江堰的治理等工程都展示了这一时期水利工程的极大发展。这一时期,黄河流域形成河湟文化圈、关中文化圈、三晋文化圈、河洛文化圈、齐鲁文化圈等。墨家、道家、法家、纵横家学说,均孕育于关中文化圈。兵家、阴阳家学说孕育于齐鲁文化圈,稷下学宫的创立更是在很大程度上促进了先秦学术的百

---

[1] 陈连山:《从神话学立场论夏朝的存在》,《北京大学学报》2021年第4期。
[2] 柴克东:《"神话即古史"——以"刑天""夏耕"为中心的夏史求证》,《贵州社会科学》2020年第6期。
[3] 周振甫:《诗经译注》,中华书局2002年版,第335页。

家争鸣和多元发展。儒家学说孕育于齐鲁文化圈。儒家思想以"仁"和"礼"为核心,提倡德治与王道,主张"为政以德""重义轻利",提出"民为贵、社稷次之、君为轻"的民本思想。中华民族以和为贵、谦逊有礼的民族气质在很大程度上是受到儒家文化的影响。

(二)秦汉文明与黄河文化

秦汉时期,黄河流域文化也取得了辉煌成就。秦代废除分封制而实行郡县制,同时,秦始皇自号"皇帝"并建立了三公九卿制,实行"书同文""车同轨"等一系列制度,从而极大地加强了中央集权,自此"百代犹行秦政法"。汉初休养生息,奉行黄老之学。汉武帝时期"罢黜百家,表章六经"。[1]黄河文化此期以其政治优势对长江流域内的政治、经济、文化产生重要影响,儒学也凭借政治力量的加持,不仅强化了它在黄河流域的影响,更加强了在长江流域的传播。[2]而汉武帝此举使得齐鲁文化圈的儒家学说获得官方认可,并成为中华文明的主流价值观。黄河中下游一带和关中平原是汉代主要的农业生产区。牛耕的普及与灌溉技术的发展,极大地促进了生产力的进步,也促进了社会文化的发展。汉代文化带有包揽宇宙的气魄,这在汉赋文体中体现得较为充分。《西京杂记》所谓:"司马相如为《上林》《子虚》赋,意思萧散,不复与外事相关。控引天地,错综古今,忽然如睡,焕然而兴,几百日而后成。"[3]此处所谓"控引天地,错综古今",正是汉代统摄古今、包揽洪荒的气魄在汉赋中的体现。

二、中古历史与文明中的黄河文化

(一)魏晋、隋唐文明与黄河文化

魏晋南北朝时期是中国历史上的一个动荡期,战争频仍,社会分裂。军阀混战对黄河流域的经济发展和社会生活造成了破坏,正如曹操所言:"白骨露于野,千里无鸡鸣。生民百遗一,念之断人肠!"[4]此间,曹氏集团以屯田等方

---

[1] 班固撰,颜师古注:《汉书》,中华书局1964年版,第212页。
[2] 谭前学:《试论汉代黄河文化与长江文化的交流》,《文博》2002年第1期。
[3] 刘歆撰,向新阳、刘克任校注:《西京杂记校注》,上海古籍出版社1991年版,第91页。
[4] 曹操:《曹操集》,中华书局2013年版,第4页。

式逐步恢复生产力。

隋唐时期，黄河流域的经济和文化重新获得发展。隋文帝大力倡导"华夏正声"[1]，劝课农桑，这使得国家经济获得一定恢复。隋朝设立科举，在一定程度上打破了门阀士族对政治参与权力的垄断。开凿贯通南北的大运河，进而形成以长安、洛阳为中心的水上交通网。唐代继承了隋代的科举制度，据统计，唐代前期由科举走上仕途之路的士人多为出身黄河流域的北方人，[2]这也在很大程度上证明了此一时期的黄河流域人才辈出。随着曲辕犁的推广，黄河流域的精耕细作获得极大发展。安史之乱后，唐代经济中心南移，黄河流域文化重心的地位有式微之势。从此一时期开始，黄河文化的影响力逐渐弱于长江文化的影响力。唐代前期，大部分士人都有到长安求仕的经历，如陈子昂、上官仪、李白、杜甫、孟浩然等。而中唐之后，很多士人都南下求仕。"诗赋取士"的形式，使得唐代涌现出大批诗赋大家，他们笔下多次出现黄河，如李白诗云"黄河之水天上来，奔流到海不复回"，王维诗云"大漠孤烟直，长河落日圆"，刘禹锡所谓"九曲黄河万里沙，浪淘风簸自天涯"，都属此类。同时，唐代文化在日常生活和习俗方面都涵容了异域文化，展现出开阔的胸襟。

（二）五代、宋代文明与黄河文化

五代时期，中国文化出现南盛北弱的情况。北宋王朝结束了五代时期的分裂局面，尔后，开封成为全国政治、文化中心，黄河流域、黄河文化在此一时期出现了复兴的态势。北宋时期农业、商业、手工业都超过唐代的发展水平。北宋熙宁以后，坊市、宵禁逐渐取消，其都市的繁荣与娱乐业的兴盛于《东京梦华录》可见一斑。据记载，酒楼无论风雨寒暑均通宵营业："大抵诸酒肆瓦市，不以风雨寒暑，白昼通夜，骈阗如此"[3]，酒肆茶楼中亦有诸如"茶饭量酒博士""燠糟""闲汉""厮波""扎客""撒暂"[4]等各色服务人员，街市"人烟

---

[1] （唐）魏征等撰：《隋书》，中华书局1982年版，第377页。
[2] 吴宗国：《唐代科举制度研究》，北京大学出版社2010年版，第248页。
[3] 孟元老撰，伊永文笺注：《东京梦华录笺注》，中华书局2006年版，第176页。
[4] 孟元老撰，伊永文笺注：《东京梦华录笺注》，中华书局2006年版，第188页。

浩闹"①,节日期间"别有深坊小巷,绣额珠帘,巧制新妆,竞夸华丽,春情荡飏,酒兴融怡,雅会幽欢……宝骑骎骎,香轮辘辘,五陵少年,满路行歌,万户千门,笙簧未彻"②。这种"新声巧笑于柳陌花衢,按管调弦于茶坊酒肆"③场景的形成,与宋代经济繁荣、城市发展息息相关。北宋的瓷器制造工艺飞速发展,而五大名窑中,除了哥窑外,汝窑、定窑、官窑、钧窑都主要集中在北方地区。宋代不断完善隋唐以来的科举制度,施行锁院、糊名、誊录等一系列提升科举公平度的措施,录取人数远超前代,这极大地提高了庶族知识分子的政治参与度。北宋前期,北方士人的政治、文化优势高于南方士人,甚至有"不以南人为相"的说法。北宋中期以后,随着宋学诸学派的兴起,南方优秀的人才逐渐活跃于文学、学术、政治等多领域,南方士人的话语权及其对中华文化的影响力才逐渐高于黄河流域的北方士人。熙宁变法中,支持变法的中坚力量多为南方士人,此一时期,南方士人表现出比北方士人更高的求新、求变热情。

三、元明清历史与文明中的黄河文化

元代结束了黄河流域数百年来割据的局面,为黄河流域内各地区的交流与融合提供了基础。此一时期,黄河流域的农业获得很大发展,出现了以王祯《农书》为代表的农业百科全书。王祯在刻印他所撰《农书》的过程中,还发明了木活字印刷术和转轮排字法。这是中国印刷史上的又一突破。在此一时期,棉花种植在黄河流域得到推广,相较于此前的丝、麻、葛、褐,棉花的推广为人民保暖、服饰发展等提供了优质材质。明清时期的黄河文化相对于南方文化而言,总体上处于弱势。明代的首辅多为南方人,这也在一定程度上体现了南方在此一时期相对于北方的优势,黄河流域的经济发展也相对滞后。明清两代分别编纂了《永乐大典》《四库全书》,这种大型图书的收集、编纂对黄河文化的保存起到了一些积极作用。

---

① 孟元老撰,伊永文笺注:《东京梦华录笺注》,中华书局2006年版,第164页。
② 孟元老撰,伊永文笺注:《东京梦华录笺注》,中华书局2006年版,第596页。
③ 孟元老撰,伊永文笺注:《东京梦华录笺注》,中华书局2006年版,第1页。

第三节　向心凝聚与丰富流变的文化传统

黄河地区在思想哲学、文史艺术、科学技术等方面展现了极强的文化向心力与包容性，孕育了以儒家为代表的诸家学说，涌现了以司马迁、李白、杜甫、苏轼、司马光等为代表的文史巨匠，产生了以四大发明为代表的科技贡献。黄河流域见证了中华优秀传统文化的丰富流变，其所孕育的礼乐精神与道德精神也对中华文明产生了深远影响。

一、礼乐精神与黄河流域文化传统

（一）礼乐精神与尚和取向

春秋战国时期，儒家、墨家、道家、法家、名家、兵家、农家、纵横家、杂家等多家学说均孕育于黄河流域。其中，以儒家对中华文化的影响最为深远。黄河文化圈自西周时期便建立了礼乐制度。此后，礼乐逐渐以文化认同的方式存在，并成为沟通日常生活层面"礼乐"、国家制度层面"礼乐"的情感纽带与文化基础。《礼记·乐记》称："故礼以道其志，乐以和其声，政以一其行，刑以防其奸。礼、乐、刑、政，其极一也，所以同民心而出治道也。"[1]礼乐自其始便与人心、治道有着不可分割的密切关联，同时，"乐"与"政""德"联系在一起："凡音者，生于人心者也。乐者，通伦理者也。"降至春秋战国时期，礼崩乐坏，孔子以其深厚的历史与文化使命感，致力于重建礼乐制度，而在这一"述而不作"的过程中，易于僵化的礼乐制度被赋予了精神文化层面的内蕴，并富于自我革新的文化属性。

《论语》载："子曰：'人而不仁，如礼何？人而不仁，如乐何？'"此处即指出"礼""乐"的本质是"仁"。什么是"仁"呢？冷成金指出："在历史实践的过程中，人类逐渐建立历史理性，即历史的合理性；在孔子看来，人不仅要对某

---

[1] 孙希旦撰，沈啸寰、王星贤点校：《礼记集解》，中华书局1989年版，第977页。

些历史合理性进行认知，更要对其进行认同，即深度的情感体认。这些历史合理性在人的心中的审美生成，就是仁。因此，仁不是纯粹的客观或主观性的存在，而是主客观融合的审美性的情理结构，也是心理结构。仁以社会客观性即人类社会存在与发展必须依存的某些社会规则（不是物质性的规律，有时这些社会规则被孔子上升到'天命'的高度）为基础，以人性心理的追求为主导（'我欲仁，斯仁至矣'），依靠具体情景在人的心理中进行灵动的生成。仁具有历史性、实践性、开放性和社会客观性。"[1]因此，"礼乐"是"仁"的外在表现形式，由"仁"在不同历史情境中的合理性所生成。这使得"礼乐"具有充分的人性心理基础。

尚和，这是礼乐文化浸润下我们民族所形成的文化价值趋向。《尚书·舜典》载："八音克谐，无相夺伦，神人以和。"[2]《论语》载："礼之用，和为贵。"[3]这些都展现了中华文化中道器合一、体用不二的思维方式与尚中贵和、和谐统一的价值追求。习近平总书记强调："感人心者，莫先乎情。"[4]化理为情正是礼乐文化浸润下的中国传统文学艺术所展现出的功能。在同样的价值取向之下，中华民族自古爱好和平，科技的发展从不以好勇斗狠、殖民称霸为旨归，"以和为贵"是礼乐文化滋养下的中华民族精神气质的重要属性。

（二）"中和之美"与黄河流域文化

追求中和之美，这是礼乐文化塑造人性心理在文学艺术等方面的体现。《诗经》以其温柔敦厚的诗教为人所共知。"乐而不淫，哀而不伤"[5]也在很大程度上成为中华民族的审美期待，即便是战争诗也往往在雄浑浩穰中回荡着淡淡的忧伤，展现对于和平的殷切期盼。《左传》《史记》《汉书》等历史著作涉及战争时，也不注重突出鲜血淋漓的场面，甚至不直接描写战争场面，而多用笔墨展现胜败与道义得丧之间的关联，展现战争背后的人情、人性之美。自初

---

[1] 冷成金：《论语的精神》，上海古籍出版社2016年版，第59页。
[2] 孔安国传，孔颖达疏，廖明春、陈明整理：《尚书正义》，北京大学出版社1999年版，第79页。
[3] 杨伯峻：《论语译注》，中华书局1982年版，第8页。
[4] 人民日报评论部编：《习近平用典 第二辑》，人民日报出版社2018年版，第287页。
[5] 杨伯峻：《论语译注》，中华书局1982年版，第30页。

唐四杰（王勃、杨炯、卢照邻、骆宾王）"开辟翰苑，扫荡文场"开始，唐诗就表现出"兴象"与"气骨"方向的追求。高适、岑参、王昌龄等人以展现边塞风光与军旅生活见长，在凸显边塞雄浑悲壮的同时，兼及对战争的思考，体现我们民族"止戈为武"的追求。王维的山水田园诗作往往意绪平和、意境混融，他的禅诗更是达到了"诗中有画"的境界。刘长卿的诗歌意蕴悠长，展现了中国诗歌从"文以气为主"到"文以韵为主"、从"立象以尽意"到"境生于象外"的审美转型。宋代涌现出范仲淹、欧阳修、梅尧臣、王安石、苏轼、黄庭坚等突破唐诗藩篱的诗人。他们推崇理趣，创造了"平淡而山高水深"的艺术化境。张择端的《清明上河图》不仅在艺术上炉火纯青，更展现了礼乐教化理想中雍雍穆穆的景象。颇为值得一提的是，苏轼不仅诗、词、文俱佳，所谓"天生健笔一枝，爽如哀梨，快如并剪，有必达之隐，无难显之情，此所以继李、杜后为一大家也"[1]，并且他本人也以其生命实践，渐臻中国传统士大夫的最高境界，即对于人生的审美境界。他既执着于现实，又能够超越于现实的凡俗，达到了以心灵自由为旨归的审美境界。而苏轼之为苏轼，不仅与苏轼本人相关，更离不开黄河文化千百年来文化的积淀与滋养。

李泽厚曾言："拙著《华夏美学》指出中国没有'酒神精神'，没有那放纵的狂欢；相反，强调的是，包括快乐，也要节制。节制当然需要依靠理知来进行。希腊哲学也讲理知指导、控制情感。儒学的特征在于：理知不只是指引、向导、控制情感，更重要的是，要求将理知引入、渗透、融化在情感之中，使情感本身例如快乐得到一种真正是人的而非动物本能性的宣泄。这就是对人性情感作心理结构的具体塑造。在这里，理性不只是某种思维的能力、态度和过程，而是直接与人的行为、活动从而与情感、欲望有关的东西。它强调重视理性与情感的自然交融和相互渗透，使理欲调和，合为一体，这也是为什么礼乐并称，'乐从中出，礼自外作''致乐以治心'等等如此重视'治心'的道理。"[2]中国文化中从不讳谈诗酒。李白的诗堪称盛唐的代表，往往熔恣肆汪洋的形式与瑰

---

[1] 赵翼著，霍松林、胡主佑点校：《瓯北诗话》，人民文学出版社1963年版，第56页。
[2] 李泽厚：《论语今读》，生活·读书·新知三联书店2008年版，第109页。

丽深情的内容于一炉,达到了诗歌艺术炉火纯青的境界。而他独有的夸张与浪漫,更是将其真诚、执着的生命情态外化,青春灵动,诗酒年华,正如余光中先生所言:"酒入豪肠,七分酿成了月光,余下三分啸成剑气,绣口一吐就是半个盛唐。"苏轼更是以诗酒实现对现实人生的审美超越。酒,并未将人引向狂欢,而是解除心灵桎梏,将人引向审美之维。而这种理路也正如《礼记》所谓:"先王之制礼乐,人为之节。"[1]礼乐文化对中华民族文化心理的影响可见一斑。

(三)"以和为贵"与黄河流域科技文化

在科学技术领域,因礼乐文化的滋养,黄河流域不仅为中华文化增光添彩,其"以和为贵"的理念也对中华文明价值取向产生了深远影响。我国第一部算学著作《周髀算经》成书于汉代,该书最早记载了勾股定理的公式并将其证明了出来。此外,同样成书于汉代的《九章算术》是我国古代数学体系形成的标志,其中的多种算法远远领先于同时期世界其他国家。算术学的迅猛发展在很大程度上促进了天文学的发展。以《周髀算经》为主的系列著述提出"盖天说",认为"天象盖笠,地法覆槃"[2]。著名天文学家张衡创制了地动仪,这不仅推动了天文学的发展,更以其唯物的理念冲击了东汉时期的谶纬之学。张仲景所著的《伤寒论》确立了六经辨证体系,并创制了组方的397法、113方,集汉代之前中医学之大成。1957年西安出土的古纸残片表明,我国在汉武帝时期已经有纸张存在。东汉和帝时期,蔡伦改进了造纸术,以更常见的原材料制造出质量更好的纸张。在公元三四世纪,我国造纸术传入朝鲜,而后传入日本,此后又传播至中亚、欧洲,可以说,我国造纸术的发明和发展为世界人民知识水平的提高、为世界文明的传播作出了重大贡献。

魏晋时期战乱频仍,反向促进了医学的极大发展。王叔和撰写《脉经》,将脉象分为浮、沉、迟、数等二十四种,推动了中医诊脉技术的发展。在隋唐之际,我国出现了雕版印刷术。目前世界发现最早的标有确切日期的雕版印刷物即是唐代咸通九年(868)雕版印刷的《金刚经》。及至宋代,毕昇发明了活字

---

[1] 孙希旦撰,沈啸寰、王星贤点校:《礼记集解》,中华书局1989年版,第986页。
[2] 程贞一、闻人军译注:《周髀算经译注》,上海古籍出版社2012年版,第102页。

印刷术。13世纪左右,活字印刷术传到朝鲜,其后又传到日本。1455年德国的谷腾堡在中国印刷术的基础上以铅活字印刷的方式印刷了《圣经》。从这个意义上说,中国印刷术的发明促进了欧洲教育的普及,进而影响文艺复兴运动。

唐代初年,医学家孙思邈在《丹经》中提出了火药的配方。到了宋代,出现了霹雳炮。指南针也是中华民族的伟大发明,宋代在秦汉司南的基础上发明了指南针,使得远航成为可能,无论是麦哲伦的环球航行,抑或是哥伦布对美洲新大陆的发现,都得益于指南针的发明。造纸术、印刷术、火药、指南针这"四大发明"堪称人类文明史的奇迹,也是中华文明对世界文明的巨大贡献。不仅如此,我们看到中华民族的上述发明多用于改善、提高人们的生活水平,丰富人们的精神生活,这也是我们民族爱好和平、以和为贵精神的体现。

二、道德精神与黄河流域文化传统

(一)"人能弘道"与人的主体性

黄河文化圈自上古就有伦理思想的萌芽,自孔子、孟子等先贤的阐发、创制后,道德原则与道德精神如中华文明之洪钟大吕。正因礼乐文化中化理为情的特质,中华文化中的道德并非外在于人,而是内化于己。同时,道德之于中华文明并非僵化的存在,而是在历史实践中不断生成的。

儒家强调"人能弘道,非道弘人"[1]。所谓"人能弘道",便是人为了人类总体的存在与发展,势必选择合理的"道"。若是"道弘人",则"道"成了一种先验性的存在,那么,此"道"容易走向僵化进而成为束缚人的桎梏。而"人能弘道"则是将人放置在价值建构的第一位,这既保证了人的主体性,又保障了"道"的开放性。"道"是否具有合理性,这个问题不是能够直接判定的,而是要在历史实践中不断加以检验的,亦即"道"的合理性是在历史过程中建立起来的。中华民族历史悠久,这种绵长的历史本身便是中华之"道"合理性的明证。也正是"人能弘道"所展示的人的主体性,使得中华儿女无论在什么样的境

---

[1] 杨伯峻:《论语译注》,中华书局1982年版,第168页。

遇之下都能够自强不息，在历史的绵延中展现着人性的光辉。

（二）"内圣外王"与道德自觉

先秦时期，儒学已经成为显学。孟子以其浩然之气与道德力量批判不合理的现实，并展现出对"仁政"理想的期待。秦代焚书坑儒，儒学不复曾经的地位。汉初推崇黄老之学，汉武帝时期，罢黜百家，表章六经。东汉时期今文经学、古文经学都有较大发展，在两者的相互竞争中出现了如班固、桓谭、王充、许慎、马融、郑玄等诸多经学大家。尤其是郑玄，打破今古文壁垒，在注经过程中广采诸家学说，得今、古文之大成。魏晋时期，士人对汉儒经学进行玄学的改造，他们关注"言意之辨""形神之辨""名教与自然"等命题。东晋的袁弘将魏晋玄学分为三个阶段，即"以夏侯太初（玄）、何平叔（晏）、王辅嗣（弼）为正始名士，阮嗣宗（籍）、嵇叔夜（康）、山巨源（涛）、向子期（秀）、刘伯伦（伶）、阮仲容（咸）、王浚冲（戎）为竹林名士，裴叔则（楷）、乐彦甫（广）、王夷甫（衍）、庾子嵩（敳）、王安期（承）、阮千里（瞻）、卫叔宝（玠）、谢幼舆（鲲）为中朝名士"[①]。以王弼、何晏为代表的正始名士援道入儒；以阮籍、嵇康为代表的竹林名士"越名教而任自然"；以卫玠、谢鲲为代表的中朝名士以"清谈"代替"清议"。玄学在一定程度上加深了儒道等学说的理论探讨，影响遍及文学、艺术等诸领域。不仅如此，此一时期出现诸多为坚持文化理想而归隐林泉的隐士，他们与狂生、名士共同以其内在根性的耿介与道德自觉对抗不合理的现实，展现出超逸的风神，对后世人格精神的塑造产生深远影响。

唐代前期，以《五经正义》的撰写完成为标志，使得南北朝以来经学的南北派别趋近合流。唐代中后期，经学完成了汉学向宋学的过渡。韩愈以《原道》《原性》《原毁》等著作阐述自己的"道统说"，上承孟子、屈原、司马迁等人的思想精神，提出"物不平则鸣"说，并认为创作者只有具有崇高的道德修养，才能创作出好的作品，苏轼赞其"文起八代之衰，道济天下之溺"。

降至宋代，儒家士大夫以其道德使命感为复兴儒学、恢复古道奔走呼号。

[①] 刘义庆著，刘孝标注，余嘉锡笺疏：《世说新语笺疏》，中华书局2020年版，第299页。

关、洛、蜀、新等各个学派均致力于得君行道。大儒张载称:"为天地立心,为生民立命,为往圣继绝学,为万世开太平。"人不仅要为自己立心,还要为天地立心,为生民立命,进而达到为万世开太平的终极目的。这是对儒家精神日积月累的认同而积淀成的人性心理,为人格的确立和提升奠定了心理和哲学基础,由内圣开出外王。

元代北方理学大家刘因开创了静修学派,许衡开创了鲁斋学派,赵复建立了北方理学的传承谱系。他们强调自悟与本心的主张,直启明代阳明学。此外齐履谦著有《易系辞旨略》《大学四传小注》等,也进一步推动了儒学的发展。明清时期,黄河流域出现了曹端、薛瑄等理学家。这一时期,王廷相在哲学上颇有建树,他上承张载的"气本论",且从自然现象出发,对当时已经趋向僵化的程朱理学持批判态度,并坚持无神论。以颜元和李塨为代表的颜李学派也是此一时期黄河流域哲学方面的重要代表,他们主张理和气不能一分为二,注重实践的价值,带有明显的经世致用的倾向。

"内圣外王"之学自先秦孔子、孟子以来,历经各个时代的阐发,形成了对于人的内在主体心性修养与外在修齐治平相表里的人格境界自觉。黄河流域文化所呈现的道德自觉的特质,正与这种兼通内外、关注境界的"内圣外王"之学息息相关。

(三)"文以载道"与士人风骨

建安时期,以"三曹"和七子为代表,黄河流域出现了一批文学创作者。他们继承了汉乐府"感于哀乐,缘事而发"的精神,高扬政治理想,慨叹人生短暂、功业未就,形成慷慨悲凉的美学风格,史称"建安风骨"。魏时阮籍诗"言在耳目之内,情寄八荒之表"[①],嵇康"师心以遣论"[②],两人为正始文学的代表。西晋文学以三张(张载、张协、张亢)、二陆(陆机、陆云)、两潘(潘岳、潘尼)、一左(左思)为代表,他们往往趋向繁缛与骈俪。但左思的创作展现了对门阀制度的义愤,豪气干云,透显了不屈的人格。

---

① (梁)钟嵘著,周振甫译注:《诗品译注》,中华书局2013年版,第41页。
② 刘勰著,范文澜注:《文心雕龙注》,人民文学出版社2020年版,第700页。

在隋代之前，黄河流域与长江流域文学表现出不同的审美趣向，正如《隋书》所言："江左宫商发越，贵于清绮，河朔词义贞刚，重乎气质。"[1]隋代实现南北统一后，黄河流域文学与长江流域文学呈现合流之势，质朴文风与华丽辞藻的融合也为有唐一代文学的繁荣奠定了基础。杜甫之诗沉郁顿挫，包蕴儒家的关怀与气象。元稹在为杜甫所作墓志铭中称："至于子美，盖所谓上薄风、雅，下该沈、宋，言夺苏、李，气吞曹、刘，掩颜、谢之孤高，杂徐、庾之流丽，尽得古今之体势，而兼人人之所独专矣。使仲尼考锻其旨要，尚不知贵，其多乎哉！苟以为能所不能，无可无不可，则诗人以来，未有如子美者。"[2]杜甫其诗在后世被称为"诗史"、其人被称为"诗圣"，很重要的原因在于其诗上承《诗经》《楚辞》与陶渊明以来儒家忧国忧民的情怀，而其诗中对文化与人生的思考，直启宋诗。中唐以降，白居易、韩愈、柳宗元、刘禹锡、刘长卿、李贺、贾岛等诗人均诞生于黄河流域。白居易提倡"文章合为时而著，歌诗合为事而作"；刘禹锡诗歌兼具民歌与文人诗特质于一身，健朗清新。晚唐时期，黄河流域的杜牧诗风豪纵，李商隐之诗深情绵邈，世人称两人为"小李杜"。

元曲四大家关汉卿、白朴、马致远、郑光祖均诞生于黄河流域。元杂剧主要反映底层人民的生活，在应然与实然的张力中，彰显人们的反抗精神，承载着作者悲天悯人的情怀。《窦娥冤》塑造了窦娥的经典形象，她不仅追求自身的道德圆满，还要追求天地的公道。这种不屈服的抗争精神与崇高的道德感，正展现了中国文化中与不合理的"人道"及不合理的"天道"斗争的精神，在这一过程中也展现出了人性的光辉与人格尊严。南戏之祖《琵琶记》宣扬人伦道德，突出忠、孝、节、义，歌颂子孝妻贤。而南戏四大传奇《荆钗记》《白兔记》《拜月亭记》《杀狗记》同样带有对真挚的人情、人性之美的赞扬。

这些作品无一不展现创作者对于"道"的追求，在此过程中也展现了自身的风骨与气格。对"道"的重视，正源于对历史实践与道德实践的重视。从这个意义上说，黄河流域文化涵泳着中华民族以坚毅的风骨至于"道"的精神

---

[1] （唐）魏征等撰：《隋书》，中华书局1982年版，第1730页。
[2] 元稹：《唐检校工部员外郎杜君墓系铭》，仇兆鳌《杜诗详注》附编，中华书局2020年版，第2704页。

气质。

（四）天下情怀与历史理性

江林昌指出："'天下'概念已超越了'国家'的狭隘范围，而具有更广阔的世界视野。先秦时期的'天下'观，是包括半月形文化带为纽带的中国的欧亚世界体系与此前的东亚体系的。儒家文化所凝练提升的'包容性与同化力''坚韧性与生命力'等等中华民族精神，都应该在这个大背景下去理解。"[1]我国古代诸多文史著述都展现了这种天下情怀。

汉代，在黄河流域诞生了《史记》。作为中国历史上第一部纪传体通史，《史记》熔史学与文学于一身，堪称"史家之绝唱，无韵之离骚"。司马迁"究天人之际，通古今之变，成一家之言"，他不仅是记载作为历史的事件和人物本身，更是以道德史观、以春秋笔法在评论历史，其中所寄寓的是对天下应然之势的向往。这不仅成为后世史书的典范，更成为后世文章典范，正所谓"百代而下，史官不能易其法，学者不能舍其书"[2]。此后，《汉书》《后汉书》也以良史之心著史，在材料的收集与剪裁等方面用力颇勤，议论峰出，富于历史正义感。魏晋时期，陈寿所撰《三国志》首开纪传体断代分国史的先河，记载了魏、蜀、吴三个政权由兴起到衰亡的过程，其书奉曹魏为正统，也在很大程度上证明黄河流域政权与文化在此时期占据主导地位。唐代修成的《北齐书》《梁书》《陈书》《周书》《晋书》《隋书》《南史》《北史》后来被称为"唐八史"，修撰者主要是北方士人，黄河流域这一时期的史学成就可见一斑。宋代史学以开封和洛阳为中心，《资治通鉴》《新唐书》等一批史著的编纂展现了强烈的社会责任感、历史使命感和士人道德感。明清时期黄河流域编纂了大量官修史书，《明实录》《清实录》《续通志》《续文献通考》等的修撰都是此一时期史学成就的代表。

中唐以来，韩愈等人发起古文运动，宣扬儒学，上承自孔子以来的道统，

---

[1] 江林昌：《五帝时代与中华文明起源——建构中国特色文史学科理论体系浅议之三》，《济南大学学报》2020年第4期。

[2] （宋）郑樵：《通志》总序，中华书局2021年版，第1页。

提倡"文以载道"。在宋代古文运动中，黄河流域士人开风气之先，柳开、王禹偁等古文先驱反对浮靡文风，推尊孔子、韩愈，强调"文以传道"。这些无疑都展现了士人以天下为己任的情怀。在文学创作领域，孔尚任的《桃花扇》突破了才子佳人模式和始乱终弃模式，将儿女情长和民族大义相联系，"借离合之情，写兴亡之感"，充斥着民族大义。蒲松龄上承"发愤著书""不平则鸣"的传统，以"孤愤"而作《聊斋志异》，以志怪为传奇，以文本的幻象展现现实的真实和文化的真实。曹雪芹的《红楼梦》堪称中国古典小说的巅峰，它以群像的方式展现了封建大家族的盛衰，其中所展现的世事沧桑、人世变换，带有对于天道的大彻大悟。在特殊的历史时期，它带有消解封建政治意识形态的作用，并由此而催生历史理性，展现出对于天下、生命的大悲悯情怀。

所谓"士不可以不弘毅，任重而道远。仁以为己任，不亦重乎？死而后已，不亦远乎"，"仁以为己任"，这是黄河流域文化基于历史理性的选择，更是黄河文化天下情怀的体现。由此，也建立起中华民族"天人合德"的价值观念与刚毅宏大的民族性格。

第四节　治黄利民、人定胜天的奋斗精神

黄河是中华民族的母亲河。但黄河又素来"善淤、善决、善徙"。在一定程度上说，一部中华文明史是与治理黄河水患相始终的。千百年来，在与黄河水患的抗争中，中华民族以其人定胜天的不屈信念，始终百折不挠、愈挫愈奋，并由此形成了独特的民族精神。

一、勇于担当的奉献精神

在先秦古籍中，有关水患的记载俯拾即是。如《孟子·滕文公下》中记载："当尧之时，水逆行，泛滥于中国，蛇龙居之，民无所定；下者为巢，上者为营

窟。书曰：'洚水警余。'洚水者，洪水也。"①即是指在唐尧之时，水患横行，人们所生活的地方被猛兽占据，导致人们无安身之所。此一时期，出现了治水的鲧。鲧治水的方式是以"堵"为主的，即用筑堤的方式将人们的主要聚居区维护起来。但这种方式只能在一定时间内和一定程度上减少洪水给人们生活造成的损害，一旦洪水来势凶猛，导致堤岸决口，则造成的损失仍然很大。在"堵"的治水思路下，鲧每遇到洪水来袭，只能通过不断加高堤岸的方式来防洪，实际效果并不理想。虽然如此，但鲧勇于担当、吃苦耐劳的精神也仍然为人所铭记。此后，鲧的儿子禹接替父亲来治水。较之鲧，禹更富于智慧，经过一段时间的考察与实践，他跳出了父辈"堵"的思维模式，而采用"疏"的方式。即以疏通河道为基础，利用地势，将洪水通过河道导入大海。在这一过程中，禹舍小家为大家，据载"八年于外，三过其门而不入"②。他不辞辛劳，以致"股无胈，胫无毛，手足胼胝，面目黎黑，遂以死于外"③。据学者考证，禹治水所在地即是汾河流域。④在禹的带领下，经过人们的不懈努力，终于治水成功，《荀子·成相篇》中记载："禹有功，抑下洪，辟除民害逐共工。"⑤禹在治水过程中所展现的超越常人的智慧，以及他以天下为己任而不计个人得失与恶劣环境抗争的品格，不仅始终为人所传诵，也融入了中华儿女的精神血脉。

二、人定胜天的奋斗精神

战国魏文侯时期，西门豹在邺县令任上，以机智的方式遏止了当地为河伯娶妻的闹剧，并开凿十二渠，引水灌溉。史起在此基础上整修渠道，引漳水灌溉邺县农田，极大促进了当地的农业生产发展。其后，秦国依靠郑国渠使得关中沃野千里，国家得以富强，最终一统天下。汉武帝时期，黄河在濮阳瓠子处（今濮阳西南）决口，又向东南注入巨野县。汉武帝派汲黯、郑当时治水，但未

---

① 杨伯峻译注：《孟子译注》，中华书局2013年版，第141页。
② 杨伯峻译注：《孟子译注》，中华书局2013年版，第114页。
③ 司马迁撰：《史记》，中华书局2012年版，第2553页。
④ 梁述杰、雷太宝：《大禹在汾河流域治水的历史考证》，《人民黄河》2000年第12期。
⑤ 王先谦撰，沈啸寰、王星贤点校：《荀子集解》，中华书局2013年版，第547页。

能一劳永逸。加之田蚡为一己私利散布"江河之决皆天事，未易以人力强塞，强塞之未必应天"①的流言，治水之事被搁置。二十多年后，汉武帝以人定胜天的决心重新开启治水大业，他亲临决口处进行指挥，并下令随行者自将军以下都要参加施工，众志成城，顺利堵住了决口处。自此，朔方、西河、河西、酒泉都引黄河水以灌溉田地。

汉哀帝时期，贾让上"治河三策"，他以"善为川者，决之使道；善为民者，宣之使言"为基点，认为治理黄河的上策为："徙冀州之民当水冲者，决黎阳遮害亭，放河使北入海。河西薄大山，东薄金堤，势不能远泛滥，期月自定。"②在上策中，贾让富于创造性地提出了滞洪的理念，即以较低的山旁洼地为天然新河，它的优势是河道宽，可用于泄洪，同时大量的泥沙淤积也可以起到滞洪的作用。这一策略从治理黄河的全局着眼，颇有创见。贾让提出的治理黄河的中策为："多穿漕渠于冀州地，使民得以溉田，分杀水怒。"③中策实际相当于穿渠分水的做法，将洪水引入漳河，在客观上起到了泄洪的作用，也为下游泄洪工作减小压力。贾让提出的治理黄河的下策为："缮完故堤，增卑倍薄。"④下策其实就是传统意义上增加"堵"的力度的方式。近代著名水利学家李仪祉曾言："千古治河，唯禹、景二人。"所谓"禹"即大禹，所谓"景"即东汉王景。而王景治理黄河之所以能取得辉煌的成就，与大禹并称，在于他在很大程度上实践并发展了贾让的治河理念。

三、务实进取的实干精神

据《后汉书·循吏列传》记载，王景在接受治理黄河的任务后，"商度地势，凿山阜，破砥绩，直截沟涧，防遏冲要，疏决壅积，十里立一水门，令更相洄注，无复遗漏之患"⑤。由此可见，王景具体着手治理黄河之前是经过实地考

---

① 班固撰，颜师古注：《汉书》，中华书局2019年版，第1679页。
② 班固撰，颜师古注：《汉书》，中华书局2019年版，第1694页。
③ 班固撰，颜师古注：《汉书》，中华书局2019年版，第1694页。
④ 班固撰，颜师古注：《汉书》，中华书局2019年版，第1696页。
⑤ 范晔撰，李贤等注：《后汉书》，中华书局2019年版，第2465页。

察的，同时，他还疏浚河道以减少砂石对泄洪的阻碍。当代学者依据对不同历史时期黄河流域人口数量的统计发现，王景治理黄河时（69年）黄河的流路与《水经注》所记载的黄河流路基本一致，且和唐《元和郡县志》的记载也相差无几，这表明自69年至813年黄河基本没有改道，直至1020年前，只有几次小范围改道。这意味着王景治理黄河后的914年间，黄河没有大范围的灾害。[①]古语有云："黄河宁，天下平。"王景充分吸收前代人治理黄河的经验，以其务实而进取的精神和敢于担当的责任感，设计了治理黄河行之有效的方案。这不仅使得黄河流域人民能够生活得安乐，更因其维护了黄河流域的稳定，进而在最大程度上避免了自然灾害所引发的社会动荡等连锁反应。王景治理黄河所造福的不仅是黄河流域百姓，更是天下万民。

四、自强不息的开拓精神

宋代黄河水患的发生频率总体上高于唐代，不仅如此，其影响范围也较大，且其决堤位置上移，主要发生在今河南濮阳与河南滑县一带的平原地区。[②]面对这些情况，宋人曾提出一些措施。如太平兴国八年（983），赵孚针对黄河决口情况，认为"治遥堤不如分水势，于是建议于澶、滑二州立分水之制"[③]。这相当于是建议以分黄河水势的方式来减少因黄河水患造成的危害。同时，宋代进一步发展了汉代治理黄河时"堵"方面的技术，制造了"草埽"。"草埽"不仅可以用于堵塞决口处，还可以用于抢险。因其取材方便，实用性强，因此在治理黄河、防洪等方面被广泛应用。据沈括《梦溪笔谈》中记载："庆历中，河决北都商胡，久之未塞，三司度支副使郭申锡亲往董作。凡塞河决垂合，中间一埽，谓之'合龙门'，功全在此。是时屡塞不合，时合龙门埽长六十步。有水工高超者献议，以谓'埽身太长，人力不能压，埽不至水底，故河流不断，而绳缆多绝。今当以六十步为三节，每节埽长二十步，中间以索连属

---

① 方宗岱：《对东汉王景治河的几点看法》，《人民黄河》1982年第2期。
② 戴庞海、陈峰：《北宋政府治理黄河的主要措施》，《华北水利水电学院学报》2009年第3期。
③ （元）脱脱等撰：《宋史》，中华书局2014年版，第9655页。

之。先下第一节,待其至底,方压第二、第三'。旧工争之,以为不可,云:'二十步埽,不能断漏。徒用三节,所费当倍,而决不塞。'超谓之曰:'第一埽水信未断,然势必杀半。压第二埽,止用半力,水纵未断,不过小漏耳。第三节乃平地施工,足以尽人力。处置三节既定,即上两节自为浊泥所淤,不烦人功。'申锡主前议,不听超说。是时贾魏公帅北门,独以超之言为然,阴遣数千人于下流收漉流埽。既定而埽果流,而河决愈甚,申锡坐谪。卒用超计,商胡方定。"①从沈括所记载的宋代仁宗庆历年间这段治水之事中我们看到,在治理黄河水患的过程中,人们对方式方法的择取不是一蹴而就的,也是在不停的探索中改进、选定治理方案的,但自始至终,人们都没有放弃治理黄河,也没有动摇治理黄河的决心。此外,宋代治理黄河过程中也涌现出带领百姓抗洪且身先士卒的士大夫,苏辙《亡兄子瞻端明墓志铭》载:"公(苏轼)履屦杖策,亲入武卫营,呼其卒长,谓之曰:'河将害城,事急矣,虽禁军宜为我尽力。'卒长呼曰:'太守犹不避涂潦,吾侪小人,效命之秋也。'执梃入火伍中,率其徒短衣徒跣持畚锸以出,筑东南长堤,首起戏马台,尾属于城。堤成,水至堤下,害不及城,民心乃安。然雨日夜不止,河势益暴,城不沉者三板。公庐于城上,过家不入,使官吏分堵而守,卒完城以闻。复请调来岁夫增筑故城,为木岸,以虞水之再至。朝廷从之。讫事,诏褒之,徐人至今思焉。"②《周易》中有云:"天行健,君子以自强不息。"在治理黄河的过程中,不畏艰险、勇于抗争、自强不息的精神早已植根于我们民族文化深处。

五、团结求实的拼搏精神

新中国成立以来,国家致力于国计民生,治理黄河取得了丰硕成果。围绕着"保护与发展",新中国成立以来黄河治理经历了"以防治流域下游水患为主的生态保护起步阶段(1949—1978)","流域生态治理与经济开发辩证统一的可持续发展探索阶段(1978—2012)","'绿水青山就是金山银山'的生态

---

① (北宋)沈括撰,胡静宜整理:《梦溪笔谈》,《全宋笔记》第二编三,大象出版社2006年版,第93页。
② 苏辙撰,陈宏天、高秀芳点校:《苏辙集》,中华书局2017年版,第1120页。

优先绿色发展阶段（2012—2021）"。①1950年，在兴修水利方面，周恩来总理指出："我们不能只求治标，一定要治本，要把几条主要河流，如淮河、汉水、黄河、长江等修治好。"②此后，毛泽东视察黄河，并提出"要把黄河的事情办好"。在《关于黄河的基本情况与根治意见》《关于黄河情况与目前防洪措施》《黄河综合利用规划技术经济报告》《黄河流域开发意见》等多份有关黄河情况的调研与报告的基础上，第一届全国人大二次会议审议并通过了《关于根治黄河水害和开发黄河水利的综合规划的报告》。1974年，黄河三门峡水利枢纽工程完成改建。改革开放以来，党和国家领导人对黄河的治理和发展问题高度重视。1979年，邓小平在山东考察时，指出青岛缺水的问题，此后施行了"引黄济青"工程。1981年，在邓小平的指示下，以国家预备费来增补黄河下游防洪工程的费用。1999年，江泽民视察建设中的小浪底枢纽工程，并作重要指示。2006年，胡锦涛指出黄河治理任重道远，必须认真贯彻落实科学发展观，坚持人与自然和谐相处，全面规划，统筹兼顾，标本兼治，综合治理，加强统一管理和统一调度，进一步把黄河的事情办好，让黄河更好地造福中华民族。2019年，习近平总书记首次将"黄河流域生态保护和高质量发展"提升为国家战略。

张立东考察认为："从战国时代到清代2000多年间，黄河水患使古都开封一次次被深埋地下，而人们又一次次地在原址上重建家园。考古揭示，开封城地下3米至12米，上下叠压着不同时代的6座城池，形成了'城摞城'的都市考古奇观。"③这种"城摞城"都市考古奇观的形成正是中华民族与黄河水患抗争的明证。在与黄河水患的抗争中，中华儿女展现了"团结、务实、开拓、拼搏、奉献"的黄河精神，而这种精神也早已深深印刻在我们中华民族的文化之中。正如习近平总书记所指出："九曲黄河，奔腾向前，以百折不挠的磅礴气势塑造了中华民族自强不息的民族品格，是中华民族坚定文化自信的重要根基。"④

---

① 邓生菊、陈炜：《新中国成立以来黄河流域治理开发及其经验启示》，《甘肃社会科学》2021年第4期。
② 中共中央文献研究室：《周恩来经济文选·建设与团结》，中央文献出版社1993年版，第44页。
③ 张立东：《讲好黄河考古故事》，《人民日报》2011年8月10日。
④ 习近平：《在黄河流域生态保护和高质量发展座谈会上的讲话》，人民网，2019-09-18。

第五节　黄河国家文化公园的当代文化价值

在2020年10月召开的党的十九届五中全会审议通过的《中共中央关于制定国民经济和社会发展第十四个五年规划和二〇三五年远景目标的建议》中,建设"黄河国家文化公园"被正式提出。习近平总书记指出:"要把中华文明起源研究同中华文明特质和形态等重大问题研究紧密结合起来,深入研究阐释中华文明起源所昭示的中华民族共同体发展路向和中华民族多元一体演进格局,研究阐释中华文明讲仁爱、重民本、守诚信、崇正义、尚和合、求大同的精神特质和发展形态,阐明中国道路的深厚文化底蕴。"[①]

一、精神家园与文化认同

黄河国家文化公园为构筑中华民族的精神家园提供了物质载体,是中华文明的重要象征,能够激发全民族的文化认同。中华民族历史绵长,文化灿烂,目前已经可证实的文明史超过5000年,而在这段漫长而悠久的历史中,黄河流域作为全国政治、经济、文化中心的时段就有3000多年。黄河国家文化公园是我们传承民族文化,发扬民族精神的重要物质载体,也是全民认知、体认、传承中华文明的重要物质载体。春秋战国以来,黄河流域所形成的河湟文化圈、关中文化圈、三晋文化圈、河洛文化圈、齐鲁文化圈等,在百家争鸣之中为中华民族贡献了源头活水一般的哲学思想与人生思考。历经汉代"罢黜百家,独尊儒术"与魏晋南北朝时期的式微,儒家学说以其兼容并包的文化肌理,融会、涵泳了诸家学说。而儒家学说中所提倡的天人合一、体用不二、以和为贵、自强不息等精神品格,已经成为炎黄子孙共同的价值追求。也正因为这种民族文化心理深入骨髓,故而每当遇到民族危难之际,不仅有挺身而出的仁人志士,更有

[①] 习近平:《把中国文明历史研究引向深入　推动增强历史自觉坚定文化自信》,《新华每日电讯》2022年5月29日。

千千万万的人民坚守人格的尊严，挺起民族的脊梁。近代以来，面对"三千年未有之变局"，洋务运动、辛亥革命等救亡图存运动先后在黄河流域展开。抗日战争时期，一曲《黄河大合唱》即是中华儿女对源远流长的中华民族历史的歌颂，是中华儿女自古以来顽强不屈的抗争精神的展现。"保卫家乡，保卫黄河，保卫华北，保卫全中国"响彻中华大地，这是中华儿女反抗侵略、反抗压迫、维护祖国统一的呐喊，也是黄河流域文化所孕育的中华民族的气质。① 中国共产党领导中国人民从民族危亡走向国家富强，在此过程中涌现出的延安精神、太行山精神、大别山精神等，既是千百年来黄河文化孕育、涵泳的结果，同时，它们也以其自身推动并发展了黄河文化的精神内涵。改革开放以来，以黄河文化为题材的优秀文艺作品也层出不穷。《我家住在黄土高坡》等作品以其豪放、洒脱的西北风格寄寓着对黄河和黄河流域风土人情的眷恋。② 建设黄河国家文化公园，正是为我们深入了解黄河文化提供了物质载体。它以实物的形式，展现着黄河流域文化对中华文化和中华民族的滋养，它是中华民族兼容并包、仁民爱物、以民为本、勇于抗争、自强不息的民族文化精神的展现。它既能够以实体的方式见证并记录我们的民族文化精神，同时，也能以此为基点，进一步深入挖掘并阐释黄河文化的精神内涵，坚定文化自信，讲好"黄河故事"，为实现中华民族的伟大复兴提供不竭的精神力量。

二、文脉传承与文化感召力

黄河国家文化公园是我们传承千年文脉的重要物质载体，对进一步保护并传承黄河文化遗产具有重要意义，具有超越古今的文化感召力。黄河流域所诞生的《诗经》始终贯穿着"和"的审美与价值追求。这种"和"的审美与价值追求一方面表现为人与自然的和谐共生，它使得我们民族始终秉持着"天人合一"的观念，党的十八大以来，习近平总书记多次强调"绿水青山就是金山银山"，正与我们自古以来这种天人和谐的观念一脉相承，是黄河文化在当

---

① 张祝平：《黄河国家文化公园建设:时代价值、基本原则与实现路径》，《南京社会科学》2022年第3期。
② 曹光章：《黄河文化的历史传承与时代价值》，《晋阳学刊》2022年第1期。

代的发展;"和"的审美与价值追求另一方面表现为人事的和谐,通过礼乐教化,化理为情,使得外在的规范逐渐被人们所认可,进而逐步内化为人们的情感认同。同时,"和"的审美与价值追求还表现为政治的和谐,天下太平安乐。所谓"治世之音安以乐,其政和;乱世之音怨以怒,其政乖;亡国之音哀以思,其民困"[1]。正因如此,在这种文化的陶冶下,我们中华民族向来文质彬彬、以和为贵。而以《史记》为代表的黄河流域的史学传统,则表现出浓郁的人文关怀和深沉的忧患意识。它们在应然和实然的差距中,显示出人们对于美好的无限追求。而史著中所展现的反思精神也正是我们中华民族屹立于世界民族之林千年不倒的重要因素,同时,这种反思精神也正与孔子所谓"我欲仁斯仁至矣""人能弘道"在内在的根底上具有一致性,即都肯定了人的价值和意义,不悬设任何先验性的存在。因为任何先验性的存在都有可能自身存在漏洞,且会在历史的过程中逐渐走向僵化,成为人们进步的桎梏。而我们中华民族的反思精神以及其中对人的价值和意义的肯定,正是我们民族不断实现自我完善和自我超越的重要文化渊源和心理机制。而以杜甫为代表的黄河流域的伟大作家,则以如椽之笔表达着对应然之理的追寻与对人民的深切关怀。所谓"沉郁顿挫",从更深层次的文化意蕴的角度上来说,则是"现实中天道与人道的疏离的表现以及对理想中天道与人道的亲和的追求"[2]。民胞物与的情怀在中华文学传统中展现无遗。

三、家国情怀与民族向心力

黄河流域见证了中华民族的产生、存在与发展,黄河文化公园是中华儿女认知民族历史、体认家国情怀、增强民族向心力的标志性存在。黄河文化公园也为文化旅游提供了可以依托的实体。自从1985年11月全国人大常委会批准我国加入《保护世界文化和自然遗产公约》以来,黄河流域有陕西的秦始皇陵兵马俑,山西的平遥古城,甘肃的敦煌莫高窟,山东曲阜的孔府、孔庙、孔林,山

---

[1] 孙希旦撰,沈啸寰、王星贤点校:《礼记集解》,中华书局1989年版,第978页。
[2] 冷成金:《中国文学的历史与审美》,中国人民大学出版社2012年版,第174页。

东的泰山等入选世界文化遗产名录。黄河流域文化遗产既是我们中华民族的文化瑰宝，同时，也是世界文化的宝藏。黄河国家文化公园的存在无论对于传承千年文脉还是保护文化遗产的意义都是非常重大的。正如韩子勇研究员所说，国家文化公园是"可感可触、化虚为实、生动活泼，通过集中体现这些核心价值的遗迹、实物、环境、场景的再现、保护、建设、陈列和实践活动，进行研究、阐释、创新和传播。特别突出的一点，就是实证化、生活化、社会化，以文塑旅、以旅彰文、文旅融合，见人、见物、见生活的实现路径"[①]。

千百年来，黄河流域"养成了安土重迁、敬天法祖、家国同构的思想意识和行为范式，形成了儒道互补的中华文脉，生成了崇仁爱、重民本、守诚信、讲辩证、尚和合、求大同等核心思想理念，涵养了自强不息、敬业乐群、扶危济困、见义勇为、孝老爱亲等中华传统美德，滋养了独特丰富的文学艺术、科学技术、人文学术等方面的中华人文精神，磨砺了中华民族自强不息、坚忍不拔、吃苦耐劳的性格，从而形成了灿烂辉煌、磅礴有力的黄河文化"[②]，黄河国家文化公园也是我们总结历史经验教训，从而保护水利系统、传承水利文化的重要载体。正如学者所指出："黄河文化是黄河文化公园要系统保护和展现的主体内容，是包括水利文化在内的黄河流域各类物质与精神文化的总和。"[③]黄河文化公园的建设，对于加强黄河文化系统研究，进而赓续黄河文化精神具有重大意义，同时，能够保护黄河文化遗产并促进文化旅游。

四、彰显文化底蕴与促进文明互鉴

黄河文化公园能够彰显以黄河文化为缘起的中华民族产生、存在、发展过程所表现出的各种强大的文化包容性与深广的文化影响力。黄河文化以兼容并包的胸怀广纳异域文化，并以其由此而生成深厚的文化底蕴对异域文化产生深远影响，进而促进了民族团结和民族融合，促进中华文化与世界各国文化

---

① 陈映其：《赓续中华文明的鸿图华构——专访国家文化公园专家咨询委员会总协调人、中国艺术研究院院长韩子勇》，《中国财经报》2022年6月11日。
② 李立新：《深刻理解黄河文化的内涵与特征》，《中国社会科学报》2020年9月21日。
③ 李云鹏：《对黄河水利文化及黄河国家文化公园建设的思考》，《中国文化遗产》2021年第5期。

的交流。

汉代大一统国家的建立为各区域与民族文化的交流提供了政治保障。黄河文化博采了长江文化之长。随着丝绸之路的开发，汉朝发达的农耕文明、先进的科学技术与汉朝的礼俗等传至西域，对西域产生积极影响，而西域的葡萄、马匹等传入汉朝，对汉朝的农业、畜牧业等也产生一定影响。在魏晋南北朝时期，"北方游牧民族南下据有黄河流域，驱使士族和流民南下，促进了民族大融合，也引起黄河文化'衣冠南渡'，对江南地区的文化进步和中华一体化文化的形成产生了巨大的推动作用"[1]。隋唐以来，大运河的开通极大促进了黄河文化圈与长江文化圈的文化交流。唐代前期，南方士人出现北上高潮，唐中后期，北方士人有南下趋势，这在客观上加大了南北的融合。吐蕃赞普松赞干布遣使入唐，开启了汉藏民族之间的友好往来。此外，唐朝还与云南少数民族部落"南诏"、西域以及中亚文化圈、西亚文化圈、欧洲文化圈多有交流。唐朝以海纳百川的胸怀吸收外来文化，以我为主、为我所用，并以其文化感召力吸引万邦来朝，且对异域文化具有强大的辐射力。

宋代与辽、西夏、大理、吐蕃、西域等均有交流。其中，宋朝与各方曾互赠书籍，《文苑英华》《册府元龟》等书籍展现了中原文化的内蕴。又据《渑水燕谈录》记载："张芸叟奉使大辽，宿幽州馆中，有题子瞻《老人行》于壁者。闻范阳书肆亦刻子瞻诗数十篇，谓《大苏小集》。子瞻才名重当代，外至夷虏，亦爱服如此。云叟题其后曰：'谁题佳句到幽都，逢着胡儿问大苏。'"[2]由此可见宋代的文化已经辐射异域。明清时期，黄河文化仍以其影响力辐射日本、朝鲜、越南等东亚、东南亚国家。海上丝绸之路也加深了中国与西亚文化的交流。可以说，黄河文化圈在促进民族融合与国际交流方面始终起着不可替代的作用。

《黄河文物保护利用规划》指出："支持黄河流域与共建'一带一路'国家深入开展多种形式的人文合作，从资金、人员、技术设备等多方面协助相关国家开展文化遗产保存和修复工作。借助'亚洲文化遗产保护行动'等国际合

---

[1] 曹光章：《黄河文化的历史传承与时代价值》，《晋阳学刊》2022年第2期。
[2] 王辟之撰，吕友仁点校：《渑水燕谈录》，中华书局1981年版，第89—90页。

作平台，吸引国内外各类机构参与支持，推动建立常态化的黄河文化遗产合作项目。加强同尼罗河流域、恒河与印度河流域、两河流域等相关国家的文物交流合作，全面加强与相关国家在文物保护、考古、学术交流、博物馆、人才培训等领域合作。充分发挥世界古都论坛等现有平台作用，提升黄河文化国际影响力。积极做好配合重大外交活动的黄河文化相关文物出境和入境展览。围绕黄河文明突出特征，联合国际团队，开展农业起源、文明起源比较研究课题，打造文物保护利用国际智库。"黄河文化必能够实现中华优秀传统文化的创造性转化，促进国际文化交往，实现文明互鉴，给世界留下"中国印象"。

习近平总书记指出："黄河流域构成我国重要的生态屏障"，"黄河流域是我国重要的经济地带"，"黄河流域是打赢脱贫攻坚战的重要区域"。[①]黄河国家文化公园能够帮助我们深入研究和阐释民族文化精神、传承中华民族文化、保护中华文化遗产、提升民族文化认同感和民族凝聚力，赓续以黄河为滥觞的中华文化精神，推动绿色生态发展，促进民族文化融合以及与世界文明的互鉴。黄河国家文化公园具有广泛而深刻的当代文化价值。

---

① 习近平：《在黄河流域生态保护和高质量发展座谈会上的讲话》，人民网，2019-09-18。

第六章
CHAPTER 6

长江国家文化公园的核心价值

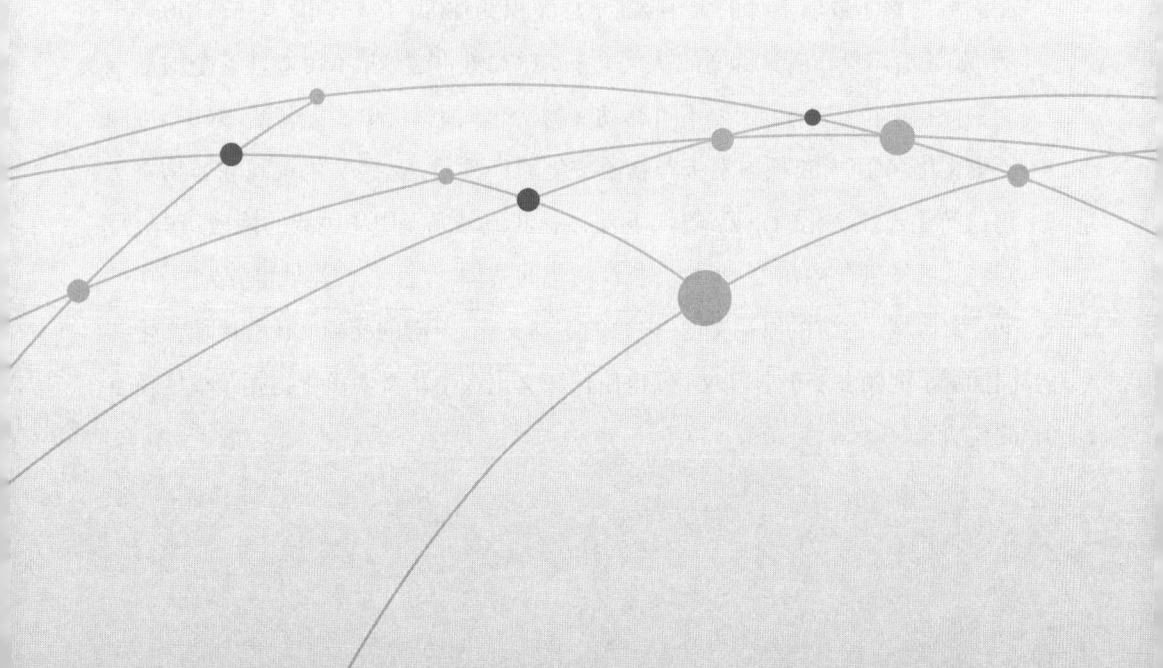

长江和黄河是中华民族的两大发祥地，它们共同孕育了悠久灿烂的中华文明，又呈现为南北不同的地域文化，彰显了中华文明多元一体、容纳百川、兼容并包的特色。2021年12月21日，国家文化公园建设工作领导小组印发《长江国家文化公园工作安排》正式启动长江国家文化公园建设，青海、西藏、成都、重庆、湖北、湖南、安徽、江西、上海、江苏等13个省区市纳入建设范围。建设长江国家文化公园对于赓续长江千年文脉有着深远的意义，我们深入梳理长江文化的特色，展现其绚丽多姿的面貌，将能够更深刻地阐释其核心精神及其在中华文明史上的重要地位，接橥长江国家文化公园的当代文化价值。

第一节　绚丽多姿、和而不同的长江文化

长江是中国第一长河，也是仅次于尼罗河、亚马孙河的世界第三长河。它发源于青藏高原唐古拉山脉主峰各拉丹冬雪山，流经西藏、四川、云南、重庆、湖北、湖南、江西、安徽、江苏、上海等省（自治区、直辖市），最后注入东海。长江流域汇聚了数以千计的大小支流，总面积约180万平方公里，全长6300余千米。长江沿岸分布着30余处古人类化石，1872处古建筑、革命遗址等全国重点文物保护单位，30.6万余处不可移动文物，52座国家历史文化名城，160个中国历史文化名镇，852项国家级非物质文化遗产项目，这些文化景观和非物质文化遗产是长江文化的重要载体，见证了长江流域乃至中华民族的恢宏历史。我们将从区域划分的角度，来探究长江文化的整体面貌。长江流域可分为上、中、下三大区域，上游的巴蜀文化、中游的荆楚文化、下游的吴越文化等区域文化共同涵濡了绚丽多姿的长江文化，也使长江文化在中华文明史上占据了举足轻重的位置。

一、长江上游：巴蜀文化

长江上游西起青藏高原各拉丹冬雪山，东至湖北宜昌，流域面积达100万平方公里，包括沱沱河、金沙江、雅砻江、岷江、嘉陵江、乌江等水域，连接了青海玉树，陕西凤县、宁强县，四川攀枝花、宜宾、泸州，重庆江津、合川、涪陵、巫山，云南昭通、丽江等县市。由于河段落差大，地形和气候差异明显，长江上游地区不仅蕴含着丰富的自然资源，更形成了众多巧夺天工的自然景观，如合称"三峡"的瞿塘峡、巫峡、西陵峡峡谷，乌江与长江汇合处的武陵山等。

长江上游文化以巴蜀文化为主，也包括羌藏文化和滇黔文化。巴蜀文化的相关记载见于《蜀王本纪》《华阳国志》等书，神话色彩极为浓厚。《中国大百科全书·考古卷》认为巴蜀文化是"中国西南地区古代巴、蜀两族先民留下的物质文化。主要分布在四川省境内。其时代大约从商代后期直至战国晚期，前后延续上千年"[1]。巴蜀这一地域概念形成于秦汉时期，就文化分期而言，早期、中期以蜀族文化为主，晚期以川东巴人文化为主。秦灭巴蜀之后，巴蜀文化与外来文化融合并存，西汉时期形成了统一的汉文化。

巴蜀地区东部是地势较低的四川盆地，西部则是地势险峻的川西高原。在古人眼中，地势险峻不利于巴蜀与周边地区的沟通交流，如李白《蜀道难》言"蜀道之难，难于上青天""尔来四万八千岁，不与秦塞通人烟"[2]，杜甫《诸将五首》言"西蜀地形天下险，安危须仗出群材"[3]。但四川盆地又提供了一个相对封闭的发展环境和优越的自然资源，带来了蜀地农业、经济和文化的繁荣。如《战国策·秦策一》说蜀地"田肥美，民殷富，战车万乘，奋击百万，沃野千里，蓄积饶多，地势形便。此所谓天府，天下之雄国也"[4]。

早在旧石器时代，巴蜀已经是人类生活和生产的重要地区。位于岷江支流的四川眉山市坛罐山遗址发掘出土了大量石制品，年代最早的距今20万年，是

---

[1] 考古学编辑委员会：《中国大百科全书·考古卷》，中国大百科全书出版社1986年版，第29页。
[2] （唐）李白著，瞿蜕园、朱金城校注：《李白集校注》，上海古籍出版社2016年版，第239页。
[3] 葛晓音编著：《杜甫诗选评》，上海古籍出版社2019年版，第251页。
[4] 程夔初集注，程朱昌、程育全编：《战国策集注》，上海古籍出版社2013年版，第16页。

成都平原地区发现的年代最早的旧石器时代遗存。1951年在四川资阳发现了距今约3.5万年的"资阳人"头骨化石，这一重大发现为探究旧石器时代人类分布提供了重要依据。此外，简阳市龙坪遗址出土了旧石器时期的石制品和东方剑齿象、犀牛、野猪等动物骨骼化石，川西高原地区也发现了这一时期的手斧等石器。这些遗存都向我们展示了远古时期人们辛勤劳作，努力建设巴蜀地区。新石器时代，巴蜀地区的重要考古发现以宝墩古城和三星堆遗址最具代表性，这些遗址表明新石器时代巴蜀地区已经进入早期国家形态，文明曙光依稀可辨。宝墩古城的外城面积达276万平方米，有大型礼仪性建筑基址，经济结构以稻作农业为主，兼有粟作农业，小型手工业已出现，是继浙江良渚、山西陶寺、陕西石峁古城后国内发现的第四大新石器时代城址，距今约4500年至3700年。三星堆遗址是目前所见面积最大的蜀文化遗址，其历史跨越2000年之久，三星堆文化一期属于新石器晚期，距今约4800年至4000年以前；二期、三期是典型蜀文化的形成期，相当于夏商时期；四期相当于商末周初。三星堆的发掘表明西周之前独具特色的蜀文化就已经存在，足可以与中原文化相媲美。考古学家在此发现了规模宏大的古城遗址、祭祀坑、作坊、窑址、墓葬等遗迹，出土了代表王权的金杖、玉璋、玉琮、青铜器、象牙、陶器等器物，器物上出现了云雷纹、米粒纹等纹饰，展现了巴蜀地区的社会组织结构、礼仪文化和技艺水平，也体现了巴蜀地区与夏商文化交融发展的特征。此后，秦始建的都江堰、汉代的渠县阙、唐代的乐山大佛、宋明时期的峨眉山圣寿万年寺铜铁佛像、清代的武侯祠、杜甫草堂等无不展现了蜀地经济、文化、思想的繁荣。巴蜀还是见证中华民族伟大复兴的重要地区，它见证了中国共产党领导下的中华儿女所历经的峥嵘岁月，为祖国培育了朱德、陈毅、邓小平等重要领袖，更是红军长征历时最长、发生战役最多的地区，四渡赤水、飞夺泸定桥、彝海结盟、过雪山草地等重要战役和事件都发生于此地。

　　巴蜀文化的繁荣还以蜀绣和蜀锦织造技艺等为主要表现形式。蜀绣是中国四大名绣之一，又名"川绣"，东汉许慎《说文解字》言蜀即"葵中蚕也"，从字源来看"蜀"字本身就表明了蜀地与桑蚕养殖即丝织业的密切关系。早在春秋时期，蜀人已经开始用蚕丝制造丝织品，继而出现了刺绣。西汉扬雄《补绣》一诗是记录蜀绣技艺的最早诗歌，惜此诗不存，无法复见两千多年前的技艺。1995年，在离蜀地数千里之外的新疆尼雅遗址出土了"五星出东方利中国"蜀锦，此锦制作于汉晋间，色彩斑斓，上有凤凰、鸾鸟、麒麟、云气纹、红白圆形纹等纹饰和"五星出东方利中国"八个汉字，表达了祈求祥瑞的寓意。这一发现表明了汉晋之际蜀绣和蜀锦的繁荣，以及丝绸之路上贸易往来的盛况。蜀锦的特色是以多重彩经起花，花色极为多样，至唐代远销日本、波斯等地，清代又出现了雨花锦、雨丝锦、浣花锦等品种。2006年蜀绣、蜀锦织造技艺被列入第一批国家级非物质文化遗产名录。此外，巴蜀地区的历史文化名家辈出，如汉代司马相如、扬雄，唐代李白，宋代苏轼、苏辙，明代杨慎，清代李调元等，杜甫、白居易、刘禹锡、黄庭坚、陆游等文人士大夫曾入蜀为官或游历蜀地，留下了很多不朽的篇章。

二、长江中游：荆楚文化

长江中游自宜昌至湖口，流域面积达68万平方公里，包括长江中游干流、洞庭湖、汉江、鄱阳湖水系等水域及江汉平原和洞庭湖平原，联结了湖北武汉、黄石、鄂州、黄冈、孝感、襄阳、宜昌，湖南长沙、湘潭、岳阳、常德，江西南昌、九江、景德镇等省市，是长江经济带的重要组成部分。

长江中游文化以荆楚文化为核心。荆楚文化是先秦至近代以来以湖北、湖南为核心区域所创造的物质文化和精神文化总和，其文化影响力遍布长江中游广大地区，也包括今天的河南、安徽、江西等部分地区。荆楚处于我国较为中心的位置，这一地区山势险峻且四面环山，具有一定的封闭性，但因众多长江支流的贯通又发挥着沟通南北、联结东西的重要战略地位，既是历代兵家必争之地，又是实现中华民族伟大复兴的战略要地。这一地区保存着古代唯一尚存原貌的古战场三国赤壁，如传说周瑜破曹后书写的"赤壁"摩崖石刻、诸葛亮借东风之地拜风台等，正是"大江东去，浪淘尽，千古风流人物"，三国人物的风采和卓绝的军事韬略在长江沿岸熠熠发光。

荆楚文化是楚文化与荆地多民族文化长期融合而成的结晶。荆本是地名，楚是族名，因楚人称雄荆地，楚文化才逐渐占据核心位置。一般认为，自夏初开始至晚到周代，楚文化已经大致定型，"从楚文化形成之初起，中华文化就分成了北南两支，北支为中原文化，雄浑如触砥柱而下的黄河；南支即楚文化，清奇如穿三峡而出的长江"[1]。根据《史记·楚世家》的记载，楚人的祖先出自黄帝之孙昌意之子高阳，屈原《离骚》有"帝高阳之苗裔"的说法。此后，周成王封熊绎于楚地，为楚国的建立奠定了基础。春秋时期，楚文王又定都于郢，进一步发展壮大了楚国。除了楚族外，周代的荆楚地区还有濮、巴、杨越等少数民族，秦汉时期则有巴、越、蛮等少数民族，六朝后大体以"蛮"相称，今天的荆楚地区有土家族、苗族、侗族、瑶族等少数民族。可以说，楚的始祖来自北方，周成王时期楚人进入荆地，其文化以华夏文化为源头，又与荆地的蛮夷文化融合在一起，逐步形成了信鬼神好巫祀、崇尚凤鸟的传统，充满了神秘而浪漫的色彩。

荆地的先楚文化，最早可以追溯到旧石器时代。位于荆州区的鸡公山遗址底层埋藏着距今20万年的石器，这一发现标志着人类遗迹在江汉平原地区出现的最早时间。新石器早期遗存湖南道县玉蟾岩洞穴出土了目前世界上最早的人工培育水稻的标本，早于黄河流域"粟作文化"产生的时间。新石器晚期的大溪文化、屈家岭文化、石家河文化遗址出土了大量生产工具，涉及渔猎活动和水稻种植活动。此外，石家河文化发掘了大型祭祀区、制陶作坊和人面、兽面雕像等玉器，这是长江中游地区已经发现的等级最高的史前聚落遗址。它代表了长江中游史前文化发展的最高水平，也标志着在距今4300年左右这一地区的文化达到了鼎盛。与此同时，石家河文化还与中原文化有着频繁的互动，稻作农业、磨光黑陶等技术由石家河地区传至中原，对中华文明的南北融合产生了深远的影响。荆地还是"华夏民族始祖"之一的炎帝神农故里，相传神农的主要活动区域是湖北随州、谷城、神农架，他在这一区域尝百草、教民耕种、制作

---

[1] 张正明：《楚文化史》导言，上海人民出版社1987年版，第1页。

布帛，这些活动是长江中游地区由早期文明向农耕时代、文明社会过渡的重要标志。

春秋战国时期，楚地的思想与文学风貌大体形成。就思想而言，以老庄思想为代表。冯友兰《中国哲学简史》将先秦道家思想分为三个阶段，老子思想是第二阶段，庄子思想则是第三阶段。从地域的角度而言，这两个阶段都与楚地有着千丝万缕的关系。老子是楚国人，他的思想集中于《老子》一书，此书以探讨宇宙变化规律为主，认为"道"是万物的本原，强调"自然""无为"的思想。1973年，湖南长沙马王堆出土了帛书《老子》甲、乙本，它的编次与通行的版本并不一致，为进一步深入研究老子思想提供了宝贵的材料。此后，庄子继承并发扬了老子的思想。关于庄子的乡贯虽有不同的说法，但至晚在宋代学者多认为庄周是楚国人，因此《庄子》也就成了楚文化的一部分。如朱熹《朱子语类》卷一百二五云："庄子自是楚人，……大抵楚地便多有此样差异底人物学问"[1]，明确指出庄子是楚人，他的思想与楚地风尚密切相关。以老庄为代表的道家思想与强调"礼"与"仁"的北方儒家文化既相互区别，又互为补充，形塑了中华民族的精神气质。道家思想的影响极为广泛而深远，战国中期稷下学宫以黄老之学为重要学术之一，西汉初年黄老之学成为官方思想，魏晋玄学又以道家思想为主要的哲学依据，自魏晋南北朝开始中国学术逐渐形成了儒、道、释三家思想合流的趋向等。可以说，与楚地密切相关的道家思想始终伴随着中国古代思想而发展。从时代来看，秦汉以后荆楚文化一度衰落，甚至陷入低谷。到了宋代又再次崛起，史有"方今学术源流之盛，未有出湖湘之右者"[2]的称颂。就文学风貌而言，楚地的文学以战国时期屈原、宋玉等人的楚辞为代表。屈原生活于战国后期，他创作了《离骚》《九歌》《天问》《远游》等诗歌，这些作品极具楚地风情，具有"书楚语，作楚声，纪楚地，名楚物"的特点。汉代刘向将屈原、宋玉等人的作品编辑成书，命名为《楚辞》。魏晋时期，《楚辞》与《诗经》并举，被誉为中国诗歌的两大源头。以《楚辞》为代表的楚地文学，想

---

[1] （宋）朱熹著，黎敬德编：《朱子语类》第8册，中华书局1986年版，第2271页。
[2] 真德秀：《潭州劝学文》，郑佳明主编：《历代名人记长沙文选》，湖南文艺出版社1998年版，第79页。

象丰富、文辞绚丽、情感奔放，对汉赋和中国文学的浪漫主义传统产生了深远的影响。

楚地的物质文化以丝织品、漆器为代表。据考古发掘可知，目前所见最早且保存最完整的丝织品和漆器大体皆产自楚地，某种意义上反映了先秦时期楚地丝织技艺和制作漆器所取得的高超水平。楚地的丝织品以华美取胜，被誉为"丝绸宝库"的湖北江陵马山一号楚墓出土了大量色彩绚丽的战国丝织品，颜色包括红、黄、绿、蓝、紫、棕、黑等，纹饰以龙纹、凤鸟纹、几何纹等为主，包括锦、绢、纱等不同品类。①楚国的丝织品遍布各地，不仅销往黄河以北地区，还远销俄罗斯阿尔泰地区乌拉干河流域。巴泽雷克古代游牧民族的墓葬也出土了战国时期的楚地丝织品，这是目前所知中国丝绸外传的最早见证。楚地的漆器胎质以木、竹为主，黑底红彩是其基本特色，其种类繁多，包括家具、枕、几、案、笥、箱、盒、豆、樽、壶、梳、竽、瑟、琴、笙等，皆极为精美。由此，上述物质和精神文化奠定了长江中游地区在中华文明史上不可或缺的地位。

三、长江下游：吴越文化

长江下游由湖口至长江口，流域面积12万平方公里，包括巢湖、太湖、洪泽湖、钱塘江、秦淮河、黄浦江等水域，联结了上海、江苏、浙江三大省市。下游是长江经济带的重要组成部分，这一区域又被称为长江三角洲地区。

长江下游有着悠久的历史和坚实的经济贸易基础，其文化以吴越文化为核心。早在旧石器时代晚期，这一区域已有溧阳神仙洞人、丹徒高资人等古人类从事原始农业活动。此后，河姆渡文化、马家浜文化、凌家滩文化、崧泽文化、北阴阳营文化、良渚文化逐步发展，为吴越文化的形成奠定了史前基础。吴越文化是吴、越两国或曰句吴与于越两个族群文化的结合，二者的文化面貌一脉相承，如《越绝书》云："吴、越为邻，同俗并土，西州大江，东绝大海。"②再如《吕氏春秋·知化篇》言："吴之与越也，接土邻境，壤交通属，习俗同，言语

---

① 后德俊：《楚国科学技术史稿》，湖北科学技术出版社1990年版，第122—125页。
② 李步嘉：《越绝书校释》，武汉大学出版社1992年版，第134页。

通。"①就两国的历史而言,吴国是由周王古公亶父的长子太伯所建立的姬姓诸侯国。《左传·哀公七年》载:"大伯端委以治周礼,仲雍嗣之,断发文身,裸以为饰"②,太伯和弟弟仲雍来到吴越地区,一方面将中原地区的青铜器铸造技术带到了吴越,另一方面则遵从吴越风俗"断发文身",这是中原文化与长江下游的本土文化交流融合的重要标志。越又称"于越",相传是大禹的直系后裔无余所建,《史记·越王勾践世家》载:"越王勾践,其先禹之苗裔,而夏后帝少康之庶子也。封于会稽,以奉守禹之祀。"③吴国在春秋中后期,成为最强大的诸侯国之一。公元前473年,越王勾践吞并了吴国。公元前222年,秦设置会稽郡,越国灭亡。结合吴越地区的墓葬出土情况来看,春秋时期青铜器的种类和数量逐渐减少,这意味着此时吴越地区的吴文化因素逐渐减少,越文化因素日渐成为主流。

吴越地区气候温暖,水资源丰富,交通便利,自古以来就是经济发展的重镇。自春秋时代开始,为有效利用水资源,古人就在吴越地区建立了水利工程,如吴国始建太湖溇港水利体系,南齐始建赤山塘水利工程,东汉始建绍兴鉴湖水利工程,等等,这些水利工程体现了古人的治水智慧和古代的科技水平,也为吴越地区的农业发展和经济的繁荣富庶提供了强有力的保障。西汉司马迁的《史记》记载了吴国发达的水陆交通系统及其商业的繁荣,如《河渠书》载"于吴,则通渠三江、五湖。……此渠皆可行舟,有余则溉浸。百姓飨其利"④。《货殖列传》载:"夫吴,自阖闾、春申、王濞三人招致天下之喜游子弟,东有海盐之饶,章山之铜,三江五湖之利,亦江东一都会也。"⑤此后,东晋、南朝定都建康(今南京),吴越地区的经济、文化迎来了繁荣的契机,沈约《宋书》载"地广野丰,……良畴亦数十万顷,膏腴上地,亩直一金,鄠、杜之间,不能比也。荆城跨南楚之富,扬部有全吴之沃,鱼盐杞梓之利,充仞八方,丝绵布帛之饶,

---

① 高诱注,毕沅校:《吕氏春秋》,上海古籍出版社2014年版,第555页。
② 杨伯峻:《春秋左传注》,中华书局1981年版,第1641页。
③ 司马迁:《史记》,中华书局1959年版,第1739页。
④ 司马迁:《史记》,中华书局1959年版,第1407页。
⑤ 司马迁:《史记》,中华书局1959年版,第3267页。

覆衣天下"①，描绘的正是吴越、荆楚一代的富庶繁荣。至唐代长江下游地区的经济地位日渐凸显，如史学家钱穆指出："唐中叶以前，中国经济文化之支撑点，偏倚在北方。唐中叶以后，中国经济文化的支撑点，偏倚在南方。这一个大转变，以安史之乱为关捩。"②至北宋长江流域成为全国经济重心所在，北宋史学家范祖禹提出了"国家根本，仰给东南"③之说。

吴越地区人才辈出，王羲之、谢灵运、陆游、王阳明、鲁迅、周恩来、秋瑾等古今人物，或出生于此，或在吴越地区留下了不可磨灭的足迹。吴越地区还以青铜冶炼技术而闻名，特别是铸剑技术在春秋时期已经享有盛名。《吴越春秋》记载了吴国的干将、莫邪夫妇铸剑的故事，东晋王嘉《拾遗记》也记载了越王铸剑之事，"越王勾践，使工人以白马白牛祀昆吾之神，采金铸之，以成八剑之精：一名掩日，……二名断水，……三名转魄，……四名悬剪，……五名惊鲵，……六名灭魄，……七名却邪，……八名真刚"④。唐朝诗人李峤有《宝剑篇》赞扬吴越之地的铸剑技艺，其言："吴山开，越溪涸，三金合冶成宝锷。淬绿水，鉴红云，五采焰起光氛氲。"⑤通过考古发掘，距今2000多年前的吴越宝剑和精湛的铸剑技艺得以向今人展示，这些器物多以铜、锡为主要原料，著名的如湖北江陵县望山一号楚墓出土的越王勾践剑，河南辉县、山东平度等地出土的吴王夫差剑，淮南蔡侯墓出土的吴王诸樊剑，等等。就非物质文化遗产而言，代表吴越文化的昆曲以其流丽悠远的特色在明代万历年间流行，至清代乾隆年间成为当时影响最大的剧种，于2001年入选联合国教科文组织第一批人类口头和非物质文化遗产名录。

---

① 沈约：《宋书》，中华书局1974年版，第1540页。
② 钱穆：《国史大纲》，商务印书馆1996年版，第704页。
③ （元）脱脱等撰：《宋史》，中华书局1977年版，第10796页。
④ 王嘉撰，孟庆祥、商微姝译注：《拾遗记译注》，黑龙江人民出版社1984年版，第284页。
⑤ 李峤、苏味道撰，徐定祥注：《李峤诗注 苏味道诗注》，上海古籍出版社1995年版，第27页。

第二节　汇纳百川、兼收并蓄的融摄精神

长江精神是中华文明和合共生、开放包容的重要动力源泉,以三大区域的多元文化为背景,以稻作文明为物质基础所滋养的长江文明具有强烈的爱国主义精神、开拓创新精神和汇纳百川、兼容并蓄的特点。探究长江文化的精神内核,对于树立文化自信,实现中华民族伟大复兴具有重要的理论意义。

一、爱国主义精神

习近平总书记在党的十八届中央政治局第二十九次集体学习时强调:"爱国主义是中华民族精神的核心。爱国主义精神深深植根于中华民族心中,是中华民族的精神基因,维系着华夏大地上各个民族的团结统一,激励着一代又一代中华儿女为祖国发展繁荣而不懈奋斗。五千多年来,中华民族之所以能够经受住无数难以想象的风险和考验,始终保持旺盛生命力,生生不息,薪火相传,同中华民族有深厚持久的爱国主义传统是密不可分的。"[1]

屈原是中国文学史上第一位伟大的爱国主义诗人,他生于楚国丹阳秭归,也就是今天的湖北宜昌。他博闻强记,长于外交辞令,曾任左徒、三闾大夫,为实现楚国的强盛他主张联齐抗秦,修明法度,举贤任能,后因谗言信而见疑终被放逐。秦军攻破楚国的国都郢都后,屈原自沉汨罗江,以身殉国。南朝时期,荆楚一带的百姓为纪念屈原形成了竞渡、投米的风俗,隋唐后纪念屈原成为全国性的风俗并延续至今,相关记载如南朝梁宗懔《荆楚岁时记》载:"五月五日竞渡,俗为屈原投汨罗日,伤其死所,并命舟楫以拯之。"[2]屈原创作了《离骚》《九歌》《天问》等诗篇,其代表作《离骚》言"长太息以掩涕兮,哀

---

[1] 《习近平在中共中央政治局第二十九次集体学习时强调　大力弘扬伟大爱国主义精神　为实现中国梦提供精神支柱》,《人民日报》2015年12月31日。
[2] 宗懔撰,宋金龙校注:《荆楚岁时记》,山西人民出版社1987年版,第107页。

民生之多艰""众女嫉余之蛾眉兮,谣诼谓余以善淫""岂余身之惮殃兮,恐皇舆之败绩""伏清白以死直兮,固前圣之所厚""亦余心之所善兮,虽九死其犹未悔""路漫漫其修远兮,吾将上下而求索"[1],文中或使用香草美人的比兴手法,或直抒其意,表达了诗人浓烈的爱国主义情感、坚守理想的崇高人格及对美政的向往之情。屈原所传达的爱国主义情操和高尚品格在后世引起了中华儿女的广泛共鸣,如司马迁《史记·屈原贾生列传》言:"屈原既嫉之,虽流放,眷顾楚国,系心怀王,不忘欲反,冀希君之一悟,俗之一改也。其存君兴国,而欲反履之,一篇之中三致志焉。"[2]东汉王逸《楚辞章句序》云:"膺忠贞之质,体清洁之性,直若砥矢,言若丹青,进不隐其谋,退不顾其命,此诚绝世之行,俊彦之英也。"[3]又如南宋爱国诗人陆游创作了赞颂屈原的诗歌《哀郢》:"远接商周祚最长,北盟齐晋势争强。章华歌舞终萧瑟,云梦风烟旧莽苍。草合故宫惟雁起,盗穿荒冢有狐藏。离骚未尽灵均恨,志士千秋泪满裳。"[4]再如毛泽东主席讲:"屈原的名字对我们更为神圣。他不仅是古代的天才歌手,而且是一名伟大的爱国者,无私无畏,勇敢高尚。他的形象保留在每个中国人的脑海里。无论在国内国外,屈原都是一个不朽的形象。我们就是他生命长存的见证人。"[5]

近代以来,为挽救中华民族于水火,中华儿女在长江流域开展了多次保卫战争,以浓烈的爱国主义情怀熔铸了长江文化的精神内核。大渡河是长江支流岷江的最大支流,发源于青海玉树藏族自治州境内,于乐山注入岷江,这一带的水流较之于金沙江更为湍急,且岸边山势险峻,易守难攻。新中国成立以前,大渡河上最早也是当时唯一的一座铁索桥就是泸定桥,故而泸定桥从建立之日起便成为川藏往来的军事要津。1935年5月,红军长征路上,泸定桥为敌军所控。红军制订了先从安顺场强渡大渡河,再夺取泸定桥,从而保障全军顺利渡

---

[1] (宋)朱熹撰:《楚辞集注》,上海古籍出版社2001年版,第7—27页,《离骚》引文均引自本书。
[2] 司马迁:《史记》,中华书局1959年版,第2481页。
[3] 郭绍虞、王文生编:《中国历代文论选(一卷本)》,上海古籍出版社1979年版,第54—55页。
[4] 张春林编:《陆游全集》,中国文史出版社1999年版,第25页。
[5] [俄]费德林:《费德林回忆录——我所接触的中苏领导人》,新华出版社1995年版,第17页。

河的作战计划。安顺场是1863年太平天国翼王石达开全军覆没的战场,石达开曾多次组织强渡大渡河均以失败告终,可见强渡之艰难。工农红军制订了严密的作战计划,以奇袭的方式夺取安顺场,以最快的速度搜索船只,由17名红军战士冒着枪林弹雨成功强渡河宽约300米、水深10余米的大渡河。可以说,这17位勇士以不怕牺牲的精神书写了近代爱国主义的新篇章。

二、开拓创新精神

长江流域湖泊星罗棋布,纵横交错,多山势险峻之地,生活于此的古人经过不懈的努力,建造了诸多水利工程,发展农桑和水稻种植业,织造了精美的丝织品,制作了精美的漆器,通过开采铜、锡等原材料铸造了锋利的兵器。在北宋时期,以长江流域为核心的南方地区一举超越北方,成为全国的经济重心所在,为后世中华儿女树立了开拓创新、不畏艰险的典范。

长江流域的发展得益于开拓创新、艰苦奋斗的精神,这一精神的体现可追溯至大禹形象。相传华夏始祖大禹诞生于四川的石纽,如扬雄《蜀王本纪》载:"禹本汶山郡广柔县人,生于石纽。"[1]石纽的具体地点,有汶川、茂县、北川三说,另有禹生于高密的说法。[2]除了大禹故里,长江流域还有众多大禹遗迹。大禹治水的地域虽以黄河为主,但也远至长江流域,如《庄子·天下篇》云:"昔者禹之湮洪水、决江河,而通四夷九州也,名山三百,支山三千,小者无数。禹亲自操橐耜,而九杂天下之川。"[3]相传浙江绍兴是大禹的故去之地,《史记·夏本纪》载:"十年,帝禹东巡狩,至于会稽而崩……或言禹会诸侯江南,计功而崩,因葬焉,命曰会稽。"[4]湖南衡山地区发现了记录大禹治水功绩的"禹王碑",还流传着大禹得"金简玉书"、建"清冷宫"、驻跸卢洞等传说,相关文献记载见于东汉赵晔《吴越春秋》、北魏郦道元《水经注》。大禹是中华民族的治水英雄,他开创了因势疏导的治水之法,通过艰苦卓绝的奋斗成功

---

[1] 扬雄著,张震泽校注:《扬雄集校注》,上海古籍出版社1993年版,第256页。
[2] 杨东晨:《论四川大禹故里及其相关问题》,《阴山学刊》2008年第2期。
[3] 王先谦、刘武撰,沈啸寰点校:《庄子集解·庄子集解内篇补正》,中华书局1987年版,第289页。
[4] 司马迁:《史记》,中华书局1959年版,第26—27页。

治水，其文化形象深入人心。大禹精神为长江文化注入了开拓创新、自强不息、顽强苦干等精神内核。

长江中游的楚国亦以强烈的开拓进取精神著称。建国之初，楚国的国土面积极小且多是山林草莽之地，如《左传·昭公十二年》载："昔我先王熊绎，辟在荆山，筚路蓝缕，以处草莽，跋涉山林，以事天子。"①又如《史记·孔子世家》言："楚之祖封于周，号为子男五十里。"②春秋之际，楚国的地位发生了重大的变化，由弱国逐渐崛起，先后吞并了庸、濮、罗等与江汉、洞庭地区的民族融为一体。由于国土面积激增，楚国日益成为南方地区不可小觑的力量。战国时期，楚国又发展为纵横捭阖的大国，《淮南子·兵略训》载："昔者楚人地：南卷沅湘，北绕颍泗，西包巴蜀，东裹郯、邳……楚国之强，大地计众，中分天下。"③这说明春秋、战国时期楚国的疆域扩张至长江下游地区，北近黄河，东到吴越，南至岭南，西接巴蜀。楚国之崛起，其根本原因正在于其祖先熊绎所确立的"筚路蓝缕"开拓进取的精神。

长江流域也是近代中国改革创新的先导和核心区域。在中华民族内忧外患的危急关头，见证了众多开天辟地的重要历史时刻。1889年，湖广总督张之洞在湖北推行改革以自强，修建卢汉铁路，成立自强学堂、武备学堂，筹办汉阳铁厂，加速了湖北武汉的工业化、城市化和现代化水平，拉开了近代中国改革的序幕。1911年5月，四川群众为反对清政府出卖筑路权，组织了大规模的保路运动，为辛亥革命奠定了群众基础。1911年10月10日晚，位于长江中游的武昌城打响了辛亥革命的第一枪，11日成立湖北军政府。武昌起义鼓舞了中华儿女的革命斗志，此后湖南、陕西、江西等地相继宣布独立，中国延续两千多年的封建君主专制制度宣告结束。长江下游的吴越之地亦素有勇为人先、自强不息的风气，1921年7月23日，在上海法租界望志路106号，中国共产党第一次全国代表大会召开。大会最后一日移至位于长江水系太湖流域的浙江嘉兴，这次会议的召

---

① 杨伯峻：《春秋左传注》，中华书局1981年版，第1339页。
② 司马迁：《史记》，中华书局1959年版，第1932页。
③ 刘安等著：《淮南子》，岳麓书社2015年版，第151页。

开在中国革命史上具有划时代的里程碑意义,宣告中国共产党正式成立。1927年8月1日,在长江流域的重要城市南昌,诞生了中国工农红军,打响了武装反抗国民党反动派的第一枪。可以说,长江流域的开拓创新精神深刻改变了中华儿女的命运,为实现中华民族的伟大复兴谱写了壮丽的篇章。

三、兼容并蓄的融摄精神

长江流域水陆交通发达,呈现贯通东西、沟通南北的特色。这一地理优势既将巴蜀、荆楚、吴越等地方文化凝聚为一个整体,又以极大的开放性、包容性和连绵不绝的生命力融摄了多元的外来文化。

以上游的巴蜀地区为例,四川盆地四面环山的地理环境一方面有利于社会的稳定和巴蜀文化的独立发展;另一方面安居乐业的环境也吸引了大量移民入川,从而促进了中原文化与蜀地文化的融合。古蜀文化虽不同于中原文化,这一地区却深受儒、道、释三家思想的影响,陆续培养出了司马相如、扬雄、苏轼等在中国文化史上有着举足轻重地位的文士。就儒学而言,入蜀的时间是在秦灭巴蜀之后,据《华阳国志·蜀志》载汉景帝、汉武帝时期蜀守文翁在蜀地大力兴办学校,弘扬儒学,"文翁立文学精舍、讲堂,作石室"[1],使得蜀地的学术比肩齐鲁地区,自此蜀地的儒学根基始立。文翁是中国历史上第一位创办地方官学的官员,这种兴学模式在当时很快被推广至全国其他地域。五代时期,后蜀为弘扬儒家经典,从广政七年(944)开始,陆续刊刻了《周易》《诗经》《尚书》《仪礼》《周礼》《礼记》《孝经》《论语》《尔雅》《左传》十部儒家经典且配有注文。入宋后,又补刻《公羊》《谷梁》《孟子》为完整的十三经,蜀刻石经见证了蜀地儒学的兴盛,对十三经的定型也起到了重要的推动作用。此外,四川的书院在宋代特别是南宋创建颇多,也反映了蜀地儒学的繁荣,如北宋年间的修文书院、太元书院、柳沟书院等,南宋年间的沧江书院、鹤山书院、东馆书院、云山书院、静晖书院等。

---

[1] 常璩著,刘琳校注:《华阳国志校注》,巴蜀书社1984年版,第235页。

就道教、佛教的影响而言，巴蜀地区素有"青城天下幽，峨眉天下秀"之说，这两座名山与道、释思想有着不解之缘。青城山位于都江堰市西南，是四大道教名山之一，全真龙门派胜地，积淀了深厚的道教文化传统。东汉顺帝汉安年间，张陵在成都大邑县境内的鹤鸣山修道，创立了五斗米道，即天师道。后来，他来到青城山传道并羽化于此。鹤鸣山与青城山同属岷山山脉，被称为道教祖庭，北宋道士陈抟、明代道士张三丰也都曾在此修道。魏晋南北朝时期天师道的影响遍布大江南北，信者甚众，包括东晋王羲之、北魏寇谦之、崔浩等。青城山道教文化积淀深厚，也有佛教文化的踪迹，其后山建有泰安寺、白云寺，外山有普照寺等。佛教在东汉时期传入了巴蜀地区。乐山柿子湾崖墓的东汉佛像、绵阳何家山东汉崖墓铜佛像摇钱树等，是这一时期的文化遗存。南北朝时期，《妙法莲花经》《维摩诘经》《涅槃经》等在蜀地广泛传播。隋末唐初，许多高僧因战乱聚居于成都，至北宋时期蜀地的佛教发展极为繁荣，宋代苏轼《成都大悲阁记》曾言："成都，西南大都会也，佛事最胜。"[①]

峨眉山位于四川西南部，具有道、佛文化交融的特点。早期的峨眉山地区被视为道家的仙山，如东晋葛洪《抱朴子》言："古之道士，合作神药，必入名山……青城山、峨眉山……此皆是正神在其山中，其中或有地仙之人。"[②]峨眉山的佛教文化最早可追溯至东晋高僧慧持，其文化的繁盛在唐宋之际，这一时期也是巴蜀佛教石窟造像的主要时期。盛唐时期，峨眉山的道教求仙文化与佛教文化并行，如李白的诗歌对峨眉山的道、佛文化均有提及，其《登峨眉山》言"蜀国多仙山，峨眉邈难匹"[③]，其《听蜀僧濬弹琴》又云"蜀僧抱绿绮，西下峨眉峰"[④]。唐末时期，僖宗入蜀避乱开始建设峨眉山六寺。宋太宗年间重修峨眉五寺，使峨眉山正式成为普贤道场，自此佛教文化进入繁荣时期。可以说，巴蜀文化具有极大的包容性和开放性，巴蜀地区为儒、道、释三家思想的传承与融汇提供了诸多机遇。

---

① 苏轼著，孔凡礼点校：《苏轼文集》，中华书局1986年版，第395页。
② 王明：《抱朴子内篇校释》，中华书局1985年版，第85页。
③ （唐）李白著，瞿蜕园、朱金城校注：《李白集校注》，上海古籍出版社2016年版，第1430页。
④ （唐）李白著，瞿蜕园、朱金城校注：《李白集校注》，上海古籍出版社2016年版，第1667页。

第三节　多元跨域、交流融合的文化典范

长江流域因其水路四通八达的独特优势,为跨地域、跨民族及中外文化的交流融合提供了复杂的交通网络,推动了文化间的融合和相互认同,对中国历史发展的整体走向产生了重要的影响。

一、民族往来

长江流域是跨民族文化交流的重镇。以茶马古道川藏线为例,它是汉藏商品往来的重要通道,更是各民族间文化交融的重要见证。茶马古道川藏线沿途穿越了藏族、傣族、回族、基诺族、白族、布朗族等多个少数民族文化区,为促进沿线藏文化、汉文化、伊斯兰文化、纳西文化等各民族间语言文化和宗教习俗的交流融合作出了重要贡献,更为边疆地区的繁荣和稳定提供了保障。

茶马古道始于唐宋而盛于明清,主要包括川藏、青藏、滇藏三条线路,同时错综众多支线而成。它是一条以茶、马、盐、药材等为主要商品的交通贸易网络,联结了金沙江、怒江、雅鲁藏布江,再向西联结南亚、西亚等国家进一步贯通亚欧大陆。具有1300多年历史的川藏线被称为"世界上地势最高的文明文化传播古道之一",它以四川雅安为起点,进入康定地区后又分为南北两条支线,北线经过道孚、炉霍、甘孜等地至昌都,南线经过理塘、巴塘等地至昌都,由昌都再到拉萨及南亚次大陆。川藏线在中国境内的路线长3000多公里,途经四川盆地、青藏高原、云贵高原及众多湖泊,海拔在500米至5000米之间,其地理气候和环境复杂艰险,其中尤以雅安至康定段道路最为崎岖,在古代只能以人力运输。

川藏往来的重要商品是茶叶,茶叶入藏有两种说法,一种是来自川、藏、滇交界,一种是唐代由文成公主传入。巴蜀地区的商贸活动早在汉代就已经极为发达,且茶叶在当时已经作为商品出现。据扬雄《蜀都赋》记载,汉代的成都物

产丰富，经济发达，是沟通南北贸易的重要地区，"万物更凑，四时迭代。彼不折货，我罔之械。财用饶赡，蓄积备具""东西鳞集，南北并凑。驰逐相逢，周流往来"。①西汉宣帝年间，王褒的《僮约》一文是我国记录饮茶、买茶活动的最早文献。文中记录的买茶之事侧面呈现了武阳地区（今四川彭山），在汉代已经形成了饮茶的习惯，且茶叶开始成为流通的商品。四川还是中国茶叶人工栽培的发源地，秦并巴蜀后，茶叶才由蜀地传至全国。雅安作为川藏线的起点，是人工栽培茶的最早地区之一，也是重要的茶叶贸易流通之所。茶叶在汉藏贸易中居于重要地位，为历朝所重视。北宋时期，四川、陕西两地专门设置了二司管辖茶马贸易，南宋时期，汉藏贸易转移至打箭炉（康定），四川茶税更成为当时的重要收入来源。至明代，茶叶在汉藏往来中发挥了至关重要的作用，万历年间王廷相《严茶议》云："茶之为物，西域吐蕃，古今皆仰信之。以其腥肉之物，非茶不消；青稞之热，非茶不解，故不能不赖于此也。是则山林草木之叶，事关国家政体之大，经国君子固不可不以为重而议处之也。"②康熙年间西炉之役结束后，作为由川入藏的战略要地，康定开始成为雅安转入西藏和青海的重要贸易中转站和汉藏文化交流的中心。

茶马古道发挥着文化传播和民族间交流融合的重要作用。一方面随着茶马古道的发展相继出现了泸定、康定、巴塘等城镇，另一方面这些地区的文化呈现汉藏交融的特色。在茶马古道沿线的城镇上，可以发现来自中原的关羽、周公等文化因素，体现了汉藏文化交流的丰富性。关羽是中国历史上的名将，古人对他的祭祀活动始于隋唐之际，至清代被尊为"武圣"，与"文圣"孔子并举。为维护边疆地区的稳定，强化统一意识，清朝政府推动了藏区对于关羽的崇拜，而经过格鲁派高僧章嘉活佛、土观活佛等在信仰、仪式层面的阐释，关羽形象又与当地的信仰结合成为藏传佛教的护法神。巴塘的关帝庙建于乾隆十三年（1748），由巴塘的汉商工会和清廷驻巴塘的官兵筹建，这座庙宇是康巴

---

① 费振刚、仇仲谦编著：《全汉赋校注》，广东教育出版社2005年版，第214页。
② 顾炎武：《天下郡国利病书》第28册《四川·王廷相严茶议》，《四部丛刊三编》，上海商务印书馆1936年影印本。

藏区的首座汉式庙宇，主殿供奉关公、关平、周仓、赵公明，配殿供奉轩辕黄帝、鲁班、嫘祖、孙膑。殿内的壁画融合了藏族的唐卡艺术，绘制了《桃园三结义》《单刀赴会》等唐卡壁画。雅安是四方茶货聚集之地，雍正年间在这一地区建立了武侯祠。昌都地区也是川藏商贸交易之地，乾隆年间建立了关帝庙。此外，雅安还有周公文化因素，周公是周武王的弟弟，其"制礼作乐"的活动奠定了西周的礼乐制度，在中华文明史上影响深远。雅安的周公山原名"蔡山"，相传因诸葛亮南征于雅安之时，梦到周公告知用兵之计，故而改"蔡山"为"周公山"，建立庙宇祭祀周公。汉藏往来密切的高峰时期之一是清代。如雍正七年（1729），甘孜州德格县建立了德格印经院，刻印了《甘珠尔》《丹珠尔》等大藏经，为藏文化的繁荣奠定了基础。康熙、光绪年间，川藏古道上的巴塘、康定等地区先后设立了私塾，促进了汉文化的传播，推进了藏民的汉化和汉藏文化的融合。与此同时，茶马古道也是藏传佛教向川西地区传播的重要路径，四川藏区部分城镇兴建了藏传佛教格鲁派寺院，如理塘寺、甘孜寺、灵雀寺等，而当地原有的苯教等派别寺院也有改宗格鲁派的情况出现。

二、南北融合

黄河流域与长江流域的接触有着悠久的历史。据学者考证，现存出土和传世的商周礼器、乐器2万余件，但商周地区的铜矿资源并不足以制作如此众多的青铜器物。因此，商周铜矿的来源很有可能是山西中条山区和长江中下游地区。[1]结合《尚书·禹贡》《周礼·夏官·职方氏》的记载来看，早在商周时期长江流域的铜矿资源已运达北方地区，为中原地区的礼器制作和礼乐文化的发展提供了物质的支持。先秦铜矿遗址中最著名的莫过于湖北铜绿山古铜矿遗址，它是中国目前发现的规模最大、时间最早且保存最为完好的古铜矿。据碳十四测定，湖北铜绿山古铜矿遗址属于商代晚期遗址，这一发现表明公元前16世纪，长江中游地区就极有可能为黄河流域礼乐文明的繁荣提供了重要的物质

---

[1] 田长浒主编：《中国铸造发展史》第1卷，国家开放大学出版社2018年版，第96页。

基础，为南北跨域交流提供了机遇。

历史上，南北文化的融合有三次重要的契机。一是西晋末年的永嘉南渡，二是唐代的安史之乱，三是南宋建都临安。西晋末年，北方战乱频起，超过百万的北方人口大举南迁至长江中下游地区，这次大迁徙被称为"永嘉南渡"。永嘉南渡是南北文化融合及长江流域文化发展的重要转折点，如钱穆认为由此"长江流域遂正式代表传统的中国"①。关于永嘉南渡的人数，谭其骧根据《晋书·地理志》所辖地区统计认为有近百万人口，"以一户五口计，共有人口七百余万，则南渡人口九十万，占其八分之一强。换言之，致北方平均凡八人之中，迁徙南土"②。从文化史的角度来看，永嘉南渡促进了中原文化与长江文化的融合，加速了江南文化的发展，体现在以下方面：首先是大量的图书、思想文化资源伴随南渡从北方流转至南方。《隋书·牛弘传》载："永嘉之后……衣冠轨物，图画记注，播迁之余，皆归江左。"③其次是玄学、佛学等思想的传播。玄学是魏晋文化的重要组成部分，何晏、王弼、竹林七贤等倡导玄学的主要人物活动的地区是河洛。永嘉之际盛行于北方的玄学随河洛名士南下至江左地区。江左玄学是玄学发展的最后阶段，以张湛、王导等为代表，呈现玄学与佛学融汇的特点。北方僧人南渡也带来了佛教的兴起，支遁、僧肇等高僧云集于长江流域，为佛教的中国化提供了机遇。再次是文学艺术的勃兴。南朝文坛颇有盛名的文士大多属于南渡家族，如琅琊王氏、陈郡谢氏、兰陵萧氏等。可以说，南渡为文学创作和文论融合荆楚文化，关注抒情特征、注重山水景物书写等特色的形成创造了条件。

安史之乱后，河洛士人再次大批南迁。李白《为宋中丞请都金陵表》曾云"天下衣冠士庶，避地东吴，永嘉南迁，未盛于此"④，可见南迁人数之多，影响之深。靖康之难后，宋室南渡不仅推动了中原文化与吴越文化的融合，更使经济重心南移。自此，江南地区的工商业迅速发展，长江上游地区的粮运、东

---

① 钱穆：《国史大纲》，商务印书馆1996年版，第155页。
② 谭其骧：《长水集》上册，人民出版社1987年版，第220页。
③ （唐）魏征：《隋书》，中华书局1973年版，第1299页。
④ 黄浩等编：《全唐文》，中华书局1983年版，第3529页。

南沿海的贸易日渐成为支撑南宋政府经济的重要来源。当时的都城临安聚集了蜀商闽贾,成为国内及对外贸易的重要集散地之一,"余杭、四明,通蕃互市,珠贝外国之物,颇充于中藏云"[1],四方奇器、珍异聚集于此。至明代,江南地区的税粮总和达全国的五分之一,明清时期更有"湖广熟,天下足"的说法,足见长江流域的经济发达及其之于中国历史发展的重要地位。

三、中外交流

长江流域是中外经济、文化交流的重要通道。中国与东南亚及西方各国的交往最初以丝织品、瓷器等器物贸易的形式展开。长江流域是丝绸的重要产地,也是丝绸外销的最早商道之一。至宋元明清,丝织品生产以长江上游的蜀地和长江下游的江南地区最为兴盛。早在战国时期,长江流域的丝绸已经远达南西伯利亚地区。巴泽雷克古代游牧民族的墓葬出土了战国时期楚地的丝织品,呈现了长江流域器物在中外贸易交流史上的重要地位,这也是目前所知中国丝绸外传的最早见证。汉代张骞出使西域开辟中外贸易陆路通道之前,长江上游地区存在着一条对外贸易通道,即南方丝绸之路。它以长江上游的成都为起点,经云南等地进入缅甸、印度,远达地中海东岸。南方丝绸之路,古代也称"蜀身毒道",其名见于《史记·西南夷列传》:"及元狩元年,博望侯张骞使大夏来,言居大夏时见蜀布、邛竹杖,使问所从来,曰:从东南身毒国,可数千里,得蜀贾人市。"[2]蜀,即四川。身毒国,即印度。这条古老的国际贸易通道是中国到域外最近,也是最早的一条通道。早在先秦时期,蜀地的商人就通过这条通道将商品带到了域外,他们从成都出发穿越川西平原渡过金沙江,将长江上游的蜀锦、邛竹杖等商品带到云南,再由海路将商品远播西方。同时,又换回西方的琥珀、琉璃等制品销往国内。这条道路不仅沟通了长江上游与云南地区,促进了民族间的交流,更与域外文明发生了互动和交流。例如,越南北部的东山文化遗址所出土的器物与三星堆文化遗址所出土的器物在样式上具有一致

---

[1] (元)脱脱等撰:《宋史》,中华书局1977年版,第2177页。
[2] 司马迁:《史记》,中华书局1959年版,第2995页。

性，而三星堆也出土了来自印度洋的海贝。长江流域与亚洲地区的丝绸贸易，特别是对日贸易往来密切。三国时期，杭州丝绸及其制作工艺传入日本，魏晋南北朝时期，日本派遣使者前往江南进行丝绸贸易，也有江南的织工前往日本传授养桑和织布技术。南宋时期，两浙地区设立了市舶司专门管理对日本的贸易。

瓷器也是中国古代贸易外销的重要物品之一，至唐代尤以长江流域出产的长沙窑青釉彩绘瓷、浙江越窑青瓷外销规模最大。唐代的海外贸易港口包括苏州的松江、扬州、广州等，瓷器外销或通过长江水域，经湖北鄂州、安徽安庆、铜陵等进入扬州，或从广州登船，再进入东南亚，后向西航行至中亚、非洲地区。在日本、朝鲜、泰国、印度尼西亚、埃及开罗、也门、印度、伊朗等地先后出土了唐代长沙窑瓷、越窑青瓷等碎片。这些瓷器及其制作工艺也进一步影响了当地的审美与制瓷工艺，如日本、伊朗的内沙布尔都曾出土过造型纹饰与长沙窑瓷极为相似的器物。近代以来，伴随着众多通商口岸的开放，长江流域出现了大批新式民族工业，如全国最大的煤铁联合公司汉冶萍公司、荣家企业集团、永安集团等。基于便捷的交通网络，19世纪末至20世纪初，长江流域成为东亚地区最为活跃的经济中心之一，19世纪50年代，上海超越广州成为中国最大的对外贸易口岸。

长江流域还是中外思想文化交流融合的重要地区。南北朝时期，长江流域是佛教进入中国的主要路线。西域僧人常往返于长江流域，故而成为佛教思想传播的重要通道。如《高僧传》卷三记载世号"连眉禅师"的昙摩蜜多"学徒济济，禅业甚盛。常以江左王畿，志欲传法，以宋元嘉元年展转至蜀，俄而出峡，停止荆州，于长沙寺造立禅阁，……顷之，沿流东下，至于京师"[1]。长江流域也是近代的进步思想和思潮广泛传播的地区，如实业救国、科学救国、教育救国、现代化等理念，这些思想为近代的救国救亡运动奠定了坚实的基础。以上海地区为例，它不仅是近代新思潮传播的重镇，更在中国传统文化与西方文化碰撞融合的过程中，形成了新型的"海派文化"，衍生出海派小说、海派电影、海派

---

[1] 慧皎等撰：《四朝高僧传》第1册，中国书店2018年版，第46页。

建筑等多种承载形式。新思潮传入的重要载体之一是报纸,近代思想史上众多影响极为深远的报刊多与上海密切相关,如1868年在上海创刊的《万国公报》将马克思及《资本论》介绍到中国,1896年创刊于上海的《时务报》以变法图存为主旨,推动了维新运动等。

第四节　天人合一、生生不息的生态文明

长江流域的生态文明建设有着悠久的历史,既有为实现生态、经济可持续发展作出重要贡献的古代水利工程、现代水利工程,又有道家的生态思想作为重要的理论支撑。

一、生态特征

长江流域的自然资源极为多样,如四川是全球最大、最完整的大熊猫栖息地,也是全球温带区域植物最丰富的区域,鄱阳湖是我国最大的淡水湖区,还有"八百里湖天"之称的巢湖,被称为"万里长江第一矶"的燕子矶等。丰富的自然资源得益于复杂的地形和气候特征。长江上游包括青藏高原和四川盆地两个地形区,高原、亚热带两大气候区。高山高原气候垂直差异明显,具有"一山有四季,十里不同天"的特点。四川盆地及长江中下游地区属于亚热带季风气候,全年平均气温呈现东高西低、南高北低的特点,大部分地区全年平均气温在16~18℃之间。年平均降水量为1067毫米,降水集中在6~8月,降水的时空分布差异显著,呈现由西北向东南递增的趋势。夏季多雨、冬季低温干燥的气候特征适宜农作物生长,也为野生动植物和珍稀动植物资源提供了理想的栖居环境,这一地区的珍稀树种有银杉、红杉、珙桐等,珍稀鱼类包括中华鲟、白鲟、花鳗鲡等。

自古以来,长江流域面临的主要生态问题之一是水患灾害。水患多发生于长江中游的江汉流域,有"长江万里长,险段在荆江"的说法。根据文献记载,

上古时期长江流域和黄河流域的水患严重，治水的主要人物有鲧和鲧的儿子大禹。鲧采用的是筑建土堤的方式抵御洪水，禹则使用的是疏导的方法，借助河道将洪水引入大海。如《山海经·海内经》言："洪水滔天，鲧窃帝之息壤以堙洪水，不待帝命。帝令祝融杀鲧于羽郊，鲧腹生禹，帝乃命禹卒布土以定九州。"[①]再如《孟子·滕文公》篇详细阐述了尧、舜、禹治水的功绩，在孟子看来治水不仅是自然界的生态问题，更关乎民生，是施行仁政的表现。"当尧之时，天下犹未平，洪水横流，泛滥于天下。……尧独忧之，举舜而敷治焉。……禹疏九河，瀹济漯，而注诸海；决汝汉，排淮泗，而注之江，然后中国可得而食也。"[②]古代众多文献典籍都记载了治水的故事，如《天问》《淮南子·地形训》《吕氏春秋》《吴越春秋》《国语》等。对治水故事的反复书写和阐释，既反映了古人应对生态问题的决心和智慧，也从侧面反映了治理自然灾害、维护生态系统运行对于古代中国的重要性。

除了治理洪水，还需解决降水量不均所引发的生态问题。长江流域的农业以稻作为主，水稻种植的历史悠久，最早可追溯到新石器时代。在距今9000年前的湖南彭头山遗址，考古学家发现了稻壳和陶土混合制作的陶器。在距今7000年前的河姆渡文化遗址，发掘出土了已经炭化的稻谷。水量对于水稻的生长至关重要，为解决降水量不均所引发的内涝等问题，古人发明了灌溉工具，营造了诸多蓄水工程。春秋时期，楚国令尹孙叔敖主持修建了具有蓄水灌溉功能的期思陂和芍陂，前者是古代文献记载的最早灌溉工程，后者入选为2015年世界灌溉工程遗产名单。以芍陂为例，其主要作用是调节降水所引发的生态问题，包括降水量过多以至于淹没农田和降水缺乏引起的干旱问题。又如东汉顺帝永和年间，会稽太守马臻在绍兴地区建造的鉴湖，是一个大型蓄水陂湖，具有排洪和灌溉功能，在其建成后的800年间保护了此地免遭洪涝灾害。可以说，长江流域治理洪涝灾害，发展稻作文明的实践彰显了古人的生态智慧，也铸就了中华儿女顺应自然规律，与自然和谐相处的生态文明理念。

---

① 袁珂：《山海经全译》，贵州人民出版社1991年版，第336页。
② 杨伯峻：《孟子译注》，中华书局1960年版，第124页。

二、生态工程

古往今来,为了适应长江流域的生态环境,实现人与自然的和谐共处,中华儿女充分发挥智慧建造了众多生态工程。具体包括都江堰、葛洲坝水利枢纽工程、三峡大坝等水利工程,峨眉山清音阁野生猴区、千佛山国家森林公园、长宁竹海国家级自然保护区、长江上游珍稀特有鱼类国际级自然保护区、卧龙国家级自然保护区、神农架自然保护区、龙虎山丹霞地貌国家地质公园、庐山第四纪冰川国家地质公园、武功山国家地质公园、木兰山国家地质公园等生态保护区,汉江水源地、荆州市长江水源地、武汉长江水源地等重要水源保护区。这些生态工程为保障长江流域城市群的发展,保护长江流域珍稀濒危野生动植物,合理利用水资源,维护生态体系的平衡提供了坚实的保障。

长江下游的良渚古城外围水利系统,是目前所见中国境内最早的大型水利工程,也是世界最早的堤坝系统之一,距今约4700—5100年。良渚遗址位于太湖南岸杭州盆地,其所在的天目山地区是夏季暴雨多发的区域,良渚水利工程的建设正以此生态问题为背景。据学者挖掘考证,良渚水利工程以"草裹泥包"垒成,包括塘山遗址坝群、北侧岗公岭水坝群、南侧鲤鱼山、狮子山、官山、梧桐弄坝体等,兼具防洪、灌溉、交通等功能。长江上游的都江堰工程有2000多年的历史,它是世界上仅存的无坝引水工程。郑国渠、灵渠等虽都是中国古代的无坝引水工程,但唯有都江堰至今仍发挥着其调节岷江水资源的功能,堪称古代水利工程的奇迹。都江堰位于岷江干流,始建于战国末期,由蜀守李冰主持修建。它是一个自流灌溉体系,主体由渠首工程和灌区工程两部分组成,还包括百丈堤、人字堤等附属工程,建成后岷江被分隔成内江、外江。渠首工程包括鱼嘴、飞沙堰和宝瓶口三大主体工程,鱼嘴由装满卵石的竹笼垒成,功能在于将岷江一分为二。飞沙堰位于内江右岸,距离鱼嘴约700米,同样由竹笼垒成,主要用于泄洪和排沙。宝瓶口与飞沙堰相互配合,以达到引水和控制内江进水量的效果。灌区工程包括若干支渠和干渠,涉及蒲阳河、走马河、人民渠、三河堰等工程,覆盖成都平原南部。都江堰的功能极为多样,如司马迁《史记·河渠书》载："于蜀，蜀守冰凿离碓，辟沫水之害，穿二江成都之中。此渠皆可行舟；有余则用溉浸，百姓飨其利。至于所过，往往引其水益用溉田畴之渠，以万亿计，然莫足数地。"[①]可见，它不仅用于防治岷江水害，且兼有灌溉农田和通航功能，既有效地避免了水患的侵扰，又保证了当地农业生产的有序开展，护佑了成都平原地区百姓的生活。都江堰建成后，历经了不断的修缮和保护，如西汉蜀守文翁曾再次修建都江堰，使都江堰的内江水系与沱江贯通，东汉专门设置了管理都江堰的都水掾，西晋设置了蜀渠都水行事等官职，唐代则开始设立岁修制度。

新中国成立以来，长江流域建设了葛洲坝水利枢纽工程、三峡水利枢纽工程等生态工程，这些工程保障了千万人民的生命财产安全，对社会的经济发展作出了重要贡献，更对实现长江流域生态文明的可持续发展有着重要意义。葛洲坝水利枢纽工程位于湖北宜昌，1971年建设，1988年竣工，控制流域面积100万平方公里，也可称之为三峡工程的配套工程。三峡水利枢纽工程坐落于宜昌市境内的三斗坪，位于葛洲坝水利枢纽上游40公里处，它是一座狭长形的水库，全长667千米，宽1576米，始建于1994年，2009年全面建成，正蓄水位达到175米。三峡水利枢纽工程是迄今为止我国建设规模最大的水利工程项目，也是长江干流上修建的第一座梯级水库，具有防洪、灌溉、航运、发电、养殖、节能等诸多功能，有效地调节了长江流域的生态环境。

三、生态思想

生态文明是中国特色社会主义制度体系的重要组成部分，党的十七大将生态文明建设列为全国建设小康社会的目标之一，党的十七届四中全会将生态文明建设提升至与经济建设、政治建设、文化建设、社会建设并列的战略高度，党的十七届五中全会将提高生态文明作为"十二五"时期的重要战略任务。习近平总书记在党的十九大报告中指出，"建设生态文明是中华民族永续发展

---

① 司马迁：《史记》，中华书局1959年版，第1407页。

第六章 长江国家文化公园的核心价值

的千年大计","建设美丽中国,为人民创造良好生产生活环境,为全球生态安全作出贡献"。生态文明建设要求在社会发展的过程中,应秉承着人类与自然和谐相处的目标,树立尊重自然、顺应自然的意识,合理利用自然资源,保护、修复生态环境,最终形成人与自然、人与社会、经济与自然以全面、持续的形态发展。成长于长江流域的道家思想蕴含着丰富的生态思想资源,不仅彰显了古人的生态智慧,在无形中为古代生态工程建设提供了理论的阐释,更与马克思主义生态观和当前的生态文明建设有着诸多契合之处,对于长江国家文化公园建设和未来生态环境保护也有着重要的启示意义。

道家思想以"道"为核心观念,其理论体系也基于此而确立。老子认为"道"是天地万物之母,是万物的源头,同时也是天地万物的最高依据和万物的始源。"道"是天地万物遵循的共同法则,以自然、无为为根本属性,"无为"并非真正的无所作为,而是顺应道而为。老子强调节制欲望,避免浪费,其言:"五色令人目盲,五音令人耳聋,五味令人口爽。驰骋畋猎,令人心发狂"[①],"甚爱必太费,多藏必厚亡,故知足不辱,知止不殆,可以长久""见素抱朴,少私寡欲",知止、节制的目的在于长久,也就是可持续发展,而非过度开发自然引发严重的生态危机。

庄子继承了老子的"道""自然"等观念,并进一步区分了天人之别。《秋水》篇言:"河伯曰:'何谓天?何谓人?'北海若曰:'牛马四足,是谓天;落马首,穿牛鼻,是谓人。故曰:无以人灭天,无以故灭命,无以得殉名。谨守而勿失,是谓反其真。'"[②]强调不应以人为的方式改造、干预自然万物,"无以人灭天"。他提出了"天地与我并生,而万物与我为一"的思想,强调人与万物具有同等地位,无贵贱之分,人不应自贵而贱物,试图主宰自然,"以道观之,物无贵贱。以物观之,自贵而相贱""天与人不相胜也"。可以说,道家思想在探究天人关系的过程中,逐步确立了天人一体的思维模式,形成了效法自然、尊重自然的

[①] 河上公、王弼注,严遵指归,刘思禾点校:《老子》,上海古籍出版社2013年版,第26页。下文(本段中)所引皆据本书。
[②] 王先谦、刘武撰,沈啸寰点校:《庄子集解·庄子集解内篇补正》,中华书局1987年版,第144页。下文所引皆据本书。

基本思想，为中国古人与自然和谐相处的理念奠定了理论基础。道家思想的启示在于，重视自然规律，顺应自然规律，任自然消长变化，以无为的态度与万物相处，而非主宰自然，肆意破坏乃至透支自然资源，这样也就达到了"尊道而贵德"的得"道"状态。习近平总书记阐释生态文明理念时曾指出"我们要认识到山水林田湖是一个生命共同体"[1]，这一理念与道家的生态智慧若合符契。

第五节　长江国家文化公园的当代文化价值

长江国家文化公园是传承守护中华文明和涵养社会主义核心价值观的重大文化工程，也是整合多省市地理空间特色，保护多样化自然环境的重要生态文明工程，其建设具有重大的现实意义和文化价值。

其一，凝练长江文化精神，坚定文化自信

长江和黄河是中华民族的母亲河，是中华文明的重要组成部分。2020年11月14日，习近平总书记在南京市主持召开全面推动长江经济带发展座谈会上提出了传承弘扬长江文化这一重大课题，他指出："要保护传承弘扬长江文化。长江造就了从巴山蜀水到江南水乡的千年文脉，是中华民族的代表性符号和中华文明的标志性象征，是涵养社会主义核心价值观的重要源泉。要把长江文化保护好、传承好、弘扬好，延续历史文脉，坚定文化自信。要保护好长江文物和文化遗产，深入研究长江文化内涵，推动优秀传统文化创造性转化、创新性发展。"正如习近平总书记所言"长江造就了从巴山蜀水到江南水乡的千年文脉"，长江激发了古往今来的文人墨客，李白、杜甫、苏轼等文豪无不惊叹于长江的雄奇壮丽，他们书写了众多不朽的篇章，也为建设长江国家文化公园提供了丰富多彩的优秀传统文化资源。当游客徜徉于长江国家文化公园，阅读着来自千百年前的优秀华章，蕴藉深厚的文字和映入眼帘的长江之美凝聚为一种独特的古今融合之美，这种体验将有助于提升他们作为中华儿女的民族

---

[1]　中共中央文献研究室：《十八大以来重要文献选编》（上），中央文献出版社2014年版，第507页。

自豪感。

建设长江国家文化公园对挖掘流域内各地区文化传统，充分激活地方特色，推动地区文化的繁荣有着重要的意义。长江流域的文化具有多元一体的特色，上游的巴蜀文化、滇藏文化，中游的荆楚文化、湖湘文化，下游的吴越文化等共同构成了长江文化的整体，建设长江国家文化公园有利于联动流域内各省市形成整体视野审视长江文化，从而全面挖掘长江文化所包含的精神内蕴。通过长江国家文化公园建设，以可视化的方式展示上中下游民族往来、南北融合及中外交流活动，不仅有利于中华儿女了解中华文明的历史，对于激发中华儿女的爱国主义情怀，凝聚民族认同也有着重要的引导作用。

其二，树立生态文明观念，实现生态和经济的可持续发展

长江国家文化公园建设以实现生态效益为重要目标，这一理念有利于上、中、下游协同治理和修复生态问题，最终实现人与自然的和谐共生。长江流域分布着都江堰、葛洲坝水利枢纽工程、三峡水利枢纽工程等众多生态工程和多个水源保护区，分布着众多国家湿地公园、地质公园，这些资源为长江国家文化公园建设提供了支撑。但由于人口密度大，虽然综合管理体制在不断完善，但是仍然面临着过度利用水资源、环境污染严重、生态系统退化、珍稀物种濒临灭亡以及洪涝灾害等问题。为修复长江流域生态环境，保障生态安全，2020年以来国家出台了一系列保护措施。如2020年1月1日，长江实施了"十年禁渔"计划。2021年3月1日，中国第一部流域法——《中华人民共和国长江保护法》正式施行。建设长江国家文化公园，将在守护良好水质、增加森林覆盖率、维护生物多样性等方面展开各区域协同治理，无疑为保护长江流域提供了新的实践途径。从观念的层面看，则有利于宣传生态文明理念，向全体人民普及生态文明知识，培养节约能源资源和保护生态环境的生活与消费模式。

长江国家文化公园以生态环境保护和生物多样性为前提，兼具公共服务、旅游休闲、文化教育等多种功能，其建设有利于推进文旅融合，带动地方经济的发展。从经济发展的角度看，长江国家文化公园从空间上贯通了上、中、下游城市群，形成了开放共享的新格局。长江上游以成都、重庆为核心城市群，是我国西部地区发展水平最高的城市群。中游以武汉城市圈为核心，还包括环长株潭城市群、环鄱阳湖城市群，涵盖了湖北武汉、黄石、鄂州、黄冈等城市，湖南长沙、株洲、湘潭、岳阳等城市，江西南昌、九江、景德镇等城市。长江下游及长三角地区以上海、杭州、南京为核心城市群，是中国经济最为活跃的城市群。长江国家文化公园建设有利于推进上、中、下游城市群的沟通往来，推动东中西部地区协调发展，提高区域间的协同效应并形成优势互补，从而加强产业链的深度融合，有效促进长江流域经济的高质量发展。从公共服务的角度看，作为新时代生态文明建设的典范，长江国家文化公园将提供众多兼具文化特色和生态智慧的游憩空间，这也将有助于提升人民生活的幸福感。

其三，提升文化影响力，为生态环境和世界文化遗产保护贡献中国智慧

建设长江国家文化公园，将在理论和实践两个层面向世界展现长江流域的生态保护样态和文化传承形态，这将为日后世界范围内的相关工程建设提供中国智慧。长江国家文化公园建设以众多生态工程为依托，通过协同联动、共建共享等方式建设美丽宜居的环境，实现生态和经济的可持续发展。

长江国家文化公园建设有利于打造长江文化名片，提升长江流域在世界范围内的文化影响力。长江流域的文化源远流长，上游凝聚了三星堆文化、藏族等少数民族文化，蜀绣、川剧等非物质文化，这一区域还是南方丝绸之路的起点，是汉藏往来的重要通道之一，是中原地区通往云贵高原的要道，在古代文化和贸易史上有着重要的地位。中游的湖北地区是长江径流里程最长的省份，随州炎帝神农故里、荆楚文化、战国中晚期的曾国文化、三国文化、红色文化等璀璨如星。下游的文化资源包括良渚文化、吴越文化，苏绣、昆曲等非物质文化遗产，中国共产党第一次全国代表大会会址、中共二大会址纪念馆等红色文化遗址，上海、苏州、杭州等贸易口岸，在中国历史上特别是宋代以后的经济文化史和对外贸易史上有着举足轻重的地位。长江流域在世界文明史上占据着重要位置，拥有众多世界瞩目的元素，如长江是世界第三长河，发源于有着"世界屋脊"之称的青藏高原，蜀绣、长沙窑瓷、越窑青瓷等商品备受赞誉，都江堰是世界仅存的无坝引水工程等。长江国家文化公园凝聚了这些具有标志性的文化、物质资源和博物馆群,见证了传统中国走向近现代的发展与变迁史,太平天国运动、保路运动、辛亥革命、新文化运动、抗日战争、红军长征、解放战争、渡江战役等无不与长江流域紧密相连。可以说,诸多中国历史上的重大转折事件都在长江流域留下了深刻的印迹,建设长江国家文化公园将有利于凝聚长江流域的物质和非物质资源,深刻展示长江流域的传统魅力与现代精神,向世界展现中国的建筑之美、文化之美、自然之美,展现中华文明的博大精深。

后　记

诠释国家文化公园的历史，呈现中华文明的悠久历史，展现中华文化的多样性和丰富性，呈现多元一体的中华文化共同体，可以进一步确立中华民族的文化身份，坚定我们的文化自信。阐释国家文化公园中的中国象征和中国形象，可以重新发现与认识古代、现代与当代的中国，增强中华民族的国家认同。阐发国家文化公园中的多民族融合统一的历史，可以增强中华民族共同体意识，铸牢中华民族共同体。诠释国家文化公园蕴含的精神谱系，有机结合与统一国家文化公园中的优秀传统文化、革命文化和社会主义先进文化，可以铸就新时代的精神，实现文化强国战略！

习近平总书记说："要系统梳理传统文化资源，让收藏在禁宫里的文物、陈列在广阔大地上的遗产、书写在古籍里的文字都活起来。要以理服人，以文服人，以德服人，提高对外文化交流水平，完善人文交流机制，创新人文交流方式，综合运用大众传播、群体传播、人际传播等多种方式展示中华文化魅力。"[1]梳理、整理和发掘长江、黄河、长城、大运河与长征文化资源，激活和利用这些文化资源，更好地呈现在世界文化舞台，将能够大大增强中华文化的传播力和影响力。讲述国家文化公园的历史和文化故事，利用各种传播媒介，运用更容易被世界各国人民理解与接受的方式，来"展示中华文化魅力"。具体来说，讲好黄河文化故事，赓续历史文脉，传承文化精神；讲好长江文化故事，体验山水文化美感，彰显生态智慧；讲好长城文化故事，再现民族伟业，弘扬民族精神；讲好大运河文化故事，唤醒民族国家的文化记忆，凝聚中华民族共同体意识；讲

---

[1]　《习近平谈治国理政》第一卷，外文出版社2018年版，第161—162页。

好长征故事，认识党的初心使命，形成崇尚英雄、尊敬英雄的光荣传统。建设国家文化公园，可以使全国人民更紧密地团结在以习近平同志为核心的党中央周围，为实现中华民族伟大复兴的中国梦而努力奋斗。

国家文化公园建设是以习近平同志为核心的党中央在新时代擘画的宏伟蓝图，是国家推进实施的重大文化工程。这一伟大战略工程提出后，各相关部门、各涉及的省区市进行全面深入论证，形成了具体建设方案和长远规划，积极推进国家文化公园建设。《新时代中国特色社会主义国家文化公园理论与实践文库》由中宣部宣教局牵头，研究出版社与北京第二外国语学院共同组织策划，对于贯彻习近平总书记关于国家文化公园建设的重要指示批示精神，解决国家文化公园建设的重大理论和实践问题具有重要意义。其中《国家文化公园核心价值诠释》一书由文化与传播学院组织团队研究撰写，经过充分研讨和前期调研，在文库编审委员会的统一协调和统筹指导之下，形成编写大纲，确定基本内容、编写思路以及重点阐释的主要内容，具体围绕长城、大运河国家文化公园、长征、黄河、长江，从历史线索和文化肌理中梳理国家文化公园所蕴含的核心文化价值体系，深入阐述国家文化公园的文化内涵、核心价值及其传承、利用与传播意义。

本书在整个编写过程中都得到文库编审委员会、研究出版社、北京第二外国语学院科研处的具体指导。在完成初稿后，我们通过线下会议和通信沟通等方式，分别征求了不同单位与国家文化公园建设、文化遗产、旅游、文化产业等领域相关的专家们的意见。中国艺术研究院任慧、崔勇，中国传媒大学人类命运共同体研究院李怀亮，首都师范大学历史学院王铭，北京联合大学旅游学院李飞，北京市委统战部祁金利等专家学者对于我们的编纂思路、基本观点、具体内容等给予了肯定，也指出了不足之处与调整修改的方向，并提出了富有建设性、启发性的意见，对于我们编写内容的丰富完善特别有助益。此外，首都经济贸易大学李小牧、北京第二外国语学院邹统钎等几位教授也提出了非常好的意见与建议。在此一并表示诚挚的感谢。

国家文化公园具有丰富的文化内涵，核心价值需要充分挖掘与阐释，以彰显中华优秀传统文化的持久影响力、革命文化的凝聚力以及社会主义先进文化的

后　记

强大生命力。本书编写者在写作过程中，除了充分调研之外，还广泛参考了不同领域专家学者对于国家文化公园以及相关内容的丰富论述，获益匪浅。专家学者的研究、论述对我们做好国家文化公园核心价值的阐释奠定了非常坚实的基础，编写者在文中尽量规范注出，因体例所限无法一一注明的，敬请海涵。

本书绪论、第一章、结语由杨平撰写，第二章由李洪波撰写，第三章由马宝民撰写，第四章由周连选撰写，第五章由宋春光撰写，第六章由王晓玉撰写。负责撰写相关章节的各位老师在整体编写思路统一的前提下，也体现了各自的专业特长。李洪波做了全书的统稿工作，尽量保证各章体例统一，并保持了各位老师的写作特点。需要说明的是，虽然老师们积极投入并认真撰写，在尽量熟悉相关领域学术研究现状的前提之下，进行了尽可能深入的研究阐释，但编写者对于国家文化公园建设这一新领域还处于不断学习提高的过程之中，限于时间和学力，整部书的不足之处也是显而易见的，还请方家多提宝贵意见。

本书撰写组
2024年3月于北二外